Рубрика: Семейная Хроника
Автор: Роман Бецалель Ильясов

СОКРОВИЩНИЦА РОДА БЕЦАЛЕЛЬ

СОДЕРЖАНИЕ

ПОД СЕНЬЮ ГОСПОДА	3
БАБУШКА СЕВАНЧА	15
ЭЛИАХУ БАССАЛИ	37
ИССАХАР СЫН ХАНО И ЭЛИЯХУ БЕЦАЛЕЛЬ	50
ЛЕВИ БАССАЛИ	102
ЯКОВ БАССАЛИ	117
ЗОЛОТОЙ ПОЯС	129
БРАТЬЯ В ТЮРЬМЕ	154
МИРЬЁМ БЕЦАЛЕЛЬ БАТ ХАНО ВЕ ЭЛИЯХУ	193
МЕИР ИЛЬЯСОВ БЕН ИССАХАР БЕЦАЛЕЛЬ	212
БЕНСИОН ИЛЬЯСОВ БЕН ЛЕВИ БЕЦАЛЕЛЬ	221
ЗИЛЬПО ДОЧЬ ХАНО И ЭЛИЯХУ БЕЦАЛЕЛЬ	230
МАТАТИЯХУ БАССАЛИ-НИЯЗОВ	240
РАВВИН-ЧАРОДЕЙ ЙЕГУДА ЛЕВИ БЕЦАЛЕЛЬ	251
СЕМЕЙНОЕ ДЕРЕВО БАССАЛИ	274
РОДОВЫЕ ФОТОГРАФИИ	277

Под сенью Господа.
(Предыстория рода Бассали)

Я часто спрашивал самого себя: может ли человек, обладая какими либо талантами и создающий при помощи их что-то особенное, предполагать и гордо заявлять, что творения, созданные им, являются только его собственными заслугами? Изучая особенности своего рода, я понял, что такое суждение абсолютно неверно. Потому что понял, что талант это генеалогический дар. Надо благодарить своих предков, а не гордится самим собой, если ты имеешь его. Ты можешь гордиться только тем, что ты смог использовать этот дар умело, и тем, что сумел приложить достаточно усилий, чтобы развивать в себе его и создавать при помощи его что-то исключительное. А также большая твоя заслуга может быть в том, что тебе удалось обнаружить свои таланты, которые в скрытой форме были вложены в тебя, – и обнаружить не случайно, а изучая особенности своего рода. Ведь в каждом человеке живет потенциальный творец!

Лично я, занявшись этим "родовым исследованием", сделал для себя ошеломительное открытие, докопавшись почти до самого своего родового начала. Начала, уходящего в самые древние века нашей еврейской истории, и дошедшего до нас через тысячелетия в незыблемом виде. Основная часть людей нашего рода, о которых мне рассказывали мои родители и которых я знал и знаю лично, являлись

или являются людьми, обладающими потенциальными творческими талантами. К сожалению, в связи с жизненными обстоятельствами, только немногие из них сумели раскрыть себя и использовать свой потенциал. Профессионалами-знаменитостями стали немногие, например, такие как Ёсефи-торчи Бассали, который был не только неповторимом виртуозом игры на таре умеющим извлекать со струн волшебные звуки, но и явился одним из первых, основавшим школу искусства игры на этом инструменте в Самарканде, в среде бухарских евреев. По сути дела, все люди нашего рода обладали незаурядным музыкальным талантом. Все они владели игрой на каком-то одном или двух музыкальных инструментах, но не развивали свое умение до совершенства, и проявляли своё искусство лишь на семейных торжествах.
Но музыкальное искусство было только маленькой частью родового таланта, который каждый человек нашего рода мог открыть в себе. Основным же и скрытым нашим родовым даром, о котором мы забыли, был дар объемного видения, или как это сейчас стало модно называть, фигурального мышления. Этот бесценный, божественный дар как раз и служит основой любого творчества. Он является основной причиной того, что люди, обладающие им, способны видеть и слышать доступное не каждому. Именно поэтому почти каждый из нашего рода мог без посторонней помощи запросто самообучиться игре на музыкальных инструментах. Свои наблюдения я начал с членов

своей семьи. Моя дочь Анна имеет абсолютный слух, самостоятельно обучилась игре на пианино, сочиняет музыку, стихи, песни, а также открыла и развила в себе поразительно глубокий дар психолога и философа. Мой брат Борис, который не учился в высших учебных заведениях, проявил неожиданные способности руководителя и дизайнера-архитектора. В Самарканде он создал бригады дизайнеров, архитекторов и строителей, которые создавали такой дизайн домов, что за короткое время его имя стало самым знаменитым в городе, и даже подпольные миллионеры, предлагающие любые деньги за срочную работу, вынуждены были терпеливо ожидать своей очереди. Его сын Андрей – разносторонне талантливый человек – увлёкся автомобильным дизайном и за короткое время стал непревзойдённым дизайнером в Нью-Йоркской компании. Сын моего двоюродного брата Меира Рафаэль, изобретший в детстве музыкальный будильник, обнаружил в себе таланты не только технического изобретателя и музыканта. Он открыл в себе и творческий талант ювелирного дизайнера. Внуки Леви Бецалеля - Гена и Игорь и правнук Давид долгие годы и успешно заведуют ювелирным бизнесом 'C.A. Diamonds' и бизнесом по дизайну гранитных и кварцевых каменных плит 'Unique Design Center' в Нью Йорке.
Мой отец, имеющий три класса образования, изумительно рисовал. Но основным его талантом было мастерство излагать свои мысли. Он мог так увлечь своими рассказами слушателя или

собеседника, что тому казалось: говорит человек не с трехклассным образованием, а искусный филолог, историк и философ.
Искусство моего письменного изложения просто несравнимо с талантом устного изложения, которым обладал мой отец. Многие люди подчеркивали необычный стиль моего изложения, который, как мне кажется, я частично позаимствовал от своего отца. Например одна из читательниц прислала мне такие отзывы, цитирую дословно: "For me it's like a window into very different and unknown world, and very interesting one. Your writing style just puts the reader inside this world. And after reading I have a strong feeling as if I didn't read this, but saw a movie. So vivid is the story. I think this is a rare quality among writers." Что самое интересное, после рассказов своего отца, у меня возникало то же самое ощущение – будто я просмотрел увлекательную кинокартину.
Итак, при встречах со многими евреями из родов Бэссаль, Бассали, Бэссалел и Бэцалель, выходцами из Ирана, Афганистана и Туркмении, мне удалось выяснить, что все эти родовые имена имеют одинаковый корень и произошли от одного старинного названия – Бецалель, по древне-еврейски
, что буквально означает «под сенью господа». Английская транскрипция этого слова: Betzalel, или – точнее – Beẓ al'el, и его значение - "In the shadow [protection] of God".
Это прозвище впервые было дано сыну Ури, который являлся сыном Хура из колена Иуды, и Мириям из колена Левитов. Он был искусным

резчиком по металлу, камню и дереву, а также мастером в лепке различных фигур и в отделке и оправке драгоценных камней. Согласно книге Исход, он также являлся главным строителем Скинии. Во время скитаний израильтян в пустыне после Исхода из Египта,
мастеров, создавших Скинию, Ковчег Завета, Менору, священную утварь и изготовлявших одежды для священников. Всё, необходимое для украшения святилища, а именно обработка драгоценных металлов и камней, резьба по дереву,
худо

руководством. Бецалель обладал не только талантом непревзойдённого дизайнера. Он был всесторонне одарённым человеком. А также был феноменально мудр. Так, например, известно, что Бецалель обладал умением составлять комбинацию тех букв, посредством которых были сотворены небо и земля. «И Творец говорил Моше: смотри, Я призвал Бецалеля, сына Ури, который был сыном Хура из колена Иегуды, и наполнил его божественным духом, мудростью и разумением, и знанием, и талантом к любому ремеслу: строить планы и делать чертежи, работать по золоту, и по серебру, и по меди...» (Ки Тиса, гл. 31 ст. 1-4).

-

строителем Скинии, спросил Моисея, прияте

-

приступить к

что обыкновенно люди строят сначала дом, а потом изготовляют обстановку, и если же Моисе

, и он ответил ему: «Ты, должно быть, пребывал под сенью Господней (намёк на значение имени Бецалель) и потому знаешь, что Б-г действительно так повелел». Устройство Меноры было так сложно, что даже самому Моисею было недоступно полностью постичь точную модель ее исполнения, несмотря на то, что Б-г ему дважды показал небесную модель свети

, согласно агаде, было только двенадцать лет, когда он был избран Б-гом для работы над Скинией. Он также был ответственным за святое масло, ладан и священнические облачения. Мудростью Бецалель был обязан заслугам своих святых предков. Дедом его был Хур, а бабкой Мириам – старшая сестра Моисея. Значит, получается, что мать Моисея Йохевед и отец Моисея

Амрам которые принадлежали колену Леви, приходились прабабушкой и прадедушкой Бецалелю – сыну Ури. Бецалель, сын Ури, приходился, таким образом, внучатым племянником самому Моисею. Поразительно то, что основные качества, характеризующие Моисея, Бецалеля и древнее поколение Левитов, поразительно сходны с качествами современных Бецалелей. Тысячелетия не стёрли генеалогическую наследственность. Так, например, известно, что Моисей был несловоохотливым, и, практически, терял дар речи, когда надо было выступать при народе. Почти каждый из сегодняшнего поколения Бецалелей несловоохотлив, а выступать при большом собрании людей – это для них просто мука. Известно, что поколения Левитов были ведущими музыкантами. Почти каждый из сегодняшнего поколения Бецалелей имеет врождённый музыкальный слух. Сегодняшнее поколение Бецалелей – это люди, которые очень мало говорят, но много делают. К любому делу подходят творчески. Это люди чести и слова – их слова никогда не расходятся с делом. Это люди, в лексиконе которых совершенно отсутствуют нецензурные слова. Это люди, крайне болезненно реагирующие на несправедливость. Это люди, одержимые духовными идеалами.

Бецалель – поистине первый человек искусства Израиля. В честь него в Иерусалиме создана Академия искусств имени Бецалеля, в которой сейчас работает Аарон Бассали – художник и скульптор, потомок Бецалеля и мой дальний родственник. Несмотря на свой 86 летний возраст, он там преподает и не перестает творить в священных стенах своего прародителя Бецалеля – сына Ури. Им написана книга – "To leave a blessing". Он пишет о себе следующее: "I was born in Herat, Afganistan and my father is from Mashad, Iran. My original family name was Bezalel, then they in 1839 left Iran because they were forced to accept Islam. In Afghanistan they changed their name from Bezalel to Bassali because they did not want people to recognize them as Jews." "When in 1839 Jews of Mashad were forced to accept Islam, some stayed there faking their identity, but 200 families of Mashad moved to Herat. Bezalel families were among the Jews who moved from Mashad to Herat."

Бецалель – поистине первый человек искусства в тысячелетней истории Израиля. Имя его появляется в Торе в связи с тем, что именно ему было поручено выполнить все художественные работы для построения Мишкана (Храма) в пустыне после исхода Израиля из Египта.
Поручение это исходило от самого Б-га, который приказал Моше обратиться к Бецалелю – сыну Ури из колена Йегуды (Шмот, 31:2). Помощником он должен был взять Оголиава из колена Дана (именем которого названа улица в Иерусалиме, в квартале Ромема). Все, необходимое для украшения святилища, – обработка драгоценных металлов и камней, резка по дереву, художественное ткачество – было выполнено Бецалелем.

Но самая замечательная его работа – это Менора, семисвечник из чистого золота (Шмот, 37:17). От основного ее ствола отходили шесть ветвей, по три с каждой стороны, а вся она была покрыта тончайшей чеканкой.

После разрушения Первого Храма вавилонским царем Навухаднецаром (Навуходоноссором) в 586 г. до н.э. и возвращения евреев из плена Менора была восстановлена по образцу, сделанному Бецалелем, и стояла во Втором Храме. Когда же и он был разрушен римским полководцем Титом в 70 г. н.э., захватчики увезли Менору в Рим. Там она исчезла, но была воспроизведена на барельефе триумфальной арки, возведенной на римском Форуме в честь победы Тита над евреями, и сохранилась поныне. Менора, описанная в Торе и выполненная Бецалелем, задолго до шестиконечной звезды – "магендавида" – стала символом иудаизма и вообще всего, что связано с еврейством. В Израиле она была декоративным мотивом в синагогах, начиная со II – III веков. Мы видим ее даже на очень древних еврейских могилах в странах рассеяния – в частности, на еврейских могилах в римских катакомбах. Ныне Менора – герб государства Израиль. В начале XX в. имя "Бецалель" обрело новое значение, но, тем не менее, оно самым тесным образом связано с первым носителем этого имени, персонажем Торы – первым представителем еврейского искусства.

Особую роль в этом сыграл художник Борис Шац (1867-1932).

В 1906 году Борис Шац покинул Болгарию, где он был придворным скульптором царя Фердинанда, и переселился в Иерусалим. Он мечтал создать в вечном еврейском городе центр, где молодое поколение евреев могло бы обучаться всем видам изящных и прикладных искусств. Вдохновленный Торой, он назвал новую школу именем Бецалеля. Но Шац не хотел ограничиваться только этим: он считал, что Иерусалиму нужен музей. Благодаря финансовой поддержке немецких сионистов, рядом со школой был создан музей "Бецалель". Когда в 1964г. в Иерусалиме выстроили государственный "Музей Израиля", с ним объединили и музей "Бецалель", который с тех пор перестал существовать самостоятельно. Однако большое собрание произведений еврейского религиозного искусства в "Музее Израиля" представлено именно как коллекция музея "Бецалель".

Борис Шац был мечтателем. Искусство и природа переплетались в его мечтах весьма утопического характера. Однако из-за того, что он был весьма непрактичным человеком, ему в определенный момент отказали в дальнейшей финансовой поддержке, и, сколько он ни пытался найти деньги в США, все было тщетно. Во время этих поисков он умер, и школа "Бецалель" в Иерусалиме закрылась. Но уже через год после смерти Б. Шаца в Израиль начинают прибывать еврейские художники, покинувшие гитлеровскую Германию. Благодаря Мордехаю Наркису1 (1898-1957), долгое время сотрудничавшему с Борисом Шацем, в 1935г.

открывается "Новая школа Бецалель" и восстанавливается музей "Бецалель".
В Иерусалиме, Тель-Авиве, Хайфе, Беэр-Шеве есть улицы Бецалеля. А в Иерусалиме неподалеку от того места, где школа и музей "Бецалель" начинали свое существование, есть также улица Бориса Шаца и улица Мордехая Наркиса. Первоначально школа "Бецалель" располагалась в ветхом доме, окруженном каменной зубчатой стеной – одной из достопримечательностей города. Школа давно уже переехала из этого здания. Теперь это "Дом художников", где молодые таланты ежегодно выставляют свои произведения.
Ныне в Израиле имя "Бецалель" является символом объединения глубокой древности и самой острой современности, столь характерного для искусства этой страны.
В начале XX века имя «Бецалель» обрело новое значение, связанное самым тесным образом с первым его носителем, первым представителем еврейского искусства. Его именем была названа Академия искусств «Бецалель» в Иерусалиме. Академия искусств «Бецалель» – израильская национальная Академия художеств – основана в 1906 году в Палестине художником Борисом Шацем. Академия «Бецалель» расположена на Горе Скопус в Иерусалиме. В ней ежегодно обучаются около 1500 студентов.

Скиния собрания

БАБУШКА СЕВАНЧА

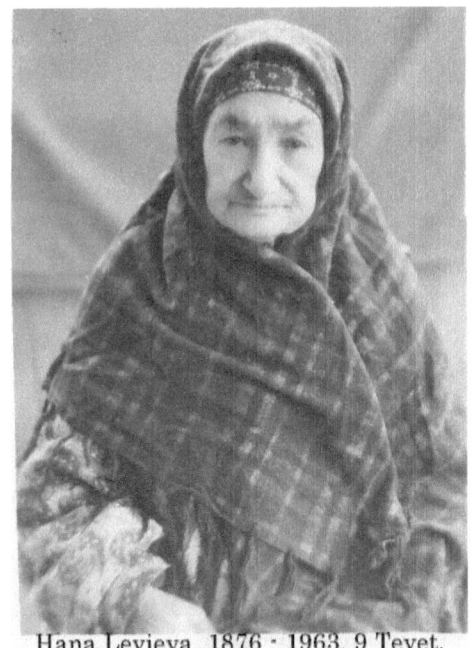

Hana Levieva, 1876 - 1963, 9 Tevet,
Herat · Samarkand

Традиции и обряды иранских евреев формировались на протяжении тысячелетий. Наряду со старинными традициями, сохранившими в себе свою первозданную красоту, глубину и мудрость еврейского народа, многие традиции были переняты от местных народов. Однако в целом, хотя каждая страна и вносила свои коррективы в еврейские традиции, зачаточный еврейский корень традиций оказался настолько живуч, что существует и поныне без принципиальных изменений. Также для сравнения хочется подчеркнуть, что, в отличие от "степенных" традиций ашкеназских евреев, на культуру которых повлияли западные европейские государства, традиции восточных – сефардских, иранских, бухарских – евреев имеют такое множество забавных восточных особенностей, что почти каждая родовая сокровищница хранит одну или несколько жизненных историй, от которых можно просто помереть со смеху.

На основе этих бесценных и бесконечных историй, в наши дни люди творчества, живущие в свободных странах, обладая беспрепятственными возможностями показать нам во всей широте прелести наших старинных традиций, создают книги, театральные представления комедийного жанра и тому подобное. Низкий поклон этим людям. Благодаря им, наша история будет помниться вечно. Сегодня я, представитель старинного еврейско-афганского рода Бассали, хочу поведать вам одну из самых забавных историй, приключившихся в нашем роду 136 лет тому назад. То будет повествование о моей бабушке Хане по прозвищу бабушка Севанча, и о моём деде Елияху.

Моему деду Елияху Бассали было тогда ровно 10 лет. Дом его родителей, отца Мошиаха из рода Бецалель и матери-долгожительницы Эстер, прожившей 122 года, находился в центре еврейского квартала города Герата (Афганистан), в трёх километрах от главного торгового центра и большого базара. В те времена в этом торговом центре, вокруг шумного большого базара, были сооружены несчётные ряды торговых лавок, в которых торговали, в основном, евреи. Товары стекались туда из многих стран. Основными поставщиками заграничных товаров были также евреи.

Испокон веков евреями, проживающими в различных странах и городах, налаживались межгосударственные купеческие связи, которые не только приносили огромную прибыль еврейским купцам, но также в какой-то мере стабилизировали экономическое состояние этих восточных стран с отсталой культурой. Сейчас можно смело предположить, что без предприимчивых евреев рано или поздно многие из тех стран в те времена не миновал бы экономический крах.

Отец Элияху Мошиах Бецалель, который родился в городе Мешхеде (Иран), был одним из тех элитных купцов, которые через налаженные родовые каналы осуществлял экспорт и импорт товаров между четырьмя странами: Ираном, Афганистаном, Туркменией и Узбекистаном. Товары переправлялись сухопутным и водным транспортом. Например, через пустыни – на верблюдах, через реки – на лодках.

Старшие сыновья Мошиаха имели лавки в торговом центре Герата, куда, в основном, и свозился почти

весь заграничный товар их отца. А десятилетний Элияху помогал своему отцу и своим старшим братьям в торговле, совмещая эту работу с учёбой. Вечерами, после шумного, суматошного базара, весь еврейский мир был не менее оживлённым. В вечернее, послебазарное время весь еврейский квартал просто оживал на глазах. И, что характерно, основной частью этого люда были дети. Ведь каждая еврейская семья в среднем имела по десять детей. Иногда просто не удавалось свободно пройти через гурьбу постоянно играющихся на узких улочках детей. От их веселого, звонкого, неугомонного крика и смеха стоял такой дикий гул, что нередко старики, отдыхающие в
своих дворах, не выдерживали и прогоняли детей подальше от своих низких заборов, угрожающе тряся им вдогонку своими крючковатыми палками.
На своей улице Элияху был первым заводилой среди сверстников. Он был самым крепким, самым шустрым и самым озорным. Он всегда был в курсе всех событий, потому что его друзья, одноклассники и соседи делились своими секретами и повседневными новостями в первую очередь с ним. Да, Элияху являлся первым во всём... кроме одного, в чем он никогда не был не только первым, но даже и последним.
Почти что всем его друзьям когда-то – давно или недавно – посчастливилось стать непосредственными участниками такой усладительной, захватывающей и незабываемой праздничной традиции как севанча. А вот Елияху на

протяжении десяти лет так и не повезло первым доставить кому-то наиприятнейшую весть о рождении ребенка и получить в знак благодарности подарок – севанча.

Он всегда завидовал белой завистью друзьям, рассказывающим вечерами захватывающие истории об их первых севанча и показывающих свои дорогие диковинные подарки. Ждать, когда заветная мечта – получить первый севанча – сбудется, было не в характере Элияху, и он решил ускорить воплощение своей мечты действиями. Стал как одержимый носиться по всему еврейскому кварталу и расспрашивать не только своих знакомых, но и каждого встречного о том, не знают ли они женщин, которые скоро должны родить. Добыв эти сведения, он каждое утро перед школой, и каждый вечер после базара пробегал по улицам квартала и интересовался, заглядывая в отмеченные им калитки, нет ли там новостей.

И вот однажды вечером долгожданный день настал. Он увидел на одной из улиц двух повитух, спешащих к дому богатого купца из рода Леви. Прислуга отворила для них калитку с резным восточным орнаментом и затворила ее на засов прямо перед самым носом Элияху. Однако всё-таки шустрый Элияху успел спросить у прислуги, когда она прикрывала дверь, дома ли дядя Леви, и получил от нее ответ, от которого ликующе заколотилось сердце: "Дядя Леви – на базаре".

Забор был высоким – ему пришлось забраться на ствол тутового дерева и наблюдать с улицы, сидя на суку, за происходящим во дворе и в доме. Одна повитуха носилась с белыми простынями по летней веранде, другая кричала прислуге из окна спальни, что надо поскорее набрать воду из колодца и разогреть её. Роженицей была известная красавица Шошана – жена одного из самых богатых купцов по имени Леви из рода Леви. Элияху подполз по суку поближе к забору и, затаив дыхание, с упоением слушал неистовые вопли, доносившиеся из спальни и сулившие ему его первый севанча. Внезапно всё утихло, а через несколько секунд послышался плач ребёнка. «Какое счастье, какое счастье! – услышал Элияху голос прислуги. – У Шошаны родился здоровый, красивый ребёнок!»

«Ну вот, и дождался я наконец-то свой первый севанча! – думал радостно Элияху, поспешно сползая с дерева. - Надо быстрее бежать на базар, пока меня кто-нибудь не опередил с вестью».

Он спрыгнул с дерева и помчался что было мочи на базар. Три километра для крепких ног Элияху были пустяками. И базар он знал как свои пять пальцев. Он очень скоро нашел там купеческую лавку Леви. Она была расположена между лавками Мусо и Исо – родителями его одноклассников. «Севанча! Севанча! – что было мочи кричал запыхавшийся Элияху, подбегая к лавке Леви. - Дядя Леви, у вас только что родился ребёнок! Севанча, севанча!» "Ребёнок?" – удивлённо спросил Леви. - Как? Не может быть! Моя жена ещё утром была совершенно спокойна и не предчувствовала никаких родов. Мальчик, ты не перепутал?

Ты точно знаешь, что это моя жена родила ребёнка?»
«Да! - воскликнул Элияху.- Я знаю точно. Я только что оттуда. Ваша жена, тетя Шошана, только что родила здорового красивого ребёнка! Сейчас у вас во дворе бегают две повитухи и там ещё много других женщин. Севанча! Севанча!»
"Здоровый, красивый ребёнок!.." - чуть не плача от счастья, произнёс растроганный Леви.
"Мусо-о-о, Исо-о-о! – закричал он в сторону соседних лавок. Вы слышали новость? У меня только что родился красивый, здоровый ребёнок!» «Да, да слышали, слышали, достопочтенный Леви, - закивали чернобородые Мусо и Исо. – Какое счастье! Поздравляем, поздравляем вас!»
«А кто родился, мальчик или девочка?» - наперебой спросили они у Леви. «Э? А действительно, кто родился, мальчик или девочка?» - переспросил Леви. Элияху застыл на месте, вспоминая, слышал ли он со двора в суматошных криках, кто был ребёнок.
Вместе с Элияху застыли в молчании Леви, Мусо и Исо.
"Ну, мальчик, ты что немой?!" - не удержавшись, воскликнул Леви. – Скажи, кто у меня родился!» «Не знаю... - сконфуженно ответил Элияху. – Я, как только услыхал, что родился здоровый и красивый ребёнок, сразу же побежал сообщить вам эту приятную новость, и второпях позабыл даже узнать, мальчик ли это или девочка».
Мусо и Исо ехидно усмехнулись, услышав такой ответ, а Леви сказал: «Ну тогда, если хочешь получить хороший севанча, возвращайся, узнай, и

принеси мне, как подобает нашей традиции, хорошую весть с всеобъемлющим ответом. За приятную весть ты получишь от меня самый дорогой подарок на свете. Такой дорогой севанча, какой ты в жизни никогда не видел и больше не увидишь».
«Хорошо, дядя Леви. Я принесу
вам хорошую весть! Я мигом!" – ответил
восторженный Элияху и тут же
пустился бегом назад.
Тем временем счастливый Леви принялся вдохновенно и внимательно перебирать драгоценности на своих полках и откладывать в серебряную шкатулку подарки, предназначенные для Элияху. Заметив, чем занят Леви, Мусо и Исо стали подшучивать над ним. Первый начал Мусо: "Леви, а Леви. В честь кого ты готовишь так много подарков? Мальчика или девочки?" "В честь рождения моего красивого, здорового первенца, - гордо ответил Леви. - И назову я его Ёсеф – в честь моего отца». "Э? А ты уверен, что у тебя родился мальчик?" - с насмешкой спросил Исо. "Конечно, уверен, - возмутился Леви. - Моей жене гадалка
сказала, что первым родится мальчик. Да это и без гадалки было очевидно. Живот у моей Шошаны был во время беременности острый и приподнятый. А это значит – к мальчику! И вообще моя жена так сильно любит меня, что не посмеет подвести. Она сама обещала мне, что сделает всё, что от неё зависит, для того чтобы подарить мне красивого мудрого мальчика, похожего на меня».

"Мы верим, что твоя жена очень старалась, но не всё же от неё зависело, - продолжал подтрунивать Леви Мусо. – Знай, что если родилась девочка, главным виновником будешь являться ты". «Не виновником, а бракоделом!» - уточнил Исо. «Что? - возмущённо переспросил Леви. - Бракоделом? Да как вам такое могло только в голову прийти? У всех членов нашего рода Леви первый, как правило, всегда рождается мальчик. Мои родители первым родили мальчика. Все мои родные братья и сестра сначала родили мальчика, и все мои дяди и тети тоже. А я что, по-вашему, - бракодел? Как вам не стыдно так ужасно думать обо мне? Вы видите, сколько дорогих подарков я готовлю этому мальчику за то, что он мне скоро принесет хорошую весть?!»

Леви с показной гордостью взял с полки золотую цепочку и золотой браслет с каменьями и, доложив их в шкатулку, сказал Мусо и Исо: "Посмотрите, какой севанча я приготовил. Такой дорогой подарок даже персидский шах не каждому бы подарил. А мне не жалко. Пусть этот мальчик запомнит на всю жизнь, от кого и за что он получил такой необыкновенный свой первый севанча, и расскажет об этом всему Герату".

Леви глянул в завистливые глаза Мусо и Исо, у которых обвисли челюсти и потекли слюнки при виде драгоценной шкатулки. И Леви самодовольно усмехнулся, что таким образом ему удалось лишить Мусо и Исо дара речи.

И вот Леви, с нетерпением и беспрерывно поглядывающий на проходы между базарными

рядами, примерно через час наконец-то заметил бегущего Элияху. Видно было, что тот очень утомлён. Ещё бы! Ведь он пробежал в общей сложности 9 километров – три раза по три. Но, хотя Элияху был совершенно изнурён, Леви ещё издали заметил лучезарную улыбку, сияющую на его лице. "Смотрите, смотрите, Мусо, Исо, вы только посмотрите!" - крикнул ликующе Леви, указывая пальцем на бегущего Элияху. - Смотрите на этого ангельского мальчика. Вы видите? На его лице уже всё написано. Предчувствуя приятную весть, Леви взял в руки шкатулку, чтобы торжественно вручить её доброму вестнику и хвастливо сказал Мусо и Исо: "Ну, вы готовы? Сейчас вы услышите кто у меня родился!"
И они действительно все услышали. "Девочка! Девочка!" - радостно кричал приближающийся Элияху. Дядя Леви, у вас родилась, красивая, здоровая девочка!»
Леви, где стоял, там и сел. А Мусо и Исо стали громко хохотать.
«Дядя Леви, у вас родилась, красивая, здоровая девочка! Севанча! Севанча!»
Приняв хохот Мусо и Исо за признаки радости, Элияху тоже стал громко хохотать вместе с ними. Это ещё больше насмешило Мусо и Исо и они так безудержно расхохотались, что слёзы покатились из их глаз.
"Девочка! Девочка! Севанча! Севанча!» - Элияху глядел на Мусо и Исо и Леви, лихо подпрыгивая, пританцовывая и давясь от смеха.

"Ты ещё издеваешься надо мной?" - неожиданно в гневе закричал Леви. Вон отсюда, негодяй! Чтобы духу твоего здесь не было! Он с яростью швырнул шкатулку в дальний угол своей лавки, схватил деревянную палку лежащую под прилавком и размахнулся, пытаясь нанести удар по туловищу Элияху. Элияху успел отпрыгнуть на безопасное расстояние, и, не понимая, что происходит, жалобно пропищал: "А, севанча? Дядя Леви, где ваш обещанный самый дорогой на свете подарок? Где мой честно заработанный, самый первый в жизни севанча, о котором я мечтал всю мою жизнь?" Элияху всё ещё не верил только что увиденному и услышанному. Вытирая с лица пот и слёзы и глядя на утихших Мусо, Исо и свирепого Леви, он пролепетал в недоумении: "Дядя Леви, вы же обещали мне севанча за хорошую приятную весть. Ответьте мне. Где ваше купеческое слово?» "Я своё купеческое слово всегда держал, держу, и буду держать!" - крикнул в ответ Леви, оглядывая толпу столпившихся у лавки зевак. - Я обещал хороший подарок только за хорошую весть. А ты не только доставил мне неприятную весть, ты ещё опозорил меня на весь базар. Из-за тебя все теперь будут посмеиваться надо мной за моей спиной».
«Девочка! Девочка! - брезгливо продолжил Леви, словно передразнивая слова Элияху. - Пошёл отсюда, негодяй! Ты запомнишь на всю жизнь теперь эту свою девочку, за которую ты хотел получить от меня севанча. Уходи! И пусть эта девочка станет тебе севанча!»

После таких слов слёзы Элияху враз высохли. Он задрожал от негодования и воскликнул: «Хорошо, дядя Леви. Я уйду. Но запомните свои слова. Вы сказали, что пусть эта девочка станет моим севанча! Придёт время – и вы будете держать ответ за свои слова и за то, что вы натворили сейчас со мной. Запомните – меня зовут Элияху! И запомните своё купеческое слово, которое вы держали, держите и будете держать!» «Ах ты, сопляк! – крикнул Леви вслед уходящему Леви и яростно швырнул ему вслед свою палку – Ты мне ещё угрожать вздумал! Я запомню. Я на всю жизнь запомню того, кто испортил сегодня мой день и опозорил меня".
"И знайте все, что я всегда держу своё слово!" - обратился он к толпе.
Когда Элияху скрылся из виду, а толпа зевак разошлась, Леви в негодовании спросил у Мусо и Исо: "Вы видели, какой наглец этот мальчик? Позорил меня тут на весь базар, а ещё за это подарков требовал. А как угрожающе разговаривал со мной! Такой сопляк ещё, а сверкал глазами так, как грозный атаман душманов не смог бы это сделать. Кто же этот наглец? Я так был возбуждён, что даже забыл спросить какого он рода." "Не знаю, - ответил Мусо. - Такие дерзкие мальчики – редкость в еврейских семьях. "Верно, редкость, - подтвердил Исо, но тут же добавил: - за исключением рода Бассали». «А, да, да, ты прав", - поддержал его Мусо. - Еврейский род Бассали отличается от других еврейских семей. Они отличаются упрямством, твёрдостью, решительностью и смелостью». "И

честностью", - добавил Исо. "О да, ты прав, - согласился с ним Мусо. - Особенной честностью! Я бы сказал болезненной честностью. Не дай Б-г кому-нибудь их обмануть. Они так остро и болезненно реагируют даже на несущественную ложь, что тот человек кто их обманет, будет для них врагом номер один на всю жизнь. И они обязательно с ним расквитаются, даже через полжизни. А ещё их род славится тем, что в их речи совершенно отсутствуют матерные слова, а ещё они прекрасные шутники и весельчаки, и каждый из них владеет игрой на каком-нибудь музыкальном инструменте». "Да, всё это правда, - кивнул Исо, - но главная их черта – все они очень горячие и всегда держат своё слово. Вот, к примеру, однажды один мальчик из их рода поспорил со своими друзьями, что не побоится черпнуть кружку мёда из дупла на дереве, где дикие пчёлы хранят свой мёд. Как сказал – так сделал. Забрался на дерево и черпнул оттуда мёда. Правда, умер через несколько часов от укусов диких пчёл. Но слово своё сдержал!»
"А я слышал, - сказал Мусо, - что один из их рода вызвался участвовать в конских скачках, где всегда участвовали только афганцы. Что удивительно, ему каким-то образом удалось победить всех этих отпетых афганских бандюг. Правда, его за это от зависти кто-то незаметно столкнул с лошади – его придавил чужой конь, и он на всю жизнь остался калекой. Разве это еврейское дело – скакать на лошади? Весь род Бассали – неугомонные и ничего не боятся. Даже афганцы-душманы их побаиваются.

Смотри Леви, молись Б-гу, чтобы этот мальчуган не оказался из рода Бассали. Как ты уже слышал, они очень мстительные и свои слова до гроба держат". "Ну и что, я тоже свои слова до гроба держу, - со злостью ответил Леви. - Я вижу, все вы хотите сегодня окончательно испортить мне настроение". Недовольно что-то бурча себе под нос, он стал закрывать свою лавку...

Проходили годы. Леви мечтал и надеялся на то, что судьба его рано или поздно вознаградит мальчиком. Как и полагается, постоянно посещал синагогу, молился и просил бога о сыне. Однако судьба больше никогда не наградила его не только мальчиком, но вообще ребёнком. Он часто думал, за что же Б-г к нему так немилостив. За какой же тяжкий грех, совершенный им после рождения дочери, господь лишил его счастья иметь много детей, как имеют другие еврейские семьи.

Иногда к нему приходила мысль, что, возможно, грех его заключался в том, что он проявил недовольство своей судьбой, когда первой родилась девочка, и обидел при этом невинного мальчика, которого обязан был наградить. Ему даже как-то захотелось найти того мальчика и, хоть с опозданием, но вручить ему севанча, чтобы искупить свою вину. Но, видимо, гордость не позволяла ему унизиться перед каким-то мальчишкой, и эта мысль у него быстро улетучилась. Со временем единственным утешением стала для него его единственная дочь Хана, которая с каждым годом становилась всё краше и краше и наконец, к

12-ти годам, стала писаной красавицей. Всё духовное богатство и отеческую любовь, которые он мог подарить своим детям, он дарил своей дочери.
В 12 лет Хане справили бат-мицву, и перед родителями возникла неотложная задача – выдать дочь замуж. Дело в том, что в те далёкие времена красивых еврейских девушек, достигших 12-ти лет, часто воровали афганцы. Они насильственно заставляли их принять мусульманскую веру, а потом женились на них или продавали в наложницы богатым и знатным мусульманам. Возникли эти обычаи ещё в персидской империи, во времена вавилонского пленения евреев, и из истории известно, что многие красавицы еврейки были наложницами или жёнами таких людей, даже царей. К примеру, мы это знаем из двухтысячелетней истории о чудесном спасении евреев во времена вавилонского изгнания – истории о празднике Пурим и еврейке царице Эстер. Эти душманские обычаи в скрытой форме существуют и поныне в отдельных мусульманских странах.
Итак, молва о красоте Ханны, сравнимой лишь с красотой персидской царицы Эстер, моментально разлетелась по всему кварталу после её бат-мицвы. И поэтому жестокая участь стать женой богатого мусульманина могла не обойти и Хану из рода Леви. Сразу после окончания бат-мицвы, Леви дал знать кое-кому, что теперь его дочь – на выданье, и в доме Леви не стало такого дня, чтобы не приходили свататься люди. Кандидатами в женихи стали не только местные евреи, но и евреи других городов и

даже стран, засылавшие своих гератских родственников-сватов. Однако Леви и Шошана не хотели отдавать единственную дочь евреям-чужеземцам. А из местных они мечтали породниться только лишь с родом Коэнов или же, в крайнем случае, отдать дочь в род Леви, притом жених должен быть не менее богатым, чем они сами. Круг сужался, поэтому задача выдачи дочери замуж оказалась не такой уж лёгкой.

Слух о том, что дочь Леви-Хана на выданье дошёл и до Элияху из рода Бассали. Ему тогда исполнилось 22 года, и он отличался среди всех местных молодых людей своей красотой и высокой духовной культурой. Любая молодая девушка квартала была бы счастлива стать его женой. Зная об этом, его родители Эстер и Мошиах не раз вели с ним разговоры о женитьбе, предлагая сосватать прекрасных дочерей их знакомых, соседей, друзей или подруг. Но упрямого Элияху невозможно было уговорить. Он всегда находил какие-то причины для того, чтобы расстроить планы родителей. Его родителям оставалось только охать и ахать, глядя на то, как вылетают из-под их носа хозяйственные, красивые девушки-аруз («аруз» означает «невестка» у афганских евреев).

И вот, в один из дней, когда они уже и вовсе потеряли надежду увидеть в скором времени в своём доме прекрасную аруз, Элияху объявил своим родителям, к их величайшему удивлению, что готов жениться. "На восточной стороне квартала живет Леви из рода Леви со своей женой Шошаной из рода

Ниссана, - сказал он. - Есть у них единственная дочь на выданье по имени Хана. Вот к ним и готовьте своих сватов».

На следующий день счастливые родители попробовали подключить к сватовству самых знаменитых и влиятельных сватов и свах их квартала, но те наотрез отказались от этого дела. "Это гиблое дело, и мы даже пробовать не станем" - объявили они. Леви из рода Леви такой же упрямый, как люди вашего рода. Мы уже пробовали свататься, но он всем отказывает. Ходит слух, что он выдаст свою дочь только в род Коэнов или Леви. После неудачных попыток уговорить сватов обескураженные родители Элияху попытались отговорить сына от затеи сватовства с родом Леви, но Элияху был непреклонен. "Ничего не поделаешь, Эстер: Элияху – мой сын", - сказал Мошиах, имея в виду родовое упрямство. И они согласились пойти к Леви без знаменитостей, заранее зная, что будут опозорены его отказом.

«Обязательно пригласите на сватовство Мусо и Исо, - предупредил родителей Элияху. - Они недавно стали нашими дальними родственниками «на третьем киселе», но, что немаловажно, они прекрасно знают Леви. Их базарные лавки находятся рядом. Может быть, они как-то помогут уговорить Леви». «Отличная мысль, - согласился с сыном Мошиах. - Может быть, этот план и сработает. Может быть, они смогут повлиять на этого упрямца Леви. Ведь должны же родственники, пусть даже дальние, помогать друг другу».

Итак, сказано – сделано. На следующий вечер, когда Леви отдыхал со своей женой у себя во дворе, в летней беседке под виноградником, в калитку постучались. Прислуга отворила калитку, и в дверях показались сперва Мусо и Исо, а за ними ещё человек двадцать. «Никак свататься к нам пожаловали, - догадался Леви. «Ба-а-а, да это же люди из рода Бецалель», - шепнула Шошана мужу, узнав кое-кого из толпы. "Из рода Бецалель? - проговорил Леви сконфуженно, затем самодовольно произнёс: - Ха! Ну, тогда с чем пришли, с тем и уйдут". Он, кряхтя, стал слезать с огромной резной деревянной тахты, чтобы встретить гостей. А проворная Шошана стала давать указания прислуге накрыть стол-тахту сухофруктами и различными восточными сладостями и приготовить арбузы, дыни и фрукты.

Гости расселись на тахте. Сперва довольно долго, как полагается по традиции, велись разговоры о пустом. Ведь, по восточным традициям, главный разговор должен быть отложен напоследок. И когда настал тот момент, заговорили Мусо и Исо. Они стали наперебой расхваливать своих новых дальних родственников и перечислять родовые достоинства, особо подчёркивая, какие они честные люди, и какие отважные, и какие богатые, и какие культурные и скромные – даже в их обиходном родовом наречии отсутствуют матерные или другие ругательные слова и выражения. И какие они все классически красивые. А ещё какие они прекрасные шутники и весельчаки, да какие музыкальные – почти каждый из них владеет игрой на каком-нибудь музыкальном инструменте. И напоследок Мусо произнёс: "Но есть в роду Бассали прекрасный юноша по имени Элияху. Он является воплощением всех тех родовых качеств, о которых мы сейчас упоминали". «А у вас достопочтенный Леви, - подхватил Исо, - есть прекрасная дочь, слава о красоте которой уже распространилась не только по всему Герату, и не только по всему Афганистану, но и далеко за пределами страны».

Все посмотрели в глаза Леви, в которых не было проявления даже малейшего интереса к сказанному. Наступило кратковременное молчание. И Мусо заговорил снова: "Однако, достопочтенный Леви, какой необыкновенный у вас зелёный чай! Он имеет специальный горьковатый привкус, утоляющий жажду в знойное время". "Однако сейчас нет зноя, - продолжил эту мысль Исо. - Поэтому не пора ли нам подсластиться – покушать сахара (канд-хори)?»

«Нет, - опередил Леви Мошияха, потянувшегося за мешком сахара. - Я любитель горького чая даже в прохладные дни. Было очень приятно познакомится с вашими родственниками, дорогие мои друзья Мусо и Исо, и так хотелось бы посидеть ещё, да что-то сегодня мне нездоровится».

Намёк все поняли. Родители Элияху опустили низко свои головы, чтобы никому не показывать свои лица, полные разочарования и позора. Леви уже собирался прочитать традиционную последнюю застольную молитву, но вдруг заговорил сам Элияху. "Дядя Леви, - уважительно произнёс он. - Позвольте мне

сказать пару слов». Отказать гостю было непозволительно, и Леви устало кивнул, даже не глядя на него.
"А ведь мы с вами дядя Леви уже давно знакомы", - сказал Элияху. "В самом деле? - удивился Леви и внимательно посмотрел на парня. - Что-то я вас не припоминаю, молодой человек». – «Просто это было очень давно, уважаемый дядя Леви, и вы про меня забыли. Но если вы позволите, я могу вам напомнить». - "Ну, напомни". - «Помните, 12 лет тому назад у вас родилась дочь? Но вы не знали об этом, потому что были на базаре в тот день». «Ну как же не помнить тот счастливый и незабываемый день?» – улыбаясь, произнес Леви. - Ровно 12 лет тому назад Вс-вышний сделал мне бесценный подарок, подарив мне ангельскую дочку». - «А помните, уважаемый дядя Леви, что вы даже не дали за неё севанча, потому что ваш ребёнок оказался девочкой?» "Ха!" - усмехнулся Леви. - Я был молод тогда и глуп и не знал, что дочь – это душа родителей, а тем более такая, как моя Хана.
Он укоризненно взглянул на Мусо и Исо и, погрозив им пальцем, продолжал: «Это они сбили меня с толку в тот день, назвав меня бракоделом. Из-за них я обидел одного бедного, несчастного мальчика, который принёс мне добрую весть о рождении дочери, и разгневанный я даже лишил его детской радости: он не получил свой самый первый севанча». Мусо и Исо виновно пригнули свои головы и ничего не могли ответить в своё оправдание. "А вы помните, дорогой дядя Леви, имя того мальчика?" - спросил

Элияху. "Помню, - ответил Леви. - А почему вы меня об этом спрашиваете? И откуда вам известна эта история? Вам кто, Мусо и Исо проболтались об этом?» «Нет, нет, - наперебой стали оправдываться Мусо и Исо. - Честное слово, достопочтенный Леви, мы никогда и никому об этой истории не рассказывали, как вы и просили». "А помните, достопочтенный Леви, - сказал Элияху, - как в тот день вы при свидетелях Мусо и Исо дали своё честное купеческое слово тому мальчику, сказав ему: "Пусть моя дочь будет тебе севанча!"
Леви внимательно всмотрелся в глаза Элияху. Он хотел что-то спросить или сказать, но под дрожащим подбородком и губами язык не слушался его, а лепетал что то невнятное. Он не хотел верить своей догадке, и с жалким видом, весь побледневший и сникший, ждал от юноши с дерзким взглядом тех слов, которые он боялся услышать на протяжении многих лет. «Так вот, дядя Леви, если вы что-то не помните, то я могу напомнить вам. Того несчастного мальчика, как вы выразились, которого вы обещали запомнить на всю жизнь, звали Элияху. Тот мальчик и есть я! И сегодня я не пришел клянчить руки вашей дочери, как это до меня делали другие женихи. Я пришел забрать то, что принадлежит мне по праву! Пришло ваше время выполнить свой долг и отдать мне то, что обещали?»
Элияху умолк. Все сидящие вокруг со страхом и безмолвно глядели то на него, то на Леви. Глаза Элияху сверкали так, что казалось – с них извергаются молнии. А застывшему и потерявшему

дар речи Леви казалось, что перед ним не человек а грозное божество которое явилось сюда, чтобы наказать его за старый грех. Первыми нарушили кромешную тишину Мусо и Исо. "Дорогой наш друг Леви! - сказал Мусо. - А ведь юноша прав. Ты обещал и теперь обязан отдать ему свою дочь. "Да, да, да. Теперь ты должен сдержать своё слово Леви, - сказал Исо, подавая мертвецки бледному Леви пиалу с остывшим зелёным чаем. - У тебя теперь нет другого выхода».

Леви взял трясущимися руками пиалу, отхлебнул чаю и, почувствовав себя лучше, ответил: «А ведь вы правы, Мусо и Исо. Чай действительно оказался с очень горьким привкусом. Не подсластить ли его на самом деле?»

ЭЛИАХУ БАССАЛИ

В 479 номере "The Bukharian Times" была описана часть истории о мишпаха Бассали. Получив огромное количество отзывов о ней, я сделал вывод что основную часть читателей впечатлила история о моем деде. Подобных историй на протяжении короткой 54х летней жизни моего деда было не мало. Но в этой статье я хочу посвятить читателей с одной из самых ярких запоминающихся событий из истории моего деда. В 1917 году до Октябрьской революции, мой дед - купец первой гильдии, запланировал совершить очередное дело межгосударственного масштаба сулившее немалый доход как ему лично так и двум государствам которым он платил соответствующие пошлины. Несколько месяцев ушло только на то, чтобы собрать необходимое количество нужного Туркменского товара пользующимся высоким спросом в Афганистане. Часть товара была куплена на его собственные деньги, другая часть была одолжена у его знакомых купцов под залог или же под проценты, а так же у родственников купцов. Времена были не спокойные. На купеческие караваны нередко нападали разбойники и поэтому мой дед подобрал для охраны своего каравана надежных людей-проводников, многие из которых не раз доказывали на деле моему деду свою преданность. В то время запрещалось переходить границу с огнестрельным оружием, саблями или шашками. Однако разрешалось иметь при себе ножи и кинжалы. Вдоль караванных путей находились караван-сараи. Хозяева караван-сараев прекрасно знали моего деда и между ними было полное доверие. Прямо у самой границы мой дед сдавал на хранение огнестрельное оружие хозяину караван-сарая - туркмену, а перейдя границу он рентовал винтовки в афганском караван-сарае. Однако винтовки были хорошим оружием при ведении дальнего боя. В ближнем бою они были малоэффективны, так как уходило много времени на перезарядку винтовок. В ближнем бою были хороши сабли, шашки и кинжалы. Каждый из наемных охранников моего деда не плохо владел огнестрельным оружием, но превосходно владел кинжалами. У каждого наемного охранника было по два, три самодельных кинжала с клинками довольно внушительной длины. И хотя размер таких кинжалов составлял треть сабли или шашки, но искусно владеющий одновременно двумя кинжалами мог одолеть даже искусно орудующего саблей или шашкой. Мой дед тоже прекрасно владел искусством боя с двумя кинжалами, а так же техникой метания кинжала. С 13 лет он помогал перевозить товары по караванным путям своему отцу и деду. Там во время таких путешествий, у него было предостаточно времени обучится этому боевому искусству у наемных охранников. В свои 50 лет, в 1917 году, он не только не потерял искусства сражаться кинжалами, но закаленный в неоднократных схватках с разбойниками, в нем открылся талант искусного предводителя и стратега способного отразить любые атаки местных разбойников, с применением оперативного искусства тактики боя. Итак, несколько дюжин верблюдов были навьючены товаром моего деда, и караван тронулся в путь. Я перечитал множество книг где художественно описывалась природа в пустынях. Однако человек ни разу не побывавший там может только едва представить, но низачто не сможет ощутить то необычное состояние в котором пребывает человек путешествующий по пустыне, и получить истинное наслаждение. Я понял это когда в 1991году впервые оказался в туркменской пустыне, куда я приехал со своим отцом желающим в последний раз вздохнуть дурманящий пустынный воздух и в последний раз взглянуть на бескрайние просторы родной земли, расположенной недалеко от того места, где он провел все свое детство и юность. Ступив впервый раз на эту землю, стоя среди могучих великанов пустыни - верблюдов, величественно пережевывающих сухие колючки, и глядя на пески озолоченные ярким, палящим солнцем, я поймал себя на мысли, что мною овладевают противоречивые ощущения. Там среди этих пустынных бескрайних просторов я чувствовал себя единственным властелином и в то же время ничтожеством среди этого великого неповторимого создания творца. Но вернемся в те далекие времена 17 года, и представим ту картину посреди пустыни, где мой дед со своей командой удобно примостились на спинах двугорбых исполинов - кораблей пустыни, и под монотонные звуки колокольчиков, болтавшихся на дугообразных длинных шеях, не спеша двигались длинною вереницею в сторону афганской границы по плывущим барханам, постоянно стирающим следы протоптанных троп подобно морским волнам. Здесь все таинства природы как на ладони. Все что находится далеко вокруг, кажется как будто рядом. И жгучее солнце - и неписанной красоты восход и закат, и холодная печальная луна и яркие звезды весело подмигивающие с темно синего небосвода. Ты словно попадаешь в другой мир и ощущаешь себя как на неземной планете. И ощущение времени здесь тоже не земное. Оно здесь кажется бесконечным как эта пустыня. И мысли там к тебе приходят уже не обыденные о мелких земных заботах, но мудрые и величественные - о вселенной и о смысле жизни. Итак дни сменялись ночами, а ночи днями, проходили недели, и караван деда оказался на афганской земле. В один из дней, на закате, зоркий глаз деда заметил вдалеке легкий туман поднимающейся пыли, двигающийся в их сторону. Мой дед приказал своим людям остановить караван и стал глубже вглядываться в ту сторону. Да, несомненно это облачко пыли, которое становилось все гуще могло образоваться только от копыт бегущих лошадей, сделал свое заключение дед. Похоже к нам направляются пара сотен разбойников воскликнул дед и дал команду своим людям поспешно готовиться к бою. В такую экстремальную ситуацию он попадал не раз и сейчас был уверен что, хотя число разбойников превышало число его людей во много раз, победа будет за ним. В целях самообороны, он дал команду создать баррикаду - расположить вкруг верблюдов и крепко завязать верблюдов друг к другу. С нескольких верблюдов была сброшены огромные вьюки. Это было сделано для того чтобы вьюки препятствовали верблюдам двигаться в стороны, а так же препятствовали атаке. Таким образом и вьюки и верблюды служили серьезной помехой для разбойников, привыкших атаковывать на открытой местности сналёту. Когда все было готово к бою, дед дал команду всем своим людям зайти в центр "живой крепости", зарядить винтовки, приготовить запасные патроны и ждать его команды. Каждый принял удобную позицию - кто то сел на корточки просунув свои винтовки между верблюжьих ног, а кто-то стоя расположил свои винтовки над вьюками. Вот уже отчетливее стали видны приближающиеся фигуры всадников размахивающих над своими головами саблями и шашками ослепительно сверкающими под лучами солнца. Вот уже донеслись и восторженные крики разбойников. Когда они оказались на расстоянии выстрела, мой дед дал команду прицелиться и стрелять. Он сам прицелился в главаря скачущего впереди. Несколько десятков разбойников включая их главаря тут же, после первых выстрелов, рухнули на землю, но это не остановило бандитов. Через мгновение они оказались рядом, заметно сбавив скорость. Они не ожидали наткнуться на препятствия. Сказалось и отсутствие главаря. Они бестолково кружились на своих скакунах вокруг вереницы верблюдов и высоких вьюков бесцельно махая своими шашками. За это время люди деда успели перезарядить свои винтовки и сделать еще по несколько выстрелов.

Скоро когда движение лошадей по кругу совсем замедлилось так как они мешали друг другу двигаться, один из разбойников крикнул - надо проникнуть внутрь и атаковать их изнутри, и тут же запрыгнул на один из тюков. Его примеру последовали еще несколько разбойников находящихся вблизи баррикады. В такой ситуации огнестрельное оружие оказалось плохим помощником для обороняющихся. Мой дед не мешкая, поднырнув под верблюда изловчился и метнул свой кинжал в одного из разбойников, пытающегося спрыгнуть с тюка внутрь. Его примеру последовали все остальные его люди. Почти никто из его команды не промахнулся. Но число разбойников все еще превосходило число людей моего деда. Количество трупов под ногами лошадей разбойников увеличивалось, так же как лошадей без всадников. Все это делало более затруднительным подступ к баррикаде. Оценив обстановку мой дед громко крикнул - "В бой!". Он опять вынырнул из под верблюда, полоснул кинжалом по спине одного разбойника пытающегося спрыгнуть с лошади и тут же нырнул обратно внутрь, чтобы его не успели полоснуть сзади. Ту же самую тактику стали применять почти все его люди. Сразу же после первой такой тактической атаки число противников почти сравнялось. К этому времени движение басмачей уже было полностью парализовано. Их лошади могли теперь только кружиться вокруг своей оси. В такой суматохе от страха они вставали на дыбы подставляя спины своих всадников людям деда. Длинные шашки и сабли разбойников в такой непривычной для разбойников создавшейся обстановки - скованности и суматохи - были бесполезны. Когда, наконец они поняли, что их осталось меньше трети, их восторженные крики прекратились. Осознав свое безнадежное положение, их охватил страх и ужас. Теперь они стали отчаянно пытаться выбраться из этого болота крови и трясины трупов. Их ошарашенные кони спотыкались о трупы и скользя по лужам пролитой крови падали на своих же наездников. Лишь немногим удалось выбраться из этого ада. Оставшиеся в живых до полусмерти напуганные разбойники, побросав своих раненных людей, ускакали. Теперь послышались восторженные победоносные крики людей деда они повыскакивали со своих укрытий пытаясь добить раненных разбойников барахтавшихся у них под ногами и под копытами лошадей. Но мой дед остановил их окриком и приказал не трогать раненных. Он сказал - господь может простить ваши убийства если вы защищаете свою жизнь, но тот кто убивает тех кто уже не способен причинить зла обязательно будет жестоко наказан. Он указал на стонущих раненных разбойников и добавил - кому суждено сдохнуть, те сдохнут сами. А те кто не сдохнут уже получили урок. Все люди моего деда остались живыми, но несколько его человек получили легкие ранения. Мой дед был ранен тоже. Он даже и не заметил этого пока один из его людей не указал на его левое ухо. Один из разбойников полоснул по уху деда своей шашкой, но оно не было полностью отсечено. Нижняя часть уха осталась цела, а верхняя часть уха свисала вниз болтаясь на ушной мочке. Когда все раненные были перевязаны, люди моего деда попросили вернуться его назад в Туркмению. Но мой дед наотрез отказал в их просьбе и приказал всем двигаться вперед. В первом же населенном пункте - небольшой афганской деревушке, мой дед оставил раненных для лечения пообещав забрать их на обратном пути. Местный недипломированный лекарь - старый приятель моего деда, дезинфицировал ухо деда и перевязал его. Мой дед оставил задаток лекарю для лечения оставшихся раненных, а сам с оставшейся командой немедля двинулся вперед. Дело, сроки и обещание для моего деда были превыше всего. Он не столько заботился о процентах, которые было нужно заплатить купцам доверившим ему свой товар, сколько о своем добром имени. Только его собственная смерть могла бы быть оправданием если бы деньги не были бы возвращены в обещанный срок. Достигнув афганский город Герат, мой дед решил оптом сдать свой товар. Он так и сделал. И хотя это дело оказалось для моего деда малодоходным, от того что он сдал весь товар оптом, а также незакупил афганских товаров, это нисколько не огорчило его. Ведь нужно было совершить святое дело - поскорее доставить раненных людей в родной город. Дед раньше обещанного срока вернулся в деревню подобрать раненных. Все раненные уже чувствовали себя намного лучше. Лекарь предложил ему осмотреть его ухо. Осмотрев его ухо, лекарь сказал деду, что дела с ухом очень плохи и требуется срочное профессиональное хирургическое вмешательство, а не то может наступить смерть. Он предложил вернуться ему в Герат. Но мой дед не хотел возвращаться. До Керки путь был в несколько раз длиннее и лекарь сказал ему вдосаде, - ты не сможешь живым добраться до Керки. Я доберусь и мы с тобой еще раз обязательно встретимся, обещаю тебе, посмеявшись ответил мой дед и тепло обнял его на прощание. Налегке верблюды двигались намного быстрее и очень скоро караван перешел границу. Уже на подходе к городу мой дед почувствовал себя совсем плохо. Кружилась голова и он несколько раз оказывался в беспамятном состоянии. На подходе к городу Керки находилось несколько больниц. В одной из них, самой ближайшей, люди деда собирались его оставить, но мой дед объявил что он не хочет умирать в больницах где врачи не умеют лечить. Он попросил их срочно отвезти его в русский квартал который находился в центре города. В этом богатом квартале вокруг русского банка жили очень влиятельные люди - банкиры, доктора, офицеры царской армии и прочие русские чиновники. Многие влиятельные люди этого квартала были знакомы непосредственно с моим дедом - самым богатым местным жителем этого города. Моего деда в полуживом, беспамятном состоянии доставили ночью в дом к самому знаменитому русскому хирургу - приятелю моего деда. Доктор осмотрел гниющую рану и сказал его людям - повидимому кровь уже полностью заражена и что он не дает никаких гарантий на его выздоровление и попросил их срочно привести родственников чтобы они смогли навсякий случай проститься с ним, а сам немедленно приступил к лечению. Он сделал максимальное количество уколов против обеззараживание и обработал гнойный участок. Когда мой дед пришел на мгновение вчувство, у его изголовья уже стоял его старший сын Исахар. Первое что сделал мой дед - протянул своему сыну долговые расписки и всучив ему вырученные за товар деньги, сказал, - иди сынок и срочно рассчитайся со всеми кто в этих списках. В тот день когда пришли все взрослые члены его семьи и все его друзья и родственники, мой дед уже не подавал признаков жизни. Все прощались с ним, а члены семьи хотели забрать домой так как он выглядел совсем безнадежным. Но доктор не разрешил. Он сказал что он сам не понимает как в этом безжизненном теле все еще может биться сердце. И добавил, - есть мизерная капля надежды что свершится чудо и он переборет смерть, но для этого нужно иметь не-человечески сильный организм. В бесчувственном состоянии мой дед находился несколько недель. От того что он не ел его тело высохло так, что казалось лежит скелет натянутый кожей. И вот спустя месяц свершилось чудо. Он открыл глаза и дал знак сиделке принести воды. А еще через пару дней он уже был способен есть, а еще в скором времени поднялся на ноги. Это было действительно чудо. Никто из родственников не надеялся увидеть его живым. Только после его полного выздоровления русский доктор продолжил его лечение проделав наисложнейшую для того времени операцию - зашив полубезжизненное ухо деду. Полтора месяца спустя мой дед вернулся домой. Это было время когда свершилась Октябрьская революция в России. Наступили тяжелые времена. Мой дед никогда больше не смог заниматься своим любимым делом. Последние годы жизни стали настоящим мучением для моего деда. Старые раны стали давать о себе знать. Боль от пораженного ушного нерва стала отдаваться на позвоночник. Мучительно болела спина. В 20 году когда басмачи ворвались в его дом и пытали его приложив кинжал к его шее, вынуждая признаться где зарыто его золото, они поранили этим кинжалом его шею. Он опять получил заражение крови. Ослабленному организму деда было уже не под силу выносить такие мучения и бороться за жизнь. Перед смертью он сказал свои последние слова - какое счастье умирать чувствуя что никому не должен, но потом добавил, хотя у меня остался маленький должок перед лекарем афганской деревни который не надеялся увидеть меня живым после тяжелого ранения, и которому я пообещал что мы обязательно встретимся. Мой дед Елияху Бассали родился в Герате, в Афганистане в 1866 году и скончался в Керки, Туркмении в 1920 году. Эта бессмертная история о чести, храбрости, героизме и доблести нашего деда передается из поколения в поколение и никогда не исчезнет покуда течет его кровь в его потомках.

ИССАХАР СЫН ХАНО И ЭЛИЯХУ БЕЦАЛЕЛЬ

Хочу выразить мою глубокую признательность всем близким Иссахара, от которых мне посчастливилось собрать много интересного материала о его бесподобной жизни. Но особо возвышенный букет благодарности преподношу к стопам дочери Иссахара Зине (дай бог ей здоровья и долгих лет жизни) и его внучке Эмме, рассказавшим мне о нём столько сокровенного, что придало этой истории, не только глубокий познавательно исторический характер, но, как мне кажется в некоторой мере, и художественно романтичный.

По древней традиции персидских евреев, рождение сына-первенца было важным и знаменательным событием. Счастливые родители по этому поводу устраивали "царские" торжества в своих домах или синагогах. В семье состоятельных жителей города Герата (Афганистан) Ханы и Элияху в 1893 году первой родилась дочь. Однако же беспрестанные молитвы благочестивого Элияху были услышаны, Вс-вышний не оставил без внимания просьбу Элияху из древнего рода Бецалелей, и сразу же через несколько месяцев после рождения дочери, на следующий год, родился сын. Этот подарок Б-га стал поистине великой наградой для счастливого отца. И поэтому, в честь этого радостного, знаменательного события, Элияху дал имя своему сыну – Иссахар, что с древнееврейского означает - "НАГРАДА". С первых же дней, глядя на миловидное, ангельское личико младенца с его классическими библейскими чертами, и его светящимися агатовыми глазами, трудно было не заметить особый свет который исходил от него. С первых дней его появления на свет можно было определить, что в этом человеке есть что-то от Б-ога. С каждым годом родители Иссахара убеждались в этом всё больше и больше. С каждым годом всё отчётливее проявлялись врождённые качества его души и характера: внутренняя чистота, кроткость, скромность, порядочность, благородство, мудрость, прямота и справедливость. Видя в своём сыне эти качества, Элияху понимал, что его сын не должен пойти по его стопам. Это было бы большим грехом - сделать этого

человека купцом. Ведь хороший купец должен иметь гибкость характера, дипломатичность, а не прямолинейность, какой обладал его сын. Хороший купец никогда не покажет своё негодование или презрение подлецу. Хороший купец должен уметь улыбаться каждому, а так же уступать, если этого требует дело. Нет. Даже обладая природной мудростью, его любимый сын Иссахар, никогда не сможет перейти границы своей врождённой чистоты и своего прямодушия. Шли годы. Хана, на радость Элияху, после Иссахара, стала рождать мальчиков, из которых, по мнению Элияху, могли бы получится отменные купцы. Поэтому, когда пришла пора определять сына в школу, Элияху направил его учиться в специальную Гератскую главную иешиву, в которой учились намного дольше, чем в обычных иешивах с трёхлетним образованием. Раз у моего сына такая святая сущность, то его призвание - служение богу, решил Элияху. Конечно, рассудил он, из этой иешивы, выходят священнослужители, не имеющие того достатка, которым обладают купцы, но ведь духовное богатство считается большим и высшим, нежели богатство материальное. И вообще, с возрастом понимаешь, что не в богатстве счастье, заключил он. Однако события в начале 20 -го века разрушили планы Элияху. Иссахару не удалось доучится в семилетней иешиве.
После того как в Тегеране в 1897 году муллы опубликовали фетву, требующую, чтобы евреи носили отличительный знак - круглую красную заплату в верхней части одежды, и подстригали свои

волосы для того, чтобы их можно было отличить от правоверных мусульман, во многих мусульманских странах участились издевательства над иноверцами, а особенно над священнослужителями синагог, преподавателями и учащимися иешив. Фанатики - фундаменталисты хватали евреев на улицах, сбривали им бороды, укорачивали волосы и заставляли носить отличительный знак. Эти бесчинства стали набирать всё больший размах. Они в течении нескольких лет, начиная с 1987 года, то утихали, то снова неожиданно вспыхивали в разных городах Ирана, Афганистана и других мусульманских странах. Во время таких беспорядков в стране, переживаниям Элияху и Ханы не было предела. Ведь их сын учился в иешиве в центре города Герат. В 1905 году в городе опять начались беспорядки. Иссахар уже учился четвёртый год. В свои 11 лет он выглядел не по возрасту взрослым, имел редкую бородку, и одевался как и подобает одеваться студенту иешивы. Родители, зная его не уступчивый характер, понимали, что если на него нападут в городе фанаты и заставят подстричься, он обязательно воспротивится, и это может стоить ему жизни. Поэтому Элияху, в один из дней, решил потребовать от сына - чтобы он оставил учёбу. Однако такого разговора, который возможно мог обернуться недопониманием между отцом и сыном с вытекающими последствиями, не случилось. Потому что мусульмане фанаты в это время учинили беспорядки в городских ешивах и синагогах, напав на руководителей и преподавателей главной иешивы города, и главного раввина синагоги. Еврейские школы и синагоги в целях безопасности еврейского населения Герата было решено закрыть. Но эти мероприятия не спасли еврейское население. Фанаты организовывали нападения на еврейские семьи и заставляли принять их мусульманство. Эти бесчинства фанатов, а также закрытие иешив и синагог в странах персидского региона, послужили толчком к массовым выездам евреев из этих стран. В 1905 году большая часть людей рода Бецалелей и их многочисленных родственников эмигрировали в Палестину, а меньшая часть - в Туркмению, где мусульмане относились к евреям менее враждебно, так как страна находилась в вассальной зависимости от России и мусульмане не могли проявлять отрыто свою ненависть к "не правоверным". Семья Елияху и Хано со своими родителями и четырьмя детьми - Юхевед, Иссахаром, Мошиахом и Ёсефем переселились в город Мерв, переименованным в Мары в 1937 году. Многие семьи Герата переехали в этот город не случайно. Эти гератские семьи были когда-то выходцами из Ирана, из города Мешхед. Они имели в Туркмении близких родственников, насильственно обращённых в 1839 г. в ислам мешхедскими властями или же фанатами исламистами, и бежавших из Мешхеда в 1840х годах. Евреев вынужденных принять ислам в народе называли чалла. Душманам, заставить иноверцев принять мусульманство не составляло большого труда - достаточно было еврею в присутствии двух или более мусульман произнести такие слова: " Нету

Б-га, кроме Аллаха и Мухамад пророк его. Слава Аллаху - я мусульманин" и отступиться от своих слов уже было не возможно, иначе это считалось бы вероотступничеством, а вероотступничество каралось смертельной казнью. Мешхедские беженцы поселились в те времена в основном в Мервском оазисе, где они вернулись к иудаизму. Вообще, если копнуть историю персидских евреев Туркмении глубже, то глубже начинаешь осознавать на сколько унизительна была их жизнь. Ниже вкратце описываются некоторые исторические данные с древнего периода и до нашей эры, вплоть дореволюционного периода.

Наиболее раннее упоминание о евреях на территории современного Туркменистана содержится в Вавилонском Талмуде (Ав. Зар. 31б), из которого следует, что амора Шмуэль бар-Бисна (начало 4 в.) из пумбедитской иешивы посетил Маргиану — область, простиравшуюся вдоль протекающей на юго-востоке Туркменистана реки Мургаб. В средние века еврейские купцы посещали город Мерв (близ современного города Байрам-Али), находившийся на Великом шелковом пути. В ходе археологических раскопок в Мерве были обнаружены еврейские оссуарии 5–7 вв.; имеются данные о евреях в этом городе в 8 в. и 14 в., в городе Абивард — в 8 в. По всей вероятности это были потомки персидских евреев которые в 8 веке до нашей эры были уведены в Ассирийский плен и попали на территорию современного Ирана, а также потомки евреев которые в 6 веке до нашей эры были уведены в Вавилонский плен и так же были поселены на территории современного Ирана. В 538 г. до н. э. вышел декрет царя Персии Кира Великого, разрешавший еврейским изгнанникам и их потомкам вернуться на родину и восстановить там свою национальную и религиозную жизнь. Однако вернулись лишь немногие евреи, большинство к тому времени ассимилировалось либо, достигнув социального и экономического благополучия, предпочли остаться на чужбине. Персидские евреи сперва расселялись по внутренним провинциям и городам Ирана — в Экбатане, Сузах (Шушан) и других прилегающих городах и соседних странах, а позже, почти на всех территориях, где проходил Великий Шёлковый путь. В 1835 г. христианский миссионер еврейского происхождения Дж. Вольф, путешествовавший по странам Востока, обнаружил в Мервском оазисе небольшую общину бухарских евреев. В 1869 г. Бухарское ханство, которому принадлежала небольшая часть Восточного Туркменистана (с городом Чарджуй), стало российским протекторатом; в 1881–85 гг. русские войска завоевали всю остальную территорию современного Туркменистана, на которой в 1882 г. была образована Закаспийская область (до 1890 г. входила в состав Закавказского наместничества, в 1890–97 гг. находилась в непосредственном ведении военного министерства, в 1897 г. была включена в Туркестанский край). Это способствовало притоку в Туркменистан евреев, принадлежавших к различным

этнолингвистическим группам. Бухарские евреи, имевшие в Бухарском ханстве статус зимми и во многих отношениях подвергавшиеся дискриминации, переселялись на земли, непосредственно включенные в состав России, где получали равные с мусульманами права.
Зимми - (буквально «люди договора») - собирательное название немусульманского населения (в основном тех, кто исповедовал иудаизм) на территории исламских государств, или завоёванных мусульманами. Пользуясь защитой жизни и имущества, зимми обязаны были признать безраздельное господство ислама во всех сферах жизни общества и подлежали уплате дани (джизья). Взимание джизьи основывается на следующем тексте Корана (9:29): «Сражайтесь с теми из людей Писания, которые не веруют ни в Аллаха, ни в Последний день, которые не считают запретным то, что запретили Аллах и Его Посланник, которые не исповедуют истинную религию, пока они не станут собственноручно платить дань, оставаясь униженными». Обычно зимми не имели право владеть оружием, занимать государственные посты, служить в армии, свидетельствовать на суде, ездить на лошади. Всего было 21 запретов, которые назывались Омаровыми законами. Могли применяться самые разные формы дискриминации, подчёркивающие «второсортное» положение иудеев. Например, запреты жить в домах более одного этажа, владеть землёй и собственностью вне гетто, покидать район проживания ночью, обязанность

носить одежду определённого вида, и т. д. Основным бухарско-еврейским центром на территории современного Туркменистана стал город Мерв: в 1895 г. здесь насчитывалось 486 бухарских евреев (7,5% всего населения), которые занимались ремеслом и коммерцией (в частности, торговали мануфактурой, каракулем, обувью). Некоторые из них были очень богаты: например, купец Джура Игланов владел хлопкообрабатывающим заводом и другой недвижимостью, а годовой оборот его торговой фирмы составлял два миллиона рублей. За пределами Мерва (в том числе и в Мервском уезде) проживало лишь незначительное число бухарских евреев. Примерно половину самодеятельного еврейского населения Нового Чарджуя - позже переименованный в Чарджоу - составляли торговцы, остальные большей частью занимались ремеслом; среди евреев города было также несколько врачей, художники, владелец типографии. Богатые еврейские коммерсанты из Асхабада и Нового Чарджуя, скупавшие хлопок и выступавшие в качестве представителей торговых фирм России, играли важную роль в экономике Закаспийской области и Бухарского ханства.
В 1880–90-х гг. в Закаспийской области обосновалось несколько сотен евреев из Ирана, в основном — членов группы джадид ал-ислам из Мешхеда, формально исповедовавшей ислам: к началу 20 в. в Мерве проживали 202 семьи джадид ал-ислам (в 1882 г. — лишь семь), в Серахском уезде — 40, Атекском — 25, в Тахта-Базаре — 22, в

Пендинском приставстве Мервского уезда — 27. Они занимались торговлей и посредничеством, брали казенные подряды, приобретали недвижимость. В Пендинском приставстве Мервского уезда насчитывалось свыше 100 семей афганских евреев. После присоединения Закаспийской области к Туркестанскому краю местные власти предприняли шаги, направленные на уменьшение численности ее еврейского населения (в соответствии с предписанием Николая II «оградить» Степной край и Туркестан от «вредной деятельности евреев»). В феврале 1902 г. глава областной администрации приказал выселить в Иран 49 евреев — подданных этой страны; в том же году последовало изгнание (якобы за контрабанду) еще нескольких персидских евреев, живших в Серахсе и занимавшихся торговлей (свыше 800 туркмен из племени салоров обратились к властям с просьбой разрешить этим евреям остаться, но прошение не было удовлетворено). В 1905 г. над персидскими евреями, обосновавшимися в городе Серахс и селении Каахка, вновь нависла угроза депортации; на сей раз им удалось ее избежать, однако полиция учредила за ними надзор. Одновременно большая часть бухарских евреев получила предписание вернуться на территорию Бухарского ханства; многие из них пытались доказать, что являются коренными жителями области, и перейти в российское подданство, но такие попытки, как правило, оканчивались неудачей. В июле 1909 г. был составлен секретный список мервских евреев, которых намечали выселить после 1 января 1910 г.; в него включили 45 семей. В 1911 г. из Мерва был изгнан Дж. Игланов. Генерал-губернатор Туркестанского края А. В. Самсонов предложил бухарскому эмиру привлечь Игланова к ответственности «за обман и проживание по неправильному паспорту». Ашкеназов, не имевших права жительства за пределами черты оседлости, высылали как из Закаспийской области, так и с территории Бухарского ханства. В 1910 г. местная администрация не позволила раввину А. Ш. Резнику поселиться в Асхабаде, в результате чего еврейская община города осталась без духовного руководителя. Обращение евреев Нового Чарджуя к Самсонову с просьбой разрешить им открыть молитвенный дом (ноябрь 1910 г.) едва не привело к их поголовному изгнанию; оно было предотвращено лишь благодаря вмешательству российского представителя («политического агента») в Бухарском ханстве А. Сомова, который указал, что с выселением евреев экономическая и культурная жизнь города будет парализована (март 1913 г.). Согласившись с ним, Самсонов настоял на том, чтобы антиеврейские ограничительные законы впредь исполнялись более строго, а в сентябре того же года запретил допускать в Новый Чарджуй демобилизованных евреев, которые до призыва в армию жили в других городах Туркестанского края или Бухарского ханства. Однако несмотря на все нападки властей Туркестанского края применяемые к евреям, туземные евреи Туркестана чувствовали себя более безопаснее, чем евреи стран персидского региона.

Поэтому, в 1905 году семья Бецалель, задёшево продав свои имения в Афганистане, на сотнях верблюдах, вместе со своими многочисленными родственниками и другими беженцами, тронулись по протоптанным купцами караванным путям, в сторону древнего города Мерв. Беженство евреев из Афганистана происходило неофициально, иначе бы власти по политическим соображениям могли бы запретить евреям бегство из страны, или же в лучшем случае могли бы наложить на беженцев баснословные налоги за вывоз их добра из Афганистана. Раньше, купцам и их семьям, в целях торговли, которая повышала экономику стран, разрешались свободные переезды из страны в страну, с временным жительством в любой стране с документами иностранных поданных. Многим афганским евреям под предлогом ведения коммерческих дел, удалось оставить страну, и увезти с собой своё добро за умеренные налоги или закет - до 10% от стоимости товаров, избежав возможных политических скандалов. В городе Мерв их приютили дальние мешхедские родственники, многих из которых они никогда в своей жизни не видели, и только определяли родство по имени рода, или же по именам общих прадедов и прабабушек бежавших из Ирана в 1840-ых годах. Родственники помогли Элияху купить дом в центре города Мерв. Это было обширное хозяйство с тремя колодцами.

Раньше ценность дома определялась не только по тому на сколько близко находится дом от центральных районов, или же от его величины и архитектуры построек, или же озеленения, или же от окружения людей - соседей-единоверцев, но так же и от того, на сколько близко от дома находился источник воды, и на сколько чиста была в нём вода. Дом и хозяйство Элияху был настолько огромным, что одного колодца по хозяйству не хватило бы. Один колодец находился у дома, другой на скотном дворе, а третий у садов, огородов и виноградников. Чтобы поить скотину или же поливать сады и огороды - вода была рядом. И это была главная ценность дома. А вода в этих колодцах была кристально чистой и прохладной даже в зной. В городе находились несколько иешив. Однако, скоро выяснилось, что к сожалению в Мерве не было такой сильной иешивы как в Герате. Преподаватели в Мервских иешивах не были настолько профессиональны в талмудическом знании и обучении, насколько были профессиональны гератские преподаватели. Учёба проходила от 4 до 6 часов в день, тогда как в гератской иешиве занятия проходили минимум по 12 часов в сутки. И когда Иссахара определили в старший класс для выпускников, то тут же выяснилось, что его четырёхгодичные знания намного глубже семилетней программы Мервской иешивы. Поэтому продолжать учёбу Иссахару в Мервской иешиве смысла не было, и он решил заняться самообучением. Огромное количество религиозных книг, которые Иссахар перевёз во вьюках на двух верблюдах, выделенные ему его отцом, тут очень пригодились. Однако учёба - учёбой, а хозяйство – хозяйством. Ведь с точки зрения любого коммерсанта это было бы просто грех не извлекать прибыль с такого обширного участка, какое теперь заимели Бецалели. Отцу Иссахара родственники помогли открыть торговую лавку на базаре, так что всё хозяйство легло на плечи старшего 11 - ти летнего сына Элияху. Младшим братьям Иссахара было: Мошияху - 8 лет, Ёсефу - 1 год, и проку в хозяйстве от них не было. Иссахар сам и огородничал, и садовничал, следил за птицей и за скотиной. По утрам, он грузил со своей фермы на запряжённого в телегу ослика бидоны с молоком и корзины с яйцами, и разъезжаясь по улицам еврейского квартала звонко и мерно кричал - " Яйца и молоко! Покупайте яйца и молоко!". Так прошло четыре года. Иссахара уже знали в лицо все обитатели еврейского квартала, а дети квартала, ещё издали завидев его, между собой называли его в шутку "Яйца и Молоко". Его, простодушного и доброго, любили и дети, и взрослые. Но больше всего стройного, с классически тонкими, восточными чертами лица 15 летнего Иссахара, любила девятилетняя девочка из соседней улицы - Рахель из рода Мурдохаевых. Её родители и родители Иссахара были близкими друзьями ещё в Герате. Отец Рахель – Барух - был когда-то известным купцом в Герате. Он имел очень известных, богатых близких родственников в Мерв -

бывших мешхединцев, которые иммигрировали в Мерв в 1840-м году. В течении многих десятилетий семьи Мурдохаевых вели межгосударственную торговлю, переправляя друг другу товары из Мерв в Герат, и из Герата в Мерв. Эта торговля обоим сторонам рода Мурдахаевых принесла огромные прибыли. Они считались купцами высшей гильдии. Иссахару тоже очень нравилась Рахель. Он просто сходил с ума, когда он заходил к ним во двор, чтобы продать матери Рахель молока, и видел переливавшиеся в лучах утреннего солнца, 25 шёлковых косичек красавицы Рахель, кончики которых виднелись из под короткой детской чадры. Краем полупрозрачной чадры, изготовленной из нитей тонкого шёлка, она прятала от Иссахара своё смущённое лицо, и опускала свой взгляд вниз, прикрывая их длинными чёрными бархатными ресницами, чтобы красивый юноша не заметил в них пламя её любви к нему. Но ни чадра, ни густые ресницы красавицы не могли скрыть от проницательного юноши те искры её души, что зажигали его собственную душу. Он знал кроткую Рахель уже четыре года, но ни разу за эти четыре года он так и не услышал её голоса. Удивительно что свойственные типичной иранской еврейской девушке достоинства - выдержанность и кротость - были присущи Рахель уже в таком раннем возрасте. 9 лет - это не так уж мало, размышлял Иссахар по ночам. Моя мать вышла замуж в 12 лет. Значит моя мечта может осуществиться через три года. Через три года Рахель станет моей навеки. Иссахар знал, что родители Рахель глубоко уважают его родителей, и любят его самого как родного сына. И он был уверен, что они не откажут им - отдать Рахель в их семью. А пока, рассуждал Исахар, единственное счастье для меня - это приходить к ним в дом, и под предлогом продажи молока, видеть это чудо каждый день, хотя бы несколько мгновений. Однако счастью Иссахара - ежедневно лицезреть Рахель - в один из злополучных дней пришёл конец. Дело в том, что в колодце расположенным у дома, во дворе Бецалелей, по недосмотру взрослых, утонул трёхлетний племянник Иссахара - Рубен - сын старшей дочери Ханы и Элияху - Юхевед. Мервские родственники Элияху, которые прожили долгую жизнь в этой стране, предупредили его, что по местным жестким законам, после подобных случаев со смертельным исходом, родителей ребёнка обычно таскают по судам и сажают в тюрьму. А если родители ребёнка скроются, чтобы избежать суда, то привлечь к суду могут дедушку и бабушку ребёнка. Вдобавок, предупредили они, на суде всплывёт нарушение срока жительства в стране для иностранных поданных в семье Бецалелей, что усугубит их дело. Родственники Бецалелей помогли похоронить внука Элияху втайне от властей. А на следующий день, оставив под реализацию дом своим родственникам, Элияху со своей семьёй выехал в Керки - город граничащий с Афганистаном. В Керки семья Бецалелей поселилась, вблизи реки Аму Дарья. Цены на дома в Керки были ниже чем в Мерве, и вскоре за вырученные деньги за дом в Мерве отец Иссахара приобрёл дом с участком в два раза больше прежнего. У дома находился всего один колодец, но его было достаточно, так как через сады, огороды и скотному двору в этом дворе проходили водные протоки от Аму Дарьи. Основная масса деловых, богатых евреев города Керки не имело торговых лавок, а занималась очень прибыльным делом - "скупкой и сбытом" - оптовой скупкой заграничных товаров и оптовой реализацией товаров, а так же посредничеством. Пограничный город Керки имел очень выгодное расположение для ведения межгосударственной торговли. Посредники имели хорошо налаженные связи как с поставщиками товаров и их потребителями, так и с таможенной службой. Вся эта торговая система словно паутинная сеть была схвачена деловыми и влиятельными людьми города Керки и приносила им баснословные прибыли. Таможенникам платили огромные взятки за нелегальный провоз товаров, однако давать взятки было выгоднее чем платить государственные пошлины и торговые налоги "закет", и это значительно снижало цены на реализуемые товары. Получалось, что евреи помогали повышать кругооборот заграничных товаров за счет снижения цен на них, и таким образом повышали экономику торгующих стран. Элияху с давних пор имел много друзей и знакомых в этой, грубо говоря, мафиозной структуре, так как его отец, перевозивший товары из Афганистана в Туркменистан, уже с малых лет брал с собой Элияху в торговые путешествия из Герата в Мерв, путь которых всегда лежал через Керки.

Элияху решил не открывать торговую лавку, как он сделал это в Мерв, а заниматься только перевозом товаров из одной страны в другую. Он объявил о своём решении своим старым друзьям и знакомым, имеющих влиятельные связи в сфере местной торговли, и предложил им свою помощь в перевозке и доставке их товаров из рук в руки - из Туркменистана в Афганистан и обратно. На торговом совете между влиятельными деловыми людьми и старейшинами, его кандидатура и его предложение о снабжении товаров с радостью были одобрены. Все согласились иметь честного Элияху в своей системе полуофициальной межгосударственной торговли, так как старейшины прекрасно помнили дела и работу его отца - их товарища и коллеги, который никогда за всю свою купеческую жизнь ни разу не подводил никого из них. А так же не раз слышали о подвигах самого Элияху, совершаемых при нападении душманов на его караваны. Итак отец Иссахара был с головой погружен в свои новые дела, а всё огромное подсобное хозяйство полностью легло на плечи 15-ти летнего Иссахара и его 12 летнего брата Мошияха. Прошло три года. В 1912 Иссахару исполнилось 18 лет. И однажды отец Элияху возвращающийся из деловой поездки с Мерв, привёз с собой приятную новость, от которой у Иссахара захватило дух и застучало в висках. Друг Элияху из рода Мурдохаевых пригласил их семью на торжество – бат-мицву своей дочери Рахель, проведение которой было намечено на следующий месяц. За несколько дней до отъезда, Иссахар открыл свою сокровенную тайну своему отцу, признавшись что ему уже давно нравится дочь его друга, и что он готов немедленно женится на ней если его и её родители не будут против. Родители Иссахара были очень обрадованы этому признанию и предложению своего сына. Родителям Иссахара грех было бы и мечтать о более лучшей невестке – арус - чем Рахель, и нельзя было бы желать чего то большего для своей семьи, чем породниться с родом Мурдохаевых. Всей семьёй они выехали в Мерв. А после бат-мицвы, семьи Бецалелей и Мурдохаевых породнились. Рахель стала первой арус в семье Элияху. У среднеазиатских народов не принято называть имен невесток или же супругов, их заменяют эвфемизмы. Родители и старшие, любя, называли кроткую красавицу Рахель - арус, что с фарси означает - невестка. Сам Иссахар нежно называл Рахель зан - жёнушка, а братья и сёстры Иссахара и младшие, стали называть Рахель зан дадош. Новая семья Иссахара поселилась в огромном доме Элияху. До 1920, до смерти Элияху, который умер совсем молодым - в 54 года, из за сабельных и ножевых душманских ран ускоривших его уход, жена Иссахара успела родить двоих красивых, похожих на Иссахара девочек - Юхевед и Яффу. И в этом же 1920 году, после смерти Элияху, она родила сына, которого назвали в честь отца Иссахара - Элияху. К тому времени Иссахар имел уже семерых братьев и сестёр: Мошиах - 23 года, Ёсеф - 16 лет, Бениамин - 12 лет, Леви - 8 лет, Яков - 7 лет, Эстер - 2 года и

Мириам - родилась в этом же 1920 году. Все они вместе с бабушкой Иссахара - Шушаной и матерью Иссахара - Ханой, продолжали жить под одной крышей, теперь уже под руководством Иссахара - самого старшего мужчины в их огромной, единой и дружной семье. До декабря 1937 года жизнь семьи Бецалелей текла своим чередом. В семье Иссахара за это короткое время Рахель успела родить ещё шестерых. Из них живых к тому времени осталось пятеро: Шимъон, Меир, Сипора, Зина и Шумель. Всего Иссахар и Рахель к 1937 году заимели восемь детей, их имена: Юхевед, Яффа, Элияху, Шимъон, Меир, Сипора, Зина и Шумель. Я не стану детально описывать выселение семейства Бецалелей из пограничного города Керки, так как описывал это событие в предыдущих главах этой книги. Так же не буду описывать мучительное существование Иссахара и его троих братьев в тюрьме. Этой истории будет посвящена отдельная глава, которую я намереваюсь назвать - "Братья в тюрьме". Скажу только, что новая жизнь в новой стране оказалось самой тяжёлой для семьи Иссахара. На его плечи легла непосильная ответственность. Не имея ни сбережений, ни языка, ни образования, он должен был прокормить восьмерых детей и жену. На руках было только два документа - справка о неоконченном религиозном образовании, которая здесь никому не была нужна, а так же паспорт афганского подданного, который не давал права работать в высокооплачиваемых государственных учреждениях. Ему пришлось в первое время работать неофициально, где придётся, на грязных, тяжёлых, мало-оплачиваемых работах - в основном грузчиком. В апреле 1938-ом, после того как Иссахар оказался в тюрьме, материальная забота о семье полностью легла на плечи его старшего сына Элияху, которому к тому времени исполнилось 18 лет. Елияху устроился рабочим на трикотажной фабрике. К концу 1938 года недовольство народа, страдавшего два года от бесчинств и мракобесия властей, беспричинно убивающих людей, достигло предела. Сталин, обладающий непревзойдённым мастерством манипулирования людьми на политической арене, чтобы остаться чистым, разыграл давно продуманный ход, подставив своего преданного воспитанника – "железного наркома" Ежова. После ареста Ежова в апреле 1939 года, были произведены амнистии. И Иссахар со своими братьями, которые чудом остались живыми, весной 1939-го, после года заключения, были выпущены на свободу. Этим чудом оказалось случайное знакомство брата Иссахара - Леви с начальником самаркандского НКВД, которое и спасло 4-х братьев от верной смерти. После тюрьмы Иссахар опять стал работать грузчиком. А позже, когда он показал себя во многих местах не-человечески выносливым, сильным грузчиком и безропотным, честным человеком, его по знакомству, порекомендовали и устроили рабочим-грузчиком на складах Самаркандской трикотажной фабрики. В 1939 году началась советско-финская война. Мужа Юхевед отправили на финскую войну. Беременная дочь

Иссахара с грудным ребёнком - дочерью Сарой, вернулась в родительский дом. В 1940 году у Юхевед родился сын - Гриша. Итого на Иссахаре оказалось 11 иждивенцев - его жена Рахель, Юхевед, Яффа, Елияху, Сипора, Шимон, Меир, Зина, Шумель, Сарра и Гриша. Но самое тяжелое время для семьи Иссахара настало с наступлением лета 1941 года, когда началась большая война. Мужа Юхевед, вернувшегося с финской войны опять послали на фронт первыми эшелонами. Последнее письмо от него Юхевед получила в 1943 году. В 1943 году он пропал без вести. 25 сентября 1942 года добровольцем ушёл на фронт старший сын Иссахара - Элияху. Письма с фронта от Элияху перестали приходить домой в феврале 1943 года. Так никто никогда из его семьи и не узнал точную дату, точное место и описание гибели Элияху. Только через пять лет после его гибели, в мае 1947 года родителям Элияху удалось добыть документ подтверждающий, что их сын пропал без вести. Такая же участь постигла и второго сына Иссахара - Шимъона. В 16 лет - 4 февраля 1942 года Шимъон добровольцем ушёл на фронт. Он попал на фронт раньше своего старшего брата Елияху, имеющего афганское подданство. Иностранных поданных на войну не посылали. Так что, чтобы Елияху мог добровольно попасть на фронт, он должен был сперва подать заявление на получение гражданства, что он и сделал в начале 1942 года, и на оформление ушло несколько месяцев. В декларации, принятой на Первом Съезде Советов Туркменистана, состоявшегося 15-24 февраля 1925 года, было провозглашено, что Туркменская Советская Социалистическая Республика добровольно присоединилась к Союзу Советских Социалистических Республик. Поэтому Шимъон, родившийся в 1925 году, стал первым сыном Иссахара, который получил советское гражданство. Вести от Шимъона перестали приходить после октября 1943 года. С этого времени его считали без вести пропавшим. Однако неожиданно, через несколько десятилетий, из архивов 1945 года всплыл документ подтверждающий, что он 6-го марта 1944 года был ранен. Однако капитан стрелковой дивизии Колотушкин в этом же документе сообщает, что в медсанбат он доставлен не был, а из госпиталей никаких вестей о его смерти тоже не поступало. Ниже я прилагаю фотографии и документы погибших детей Иссахара. Кстати, на основании ниже прилагаемых документов, при оформлении пенсии, Иссахару добавили к пенсии по три рубля за каждого погибшего сына. Вдумайтесь только - в три рубля советская власть оценила жизни людей проливавших свою кровь на полях сражений и погибших при защите родины. Люба - дочь Марии и Рафаэля, которая как и многие из нашего рода, считавшая семьи Бассали, Ильясовых, Матаевых, Фузайловых и Ниязовых одной большой семьёй Бецалель, посчитала своим личным долгом, находясь в Израиле, оформить и послать документы на погибших детей своего дяди Иссахара в национальный мемориал Катастрофы (Холокоста

- - (ושם), который находится в Иерусалиме на Хар ха-Зикарон (Горе Памяти). Мемориал был основан в 1953 году по решению Кнессета с целью увековечить память о евреях - жертвах нацизма в 1933—1945 годах, разрушенных еврейских общинах; а также отдать дань уважения борцам против фашизма и праведникам мира, спасавшим евреев, рискуя собственной жизнью.

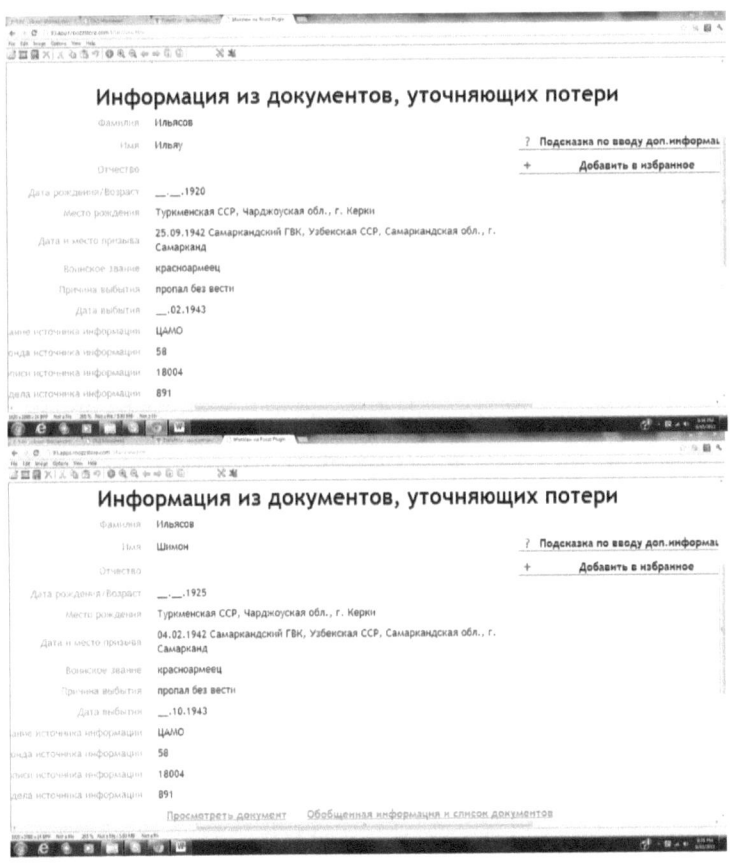

ШТАБ

СЕКРЕТНО
Экз № ...

НАЧАЛЬНИКУ УПРАВЛЕНИЯ ПО УЧЕТУ ПОГИБШЕГО И ПРОПАВШЕГО БЕЗ ВЕСТИ РЯДОВОГО И СЕРЖАНТСКОГО СОСТАВА ДЕЙСТВУЮЩЕЙ АРМИИ

16 июня
0620

На Ваши запросы о судьбах военнослужащих доношу:

На № 517604 от 18.4.45 года в частях дивизии военнослужащий ЧИЛЬЯСОВ Шумен Ильич службу не проходил и не проходит, проходил службу ИЛЬЯСОВ Шимон Исакович, который 6.3.44 г. был ранен. В ОМСБ дивизии не поступал, не исключена возможность ИЛЬЯСОВ обратился за мед.помощью в другую ОМСБ или непосредственно в госпиталь.

На № 5200305 от 3.5.45 г. красноармеец ЗАЙЦЕВ Александр Михайлович проходил службу в 580 С.П. 9.8.1942 года был убит. Извещение о смерти выслано в Мончегорский РВК Ленинградской области. Именные списки потерь высланы Вам 25.8.42. за исх. № 01545 пор. № 10.

На № 6/518826 от 30.4.45 г. военнослужащий РУДЕНКО Михаил Федорович проходил службу в 580 С.П. 6.3.44 г. был ранен. Через ОМСБ дивизии в числе раненых не проходил, не исключена возможность РУДЕНКО обратился за мед.помощью в другую ОМСБ или непосредственно в госпиталь.

На № 3040505 от 5.5.45 г. военнослужащий ШИПУЛИН Георгий Георгиевич проходил службу в 595 С.П. и 16.2.43 г. был убит. Извещение о смерти выслано Прокопьевскому ГВК Новосибирской области, на имя его матери ШИПУЛИНОЙ Евдокии Лаврентьевне. Именной список б/п выслан на посмотровый полком за исх. № 0520 от 16.6.45 года.

На №№ 5332604 от 26.4.45 г. ЛАПУРИН Алексей Михайлович, 4762203 от 22.3.45 г. МАНДАЕВ Зейнетдин Джавдинович, 391508 от 15.3.45 г. ДЕМИДОВ Павел Петрович, 6171605 от 16.5.45 г. УНТАЕВ Умар, 400502 от 8.5.45 г. ГОСОКИН Василий Ильич, 6/516610 с от 30.4.45 г. БАЗАРЕНКО Харитон Тимофеевич, 3011104 от 1.4.45 г. ПЕДЬЯНОВ Иван Егорович, по донесениям частей видно что выше упомянутые военнослужащие службу не проходили и не проходят.

Отпеч. 2 экз.
Экз № 1 адр.
Экз № 2 в дело
Исп. Лапшин
16.6.45.

НАЧ.ЛЬНИК 4 ОТДЕЛЕНИЯ ШТАБА ДИВИЗИИ
КАПИТАН /КОПОТУШКИН/

МВС – СССР
СИАБСКИЙ РАЙОННЫЙ
ВОЕННЫЙ КОМИССАРИАТ
28 мая 1947г.
№ 3366
г. Самарканд

Гражд. МУРДАХАЕВА РАХИЛЬ

ИЗВЕЩЕНИЕ

Ваш сын красноармеец ИЛЬЯСОВ ИЛЬЯУ уроженец

находясь на фронте пропал без вести в феврале 1943г. Настоящее извещение является документом для возбуждения ходатайства о пенсии / приказ НКО СССР №

Сиабский райвоенком: подпись
печать:

Кон... ое управл... Министерства
ин... ых дел ...СР удостоверяет
под... предыдущей подписи
И. Мясищевой

2 января 1974г.

45814 (И. ЮДКИН)

ЯД ВАШЕМ
НАЦИОНАЛЬНЫЙ ИНСТИТУТ
ХОЛОКАУСТА И ГЕРОИЗМА,
ИЕРУСАЛИМ, ИЗРАИЛЬ.

ДАФ-ЭД
ЛИСТ СВИДЕТЕЛЬСКИХ ПОКАЗАНИЙ

Yad Vashem
P.O.B. 3477 Jerusalem

ЗАКОН ОБ УВЕКОВЕЧЕНИИ ПАМЯТИ ЖЕРТВ НАЦИЗМА И ГЕРОЕВ СОПРОТИВЛЕНИЯ – ЯД ВАШЕМ ОТ 1953–5713 ГОДА

устанавливает во втором параграфе:

задачей ЯД ВАШЕМ является сбор документов и увековечение на Родине ПАМЯТИ ВСЕХ ЕВРЕЕВ, которые погибли, пали жертвами в борьбе против нацистского врага и его пособников, а также увековечение памяти общин, организаций и учреждений, уничтоженных потому, что они были еврейскими.

Бланк заполняется на каждого погибшего в годы Второй мировой войны (в оккупации, на фронте, в эвакуации). Просим писать разборчиво.

1. Фамилия погибшего/ей: **Плясов**
2. Имя погибшего/ей: **Шаяву**
3. Девичья фамилия (замужней женщины):
4. Дата рождения / прим. возраст: **1926**
6. Семейное положение:
7. Место рождения (город, область, страна): **Турки, ССР**
8. Мать – имя погибшего/ей – девичья фамилия: **Рахиль**
9. Отец погибшего/ей – имя: **Исахар**
10. Муж / жена – имя погибшего/ей – девичья фамилия жены:
11. Место жительства до войны: **г. Самарканд**
12. Место жительства во время войны: **г.**
13. Профессия погибшего/ей:
14. Дата гибели:
15. Место и обстоятельства гибели: **взорван эшелон**

Данные подписавшего лист
Я (фамилия, имя) **Фузайлова Любовь**
являюсь по отношению к погибшему/ей (сыном, родственником и т.д.) **двоюродной сестрой**
Мой адрес: **Израиль Тель-Авив Ново Сукков 24/**

При этом заявляю, что изложенные показания правдивы и соответствуют известным мне данным.

Место и дата заполнения **3.05.00** Подпись

Я во время войны был в лагере, гетто, партизанах, ином:

"...ВНУТРИ ЛЕМ В ДОМЕ МОЕМ И В СТЕНАХ МОИХ
ПАМЯТЬ И ИМЯ... КОТОРЫЕ НЕ ИЗГЛАДЯТСЯ". ИСАИЯ 56:5

ЯД ВАШЕМ
НАЦИОНАЛЬНЫЙ ИНСТИТУТ ХОЛОКОСТА И ГЕРОИЗМА, ИЕРУСАЛИМ, ИЗРАИЛЬ

ДАФ-ЭД
ЛИСТ СВИДЕТЕЛЬСКИХ ПОКАЗАНИЙ

P.O.B. 3477 Jerusalem

ЗАКОН ОБ УВЕКОВЕЧЕНИИ ПАМЯТИ ЖЕРТВ НАЦИЗМА И ГЕРОЕВ СОПРОТИВЛЕНИЯ – ЯД ВАШЕМ ОТ 1953-5713 ГОДА

устанавливает во втором параграфе:

задачей ЯД ВАШЕМ является сбор документов и увековечение на Родине ПАМЯТИ ВСЕХ ЕВРЕЕВ, которые погибли, пали жертвами в борьбе против нацистского врага и его пособников, а также увековечение памяти общин, организаций и учреждений, уничтоженных потому, что они были еврейскими.

Бланк заполняется на каждого погибшего в годы Второй мировой войны (в оккупации, на фронте, в эвакуации). Просим писать разборчиво.

1. Фамилия погибшего/ей: *Ильясов*
2. Имя погибшего/ей: *Шимун*
3. Девичья фамилия (замужней женщины):
4. Семейное положение: —   5. Пол: *муж*   6. Дата рождения / прим. возраст: *1925*
7. Место рождения (город, область, страна): *Киргиз. ССР, Нарын*
8. Мать – имя погибшей/ей – девичья фамилия: *Рахиль*
9. Отец – имя погибшего/ей: *Исахар*
10. Муж / жена – имя погибшего/ей – девичья фамилия жены:
11. Место жительства до войны: *г. Самарканд*
12. Место жительства во время войны:
13. Дата гибели: 14. Профессия погибшего/ей:
15. Место и обстоятельства гибели: *два родного брата погибли в Курганском районе*

Данные подписавшего лист
Я (фамилия, имя): *Фузайлов Любовь*
являюсь по отношению к погибшему: *двоюродная сестра*
Мой адрес: *Израиль, Рош-Аин, ул. Сункар 20/14*

При этом заявляю, что изложенные показания правдивы и соответствуют известным мне данным.

Место и дата заполнения: *30500*   Подпись:

Я во время войны был в: лагере, гетто, партизанах, плен:

"...ונתתי להם בביתי ובחומותי יד ושם אשר לא יכרת"
"...ИМ ДАМ Я В ДОМЕ МОЕМ И В СТЕНАХ МОИХ ПАМЯТЬ И ИМЯ... КОТОРЫЕ НЕ ИЗГЛАДЯТСЯ"

Итак, самые трудные времена в семье Иссахара пришлись на голодные военные годы - 1941 - 1945гг. Он был человеком старых, традиционных взглядов, поэтому жене своей работать не разрешал. Он считал, что её дело было рожать и растить детей, и вести домашнее хозяйство. Аборты считались грехом. И поэтому Рахель, постоянно занятой с малолетними детьми, даже и подумать было некогда о дополнительных заработках. От помощи своих младших братьев он категорически отказывался, так как был очень гордым. Когда кто нибудь из родственников предлагал Иссахару помощь, он упрямо мотал головой и говорил, это я как старший брат должен помогать вам, а не вы мне. Вы оскорбляете меня предлагая свою помощь. Если не хотите меня обидеть никогда больше не заикайтесь об этом. Пока я жив я обязан кормить свою семью, и я способен делать это. Зная гордый, непреклонный и щепетильный характер своего брата, его братья и сёстры напрямую никогда не предлагали ему своей помощи. В гораздо лучшем положении в те годы оказался его брат Леви. Он работал в Ургуте начальником кож-сырья, имел огромный дом и огромный земельный участок. Он не раз, еще до войны, предлагал Иссахару переехать в Ургут и устроить его на свои коже заготовительные склады. Он говорил ему: 'Там, под моим покровительством, ты сможешь зарабатывать хорошие деньги и обеспечивать свою семью вдоволь'. Но Иссахар был непреклонен. Он отвечал брату: 'Я лучше умру чем сделаю это'. Нельзя работать двум братьям на одном предприятии. Ведь в работе может случиться всякое, и тогда ты можешь обидеться на меня, или я на тебя. Ведь сколько вокруг нас примеров, когда братья становятся врагами, работая в одном месте. Пусть я лучше умру, чем позволю тебе на меня обидеться. Иметь чистые, непоколебимые братские отношения - это святое! Никогда больше не заводи со мной разговор об этом. Однажды в феврале 1942 года Леви приехал в Самарканд по служебным делам и увидел на улице 15-ти летнего Меира. Меир был бледен и так истощён, что Леви еле узнал своего племянника. Он остановил Меира и спросил его – 'Ты что Меир болеешь?'. От тебя остались кожа да кости. Я едва узнал тебя. Меир разревелся и стал рассказывать ему о том как они живут. В их семье уже несколько месяцев не ели мяса. Вместо мясного обеда, они варили суп из костей, кишок и прочей требухи. Только на это у Иссахара хватало денег. Мой брат Шимъон, продолжал Меир, вчера втайне от родителей уехал на фронт - на войну. Он мне сказал перед тем как уехать: "Пусть я лучше завтра умру сытым на войне, чем умру здесь сегодня от голода". Что толку что на руках есть хлебные карточки? В магазинах всё равно ничего нет. Муку для хлеба и другие продукты прямо с заводов отправляют на фронт. 'Да я знаю' - сказал Леви. Власти Узбекистана из кожи вон лезут, чтобы показать себя перед Москвой патриотами родины. Они отправляют всё на фронт, а на своих жителей им наплевать, жалеючи, обнимая дрожащего Меира, сказал Леви. 'Дядя, я болею, и я предчувствую, что наверное ни сегодня то завтра умру от голода' - в слезах жаловался Меир. Леви вынес из кармана пять рублей, дал Меиру и сказал ему - иди на базар и поешь пять палочек шашлыка, а вечером, когда я закончу со своими делами, я приду к вам домой и поговорю о тебе с твоим отцом. Только смотри не говори отцу, что я тебе дал деньги, иначе он на меня очень обидится. Меир припал к руке своего дяди и стал целовать его руку, в которой находилась пятирублёвая купюра, и захлёбываясь в слезах благодарил: - 'Спасибо дядя! Вы сегодня спасли мне жизнь! Вы спасли мне жизнь, я никогда не забуду этого'. Меир так и сделал как велел ему Леви. После пяти палочек шашлыка все его болезни и предчувствия о скорой голодной смерти как рукой сняло. А поздно вечером к ним зашёл Леви. Леви по дороге домой к брату раздумывал, как ему уговорить Иссахара принять помощь, и пришёл к выводу, что своего упрямого брата Иссахара, он может взять только хитростью. И хотя в характере иранских евреев не было даже таких понятий - как проявление хитрости по отношению к своим близким, однако Леви понимал, что другого выхода нет, чтобы спасти семью своего брата от голодной смерти. Когда Иссахар при разговоре спросил у Леви как его дела, Леви стал жаловаться своему брату, что он не справляется с работой, не выполняет плана потому что не хватает рабочей силы, так как почти всё взрослое население Ургута, включая его рабочих, послали на фронт. И несмотря на то, что производство терпит нехватку рабочей силы, плана по сдачи шерсти и меха не только не спустили, а наоборот повысили. Меня, как ответственного за заготовку ценного стратегического сырья, могут пришить мне дело о вредительстве и по закону военного времени расстрелять за невыполнение плана. Ведь как ни тебе лучше знать, что с моей прошлой биографией им легко будет состряпать липовое доказательство, что я афганский шпион. Даже в лучшем случае если меня не посадят, то отберут мой дом, который они мне выделили, и выгонят с работы с позором и с соответствующими записями в трудовой книжке. С такими записями я нигде не смогу устроиться на хорошую работу с высокой оплатой. А без работы с высокой оплаты я не смогу прокормить мою большую семью, тем более в такое голодное время в какое живём мы сейчас. 'Что посоветуешь брат?' - спросил он Иссахара. Смог бы ты мне помочь как брат брату? 'Если бы я смог, то конечно бы помог' - ответил Иссахар. 'Но чем и как я смогу тебе помочь, когда и сам еле свожу концы с концами?' - удивлённо спросил он у Леви. Я вот хочу поговорить с тобой Иссахар, и с нашими братьями - Мусой и Ёсефом, чтобы вы дали мне в помощь своих сыновей. Твоему Меиру уже 15 лет, сыну Мусы - Эфраиму - 16 , а сыну Ёсефа - Давиду - почти 17 лет. Хоть они ещё не достигли совершеннолетия, но зато они сильные и как все иранские - очень выносливые, и смогут мне здорово помочь, работая грузчиками и сортировщиками кожи на моих складах. Если это поможет твоей семье, ответил Иссахар, то мы братья просто обязаны помочь тебе. И другого разговора быть не может. Забирай моего сына, и если хочешь я сам пойду с тобой к Мусе и Ёсефу и попрошу их не возражать в отправке их сыновей в помощь тебе в Ургут. Хитрость Леви удалась. На следующее утро трое племянников Леви покинули Самарканд и переехали в Ургут. В Ургуте Леви первым долгом привел их на свой огромный двор и каждому из них распределил по обширному участку земли. Эти участки прокормят не только вас, но и ваши семьи - объявил он. Вы уже в том возрасте, когда ваши отцы в таком же возрасте, за счёт земли и своего труда, кормили всю нашу большую семью. В городе сейчас голод, потому что у горожан нет земли. А ведь только земля может спасти человека даже в такие тяжёлые голодные времена какие наступили сейчас. Через пару недель март и время сажать. Я научу вас как сажать и выращивать кукурузу, картошку и другие овощи, и только от вашего труда будет зависеть сколько урожая вы получите. Кроме этого, вы после школы будете приходить ко мне на склады. Я научу вас своему делу - и это будет вам хлеб на всю жизнь. Я не могу оформить официально вас на работу, так как вы несовершеннолетние и должны учится в школе. Поэтому за работу на складах я вам буду платить наличными столько, сколько вы заработаете. Будете хорошо работать - у вас останется денег чтобы прокормить не только себя, но и ваши семьи. Все трое племянников Леви дружно приняли условия своего дяди. Они вставали с первыми лучами солнца, и с раннего утра до школы,

они возились на своих участках. А после школы они работали по два часа в день на складах. В тайне от своих рабочих, Леви платил своим племянникам за их двух-часовой рабочий день столько же, сколько другим за целый день. На эти деньги они имели возможность покупать кур, баранов и коров, и держать их на своих участках, получая от них яйца, молоко и мясо. Таким образом семьи братьев Леви были спасены от голодной смерти в голодное военное время. По воскресеньям их дети привозили домой молоко и всевозможные молочные продукты домашнего изготовления, яйца и мясо, картошку, кукурузу и прочий урожай выращенный на ургутских участках. А работая на складах своего дяди, Эфраим, Давид и Меир прошли такую школу жизни и получили такую прекрасную специальность, что сразу же после окончаний профессиональных учебных заведений они сумели легко показать себя лучшими, и быстро достигнуть непревзойдённых высот по своим специальностям.
Однако несмотря на помощь Меира, огромная семья Иссахара всё равно жила впроголодь. Так например, дети Юхевед - Гриша и Сарра, которым в 42-ых и 43-их годах было по два и три года, рассказали, как они приходили в восторг, когда слышали гудок, доносившийся с трикотажной фабрики, где работал их бобо Иссахар. Уже в этом возрасте голод заставил их понимать, что скоро после гудка, в доме появится их бобо, откроет сундук, вынет оттуда чёрствый, вчерашний хлеб, нарежет его на 10 мелких частей и раздаст всем членам семьи. А Шумель и Зина,

которым было в 1944-ых - 1945-ых годах по 9-ть - 14-ть лет, рассказывали, как они ловили собак и кошек, и выменивали их у корейцев и уйгуров на хлеб. В те годы был дефицит не только хлеба, но и мыла. Мыло которое Иссахар получал по карточкам, он обменивал на хлеб. Из-за того что дети не могли мыться мылом, они стали плешивые. Все дети в семье Иссахара - и мальчики и девочки, чтобы скрыть плешь на голове, постриглись на голо. Зину, тяжелая жизнь за выживание, сделала не по годам взрослой и мужественной в полном смысле этого слова. Она могла, по головам людской толпы, стоявшей в очереди за хлебом, пробраться к прилавку, и получить по карточке хлеб. Ведь даже имея на руках хлебные карточки, многие люди не могли приобрести его, из-за неправильного распределения правительством хлеба на население. Люди помирали от голода с хлебными карточками в руках. Как-то раз, когда Зина продавала корейцам собак и кошек на мясо, её поймал милиционер. Он думал что она - это лысый мальчуган, спекулянт. Верзила милиционер, из рук которого не смог бы вырваться и взрослый мужчина, потащил её в милицию. Мужественная и сильная Зина изловчилась и вырвалась из громадных лап этого милиционера. В его руках осталась только рубашка Зины. Только тогда, глядя на убегающую полуобнажённую Зину, этот милиционер понял, что это была девочка.
Во время всей жизни, а особенно в годы военного времени все родственники нашего рода проявляли

друг к другу огромное внимание и заботу. Так, мой отец, живший в то время со своей мамой - Ханой, приютил в своём доме семью своей сестры Марии, пока её муж сражался на полях сражений. В то время как его брат Леви приютил троих племянников в Ургуте. Их бабушка Шошана жила в Самарканде в семье Леви - с женой Леви - Рахель и её детьми. И хотя в породе "ирони" (такое прозвище наш род получил в Самарканде), не приветствуется брак родственников по крови, но в годы войны этот брачный союз между Леви и его племянницей Рахель доказал, какую огромную пользу он принёс нашему роду. Так к примеру я описываю ниже воспоминания Зины и Шумеля, которые в военное время приходили навещать свою прабабушку Шошану.
Наблюдательным людям известно, что к сожалению отношение жён к племянникам своих мужей как правило бывает не такое тёплое, как их отношение к своим родным племянникам, и я уверен что каждый из вас наверное почувствовал на себе холодное отношение жён своих дядей, особенно если их жены не из породы ирони. Но жена дяди Леви являлась кровной родственницей Зины и Шумеля, и поэтому она никогда не отпускала их из дома голодными во время голодного времени. Кроме этого первое время она посыла с ними тарелки с едой для их семьи. Это продолжалось до тех пор пока Иссахар не узнал об этом. Он запретил своим детям приносить еду. Дети заявили о требовании отца Рахель. Но после этого, когда они выходили из дома своей прабабушки, которую они не переставали навещать, они

обнаруживали в карманах своих пальто фрукты и сухофрукты. Эти чудесные подарки "волшебника" (так они думали), здорово поддерживали их в голодное время. Так до конца своей жизни они точно и не узнали кто делал для них эту мицву - прабабушка или Рахель. Наши мудрецы-каббалисты говорят, что мицва которую ты делаешь кому то - это святое дело. Но если ты делаешь это святое дело людям, которые не знают от кого они получили эту мицву, то это святое дело считается десятикратной, наивысшей мицвой. Мудрецы говорят, что душа таких людей после ухода будет навеки пребывать в самых высших, близких к Б-гу мирах.

После окончания Великой Отечественной войны, родители Элияху и Шимъона, до той поры не имеющие никаких известий о своих сыновьях, не переставали надеяться, что их дети всё же вернуться домой. Ведь сколько раз они являлись свидетелями случаев возвращения красноармейцев с фронта, считавшихся погибшими или без вести пропавшими. Но к великому сожалению с каждым годом их надежды угасали. Не знаю, смогли ли они всё таки поверить, в смерть своих детей, когда через несколько лет после окончания войны, они получили официальные подтверждения о том, что их дети пропали без вести на полях боевых сражений. Думаю что нет.

После окончания войны, хотя продукты перестали отправлять на фронт, продовольственное положение в стране долгое время оставалось ужасно тяжёлым. Хлебные карточки отменили только в декабре 1947 года. Два с половиной года после войны люди страны голодали, в то время как по указаниям чёрствых, безжалостных и бездарных правителей, велась продовольственная политика - большие запасы продовольствия продавались за границей за валюту, или заполнялись в государственных складах запаса и военных хранилищах предназначенных к использованию в случае непредвиденных войн. История доказала, что на всём протяжении существования партии, в военное и мирное время, главной целью партии было не забота о людях своей страны, но сохранение советской власти любой ценой. Эта главная коммунистическая идея бесполезно уничтожала десятки миллионов людей в военное время, а так же уничтожала миллионы ни в чём неповинных людей в мирное время, большая часть которых погибли в 1937 - 1938 годах. Поэтому даже после отмены карточной системы, продовольственные магазины после завоза товаров, быстро пустели. Люди на горьком опыте почуствовавшие наплевательское отношение к ним властей и потерявшие доверие к советским правителям, стали запасаться продуктами впрок. Даже 20 лет спустя Иссахар сушил сухари. В 1965 годы, когда мне было 9 лет, я зашёл к дяде Иссахару во двор. Дома двух братьев - Иссахара и моего отца распологались через дорогу, друг против друга, и я часто в детском возрасте пропадал во дворе Иссахара и его сына Меира, так как дружил с сыном Меира - Уриэлем, который 8 лет был моим одноклассником. На заднем дворе были расположены огромные проволочные вольеры, за которыми Иссахар и Меир держали кур,индюков, цесарок, козлов и баранов, и мы дети, часто любили наблюдать за животными и птицей, стоя перед вольерами. Рядом находились кладовки, где Иссахар в мешках хранил сухари. Я был очень тогда удивлён когда увидел, что Иссахар кормит своих кур и овец сухарями, замачивая их в кормушках. Куры и овцы с удовольствием ели этот "мешочный хлеб". А я тогда не мог понять почему мой дядя, при его не завидном материальном положении, кормил скотину хлебом, который стоил дороже комбикормов, достававшихся его сыну Меиру втридешева, в силу того, что Меир, работавший долгое время в отрасли животного хозяйства, имел много знакомств с поставщиками кормов для животных. Кроме того, я не раз наблюдал с какой теплотой и как бережно старый Иссахар относился к хлебу. Увидев на улице, валявшийся на дороге кусок хлеба, он кряхтя от боли в спине нагибался, поднимал этот кусок, целовал его и ставил на подоконник или куда повыше, чтобы пешеходы не смогли случайно растоптать его. Итак, тогда в детстве для меня это стало большой загадкой, почему с одной стороны Иссахар относился к хлебу бережно, а с другой стороны, по моему мнению, расточительно. Загадку эту я смог разгадать, когда стал взрослым. Иссахар без сомнений верил, что при этой советской власти наступление голодного времени неизбежно, и поэтому он всегда сушил сухари. Когда сухари, хранившиеся у него в специальных картонных коробках со временем

портились, он пускал их на корм скоту и птице, а коробки заполнял свежими сухарями.
Несовершенность советской системы породила огромные мафиозные структуры в социалистических странах во всех отраслях. Жизнь заставила людей нелегально зарабатывать на жизнь. Негласная коррупция процветала как в верхах так и в низах. Работники худжумской фабрики - рабочие и заведующие складов, которые постоянно рулонами выносили дорогие материалы со складов и с цехов и нелегально продавали их прямо за воротами фабрики скупщикам-спекулянтам, не раз предлагали Иссахару делать то же самое, чтобы заработать на жизнь. Ведь на советскую мизерную зарплату рабочего склада не возможно было прожить. Однако Иссахар считал противозаконные действия великим грехом. Он никогда в жизни не позволил себе вынести что-то с фабрики, как это делали другие. Поэтому главный завсклад худжумской фабрики, - очень недоверчивый по характеру человек, который не доверял никому даже в своей семье, но знал много лет Иссахара, мог оставить ключи от складов Иссахару, когда ему надо было отлучится на несколько часов или же на весь день с работы. И это он делал не смотря на то, что Иссахар не был официально ответственным за складское имущество, а значит не понёс бы никакого юридического наказания, в случае недостачи товаров в складе. Фотография Иссахара никогда не снималась с доски почёта худжумской фабрики. Чтобы прожить на советскую мизерную зарплату, Иссахару пришлось

жить очень экономно. Купеческая наука его отца, ему очень помогла в этом. Для равномерного распределения семейного бюджета, он вёл ежедневный учёт расходов. Однажды его внучка Эмма, которая приходится мне двоюродной сестрой с материнской стороны, а с отцовской - двоюродной племянницей, рассказала о себе такую историю. Однажды она решила сделать в свои 9 лет, свой первый подарок своей маме на 8 марта - международный женский день. Чтобы подарок оказался для матери сюрпризом, она не должна была просить денег у матери, а деда у которого она могла бы попросить денег на подарок, в тот день тоже не было. Поэтому она, в первый раз в своей жизни, вынуждена была без разрешения деда взять из его сундука денег. Она открыла сундук. В правом отсеке находились деревянные шкатулки, в которых лежали груда монет отсортированные по номиналу. Она взяла 18 монет с той шкатулки в которой лежали монеты номиналом в одну копейку. Визуально не возможно было заметить что содержимое шкатулки уменьшилось. И поэтому она решила объявить деду о том что она взяла деньги из сундука, после праздничного торжества, чтобы её подарок оказался сюрпризом не только для матери , но и для всех в семье. На 18 копеек она купила для матери флакон духов. Вечером с работы вернулись все взрослые, и стали готовить праздничный стол. Эмма в возбуждённом состоянии и неописуемом превосходном настроении ждала той минуты, когда она сделает сюрприз своей матери. Однако к сожалению сюрприз преподнёс ей самой её дед. Он залетел в гостиную из сундучной комнаты и раздражённо при всех заявил, что обнаружил пропажу денег в своём сундуке. Эмме со слезами пришлось признаться ему во всём. Позже, когда она поинтересовалась, как её дед смог обнаружить столь ничтожную пропажу, он вынес из сундука тетрадь исписанную еврейскими цифрами, и сказал: "Вот здесь я веду ежедневный учёт до копейки. Если бы я не вёл учёт прихода и расхода денег, то вся наша семья ходила бы несколько дней до получки голодной. Учёт позволяет равномерно и правильно распределять расходуемые деньги от получки до получки".

В 1973 году исполнилась заветная мечта Иссахара. Его семья получила разрешение на выезд в Израиль. После Бениамина, брата Иссахара, уехавшего в Палестину в 1933 году из Керки, 79-ти летний Иссахар - старейшина нашего рода, стал первопроходцем, проложившим путь на святую историческую родину, и стал примером для многих своих родственников последовавших за ним. К сожалению его младший брат Бениамин умер в 1966 году, и поэтому Иссахар не рассчитывал на то, что его там встретит с распростёртыми объятиями кто-нибудь из родственников, или на чью либо тёплую поддержку в первое время. Их самолёт приземлился в аэропорту Бен Гуриона. Израильские представители, встречающие репатриантов, проводили семью Иссахара в зал ожидания. Разместившись на креслах перед громадными стеклянными витринами они заметили, что к витринам подбежала толпа людей, и люди за ними, прыгая словно в экстазе, стали что-то кричать и жестикулировать руками. Некоторые из них плакали, а некоторые смеялись. За толстыми стёклами ничего не было слышно, и всё это походило на какое-то сумасшествие или комедийное кино. Члены семьи Иссахара переглядывались между собой и никак не могли понять, что же хотят от них те сумасшедшие снаружи. Наконец за семьёй Иссахара пришли официальные лица прекрасно говорящие на русском и проводили их на собеседование. Первый вопрос, который задали Иссахару - где бы он хотел поселиться жить - ему показался очень глупым. Что за вопрос, - раздражённо ответил он. Я приехал сюда чтобы жить в Иерусалиме - на земле моих предков родившихся там, изгнанных оттуда и тысячелетиями мечтавших снова вернуться туда, как обещал нам Г-осподь. Когда собеседование закончилось их повели к автобусу. Не успели они выйти из аэропорта, как заметили ту же толпу сумасшедших, которую они видели за витринами. Они неистово что-то кричали, размахивали руками, и бежали в сторону автобуса. Многих пассажиров охватил страх. Казалось в их сторону бегут экстремисты, пытающиеся захватить автобус. Наконец они приблизились и набросились с объятиями на Рахель - жену Иссахара, на самого Иссахара, и их детей и внуков. Со стороны казалось, что они стараются их растерзать в своих объятиях. Больше всех были перепуганы дети и молодёжь до 16 лет. Емма, которой было тогда 15 лет, рассказывает следующее - они что-то неистово кричали на непонятном нам языке и словно сумасшедшие то плакали, то смеялись. Никто из нас не мог понять чего же они хотят. Вдруг эти крики неожиданно смолкли. И все повернулись в сторону моего дедушки Иссахара. Вся наша родня в том числе и я открыли рты от удивления, когда услышали как дедушка Иссахар стал разговаривать с ними на их языке. Никогда и никто из его семьи от него в жизни не слышал эту непонятную речь, обрывки слов которых напоминали слова из молитв, которые он читал на хибру. Он общался с ними, с коренными израильтянами, на их родном языке так свободно словно он и сам родился и жил в Иерусалиме. Внуки и даже дети Иссахара даже и не подозревали насколько высок был интеллект их отца и деда, и насколько крепко он усвоил науку, полученную в далёком прошлом в Герате. Эти "сумасшедшие" люди оказались внуками и правнуками братьев и сестёр жены Иссахара - Рахель из рода Мурдахаевых. В последний раз братья и сестры Рахель видели её 12-ти летней. Их же дети, внуки и правнуки, собравшиеся в аэропорту, никогда её не видели, но каждый из них встретил её как свою родную мать или бабушку.

По приезду в Иерусалим, прямо при выходе из автобуса, когда Иссахар впервые ступил ногой на землю дарованную нашему народу самим Б-гом, судьба столкнула его с необыкновенным человеком - Гэйл Рубин, чьё имя через пять лет после их встречи войдёт в историю и будет включено в полную еврейскую энциклопедию "Еврейские женщины", а так же во множество других исторических книг и исторических архивов. Видно, Г-сподь предначертал заранее встречу этих двух таких разных по социальному уровню, родившихся в разных странах и в разное время, но таких схожих по своим духовным взглядам и проникнутых одержимой любовью к своей родине редких, чистых и благородных людей, какими были Гэйл и Иссахар. Гэйл родилась в 1938 году в Нью Йорке и жила большую часть своей короткой жизни в Америке. После окончания Мичиганского университета она работала фоторепортёром в прессе и различных издательствах США, а последние несколько лет работала главным редактором в крупном книжном издательстве "Delacorte Books". В 1969 году она взяла короткий отпуск, приехала в Израиль. Однако находясь там, она ощутила беспредельную тягу к земле своих предков. Очарованная необыкновенными пейзажами и природой этой благословенной страны, безудержно пробуждавшей в её творческой душе новые невообразимые художественные образы, до бесконечности поднимавшие её духовное состояние, она решила навсегда остаться на своей исторической родине, и посвятить свой талант еврейскому народу. И действительно, она не ошиблась в своем выборе начать новую жизнь и новую карьеру в этой стране. Её решение стало для неё поистине судьбоносным. На святой земле в ней раскрылся редкий дар видеть, постигать и запечатлевать в своих работах такие таинства красоты и такую девственную чистоту живой и неживой природы, что её творения никого не оставляли равнодушными, никогда не старели. Они постоянно и с огромным успехом экспонировались на художественных выставках и музеях во всех странах мира. Её бесподобные фото произведения, где были засняты цветы, деревья, горы, моря, озёра, реки, водопады, пустыни, птицы, насекомые, животные и дикие звери, получили самую высокую оценку не только среди обычных посетителей выставок, получавшим живую энергию от её картин, но и среди высоких профессионалов художественной фотографии, которые не переставали поражаться необыкновенным колоритом её бесподобных картин, обнажающих неотразимую девственную красоту всех таинств божьего творения, и пробуждающие в каждом из них новые творческие силы.

Гэйл Рубин 1938 – 1978

Итак путешествуя по улицам Иерусалима профессиональный взгляд Гэйл, по Б- жьей милости оказавшейся на том месте куда впервые ступила нога

Иссахара, не мог не заметить седобородого старика в сефардском одеянии и с библейскими чертами лица, от которого исходил лучистый свет, который возможно и привлёк её внимание и приманил к себе с такой же непреодолимой силой, как и тех манимых светом порхающих бабочек на её картинах. Приблизившись к старику, она робко попросила на иврите его позволения сделать снимок. Не привыкший к звучанию современного иврита да ещё вдобавок с английским произношением, Иссахар не понял о чём она просит. Приложив руку к уху, он попросил повторить просьбу внятно и погромче, сконцентрировав всё своё внимание. Эта неожиданная поза, внимающего старика, показалась ей настолько совершенной и бесподобной, что она не смогла удержаться. Момент нельзя было упускать. Профессиональная страсть фотографа взяла верх над требованиями вежливости, и Гэйл, не дожидаясь позволения, тут же нажала на спуск фотоаппарата. Это был единственный снимок который она сделала при встрече с Иссахаром. Что помогло ей поймать этот неповторимый момент? Её профессионализм, выработанный годами упорного труда, когда ей приходилось делать сотни снимков, чтобы заснять тот единственный и трудноуловимый момент в движении живой природы, или же неожиданный случай? Нет! Шедевры не возникают случайно. Скорее, ей было предопределение свыше оказаться в нужное время в нужном месте и не упустить то единственное мгновение, когда может произойти чудо. Фотоснимок с изображением Иссахара сперва появились на обложках журналов, а потом на всемирных выставках. За короткий срок своей творческой жизни Гэйл успела совершить главную миссию предначертанную ей судьбой - донести до людей таинство божьего творения во всей его чистоте, простоте, красоте и совершенстве.

Жизнь Гэйл Рубин закончилась трагически в возрасте тридцати девяти лет. 11 марта 1978 года, она была убита арабскими террористами на пляже недалеко от Тель-Авива где она мирно фотографировала редких птиц. Когда террористы, незаметно подплыв к берегу на резиновых надувных лодках высадились на пляже, они обнаружили Рубин. Задав ей несколько вопросов, они застрелили ее.

Много лет спустя после гибели Гэйл Рубин дочь Иссахара Зина и внучка Эмма приехали в Нью-Йорк и зашли по делам в комьюнити-центр американских евреев. Решив все свои дела с председателем комьюнити, Эмма вышла в коридор, где её ожидала мать, которая сидела у стены под огромной доской фотографий. Можете ли вы представить состояние Эммы, когда там, над головой матери, она увидела бессмертную фото картину Гэйл, сделанную в 1973-м году. Лучи солнца, проникающие сквозь высокие окна, озаряли беспрерывные потоки живого света исходившие от лица старца увековеченного на висевшей картине. С этой картины, приставив к своему уху ладонь, смотрел на свою внучку самый родной, самый дорогой и самый любимый её дедушка Иссахар. Поражённая, оцепенев от изумления, она в слезах смотрела на портрет и никак не могла понять, что привело её сюда - случайность или провидение. Если это не случайность, то что же означает это весть, посланная Оттуда? Что такое важное и неотложное хочет сообщить ей дед? Не означает ли это, что духу её дедушки велено охранять благополучие своих потомков, ради которых он прошёл все нечеловеческие испытания на этой земле? А может быть это послание свыше о том, что две святые души - Гэйл и Иссахара - встретились во внеземной сфере вечности и пожелали дать знать об этом своим потомкам.

И наконец позвольте мне закончить свой рассказ историей, поведанной внуком Иссахара - Хаимом. Иссахар никогда не жалел своих сил и здоровья ради благополучия семьи. Даже надорвав когда-то на тяжёлой работе спину, он никогда не делал себе снисхождения. Например, в Самарканде, когда нужно было сделать покупки на базаре, он вставал раньше петухов, и несколько километров до базара шёл пешком, для того чтобы не тратить деньги на проезд. И хотя в те времена проезд на автобусе стоил всего 5 копеек, а на трамвае итого меньше - всего три копейки, но и эта мелочь играла не малую роль в семейном бюджете Иссахара. С колхозного базара, который находился в пяти или шести километрах от дома Иссахара, он возвращался также пешком с огромным, тяжёлым мешком на спине, набитым базарными продуктами. В Израиле материальная ситуация его семьи намного улучшилась. Но всё равно Иссахару приходилось жить экономно, так как израильская пенсия была рассчитана лишь на скромное сосуществование. С первых же дней жизни в Иерусалиме Иссахар, исходя из пенсионной оплаты, произвёл расчёт месячных затрат и определил, что теперь ему хватит денег даже на проезд на автобусе. Однажды Иссахар собрался на базар. Он, как всегда взял с собой не больше и не меньше, а ровно столько денег, чтобы хватило на покупки продуктов на неделю и на проезд до базара и обратно на автобусе. Сделав покупки, Иссахар ехал назад, когда один из пассажиров заметил у своего сидения небольшой чемодан, оставленный каким-то мужчиной, сошедшим на предыдущей остановке. Он немедленно сообщил об этом водителю, и среди пассажиров началась паника: в чемодане могла находится бомба с часовым механизмом. Водитель немедленно остановил автобус, открыл двери, и пассажиры за считанные секунды выбежали с автобуса. В салоне остался только один пассажир - Иссахар. Перепуганный водитель и взволнованные пассажиры, заметив старика в салоне автобуса, подумали, что он не знает иврита, и поэтому остался в салоне, не осознав серьёзности ситуации. Они издалека стали подавать ему знаки руками, и кричать на разных языках, что необходимо немедленно покинуть автобус, и что в автобусе бомба. Каково же было их удивление, когда Иссахар открыл окно и решительно заявил на иврите, что не покинет автобуса до тех пор пока не получит назад плату за проезд. Иссахар вышел из автобуса только тогда, когда получил клятвенное обещание от перепуганного и взмокшего от пота и слёз водителя, что получит назад свои деньги. Рассчитавшись со стариком, водитель побежал вызывать специальную службу по обезвреживанию бомбы, а тем временем, ожидавшие службу пассажиры спорили между собой. Одни доказывали, что этот безумный поступок совершён стариком из жадности, другие - что скорее по глупости. Но никто из них так и не узнал настоящей истины. Но что более удивительно, это то, что даже его родственники до сих пор не пришли к единому выводу по этому поводу. Одни говорят, что Иссахар никогда не жалел сил, здоровья и даже собственной жизни, заботясь о благосостоянии семьи, и поэтому совершил этот поступок. Другие считают, что он, как и все афганские евреи, был неумолимо упрямым и твёрдым в своих решениях и безумно смелым в поступках, а потому и совершил этот безумный поступок.

Возможно, и те, и другие были в чём то правы, однако, как мне кажется, их суждения не раскрывали истинную суть его поступка. А сущность поступка, возможно, была в том, что Иссахар обладал особой философией о жизни и смерти. Обученный мудростям каббалистических учений и обладающей собственной природной мудростью, Иссахар глубоко верил, что даже предначертания судьбы, человек способен изменить своей преданностью, бесстрашием и верой. И что только Творец решает - кому и когда уйти из жизни.

Иссахар обладал нечеловеческой выносливостью и завидным здоровьем. За всю свою жизнь он ни разу не пользовался услугами медиков, никогда не бывал в поликлиниках, больницах и других медицинских учреждениях, а так же никогда не принимал медицинских лекарств. И только раз в жизни, в 87 лет, ему неожиданно стало плохо. Его сын Шумель повёз его в Иерусалимскую больницу, но доктора так и не успели его обследовать. Он умирал на руках своего сына благодарный Б-гу за свою судьбу, за каждую секунду своей жизни. Он прекрасно понимал, что достойно выдержал все предначертанные ему Б-гом испытания на этой земле, и поэтому не сомневался, что душа его вечно будет блаженствовать в Ган-Эдене. И он был счастлив, что прах его вечно будет покоится на святой земле Иерусалима.

Леви Бассали

В этом повествовании я бы хотел познакомить читателей с одним из самых ярких членов нашего рода Бассали, моим дядей. Мой дядя - Лев Ильич Бассали-Ильясов родился в 1912 году в городе Кирки. Он был старше моего отца всего лишь на 1 год, и поэтому у них было очень много схожего не только в поведении и характере, но так же и в мыслях, в потребностях и интересах. Как я уже упоминал в моих прошлых статьях, все дети моего деда безумно любили заниматься животным и сельским хозяйством и имели огромных размеров свое подсобное хозяйство оставшееся в наследство от отца, которое и помогло им выжить в трудное время безотцовщины. Однако несмотря на то что мой дядя и отец тратили на своем подсобном хозяйстве огромное количество времени, они находили время и для многих других увлекающих их занятий. А одним из самых увлекательнейших занятий для них это была техника. И поэтому достигнув 17,18 лет они оба становятся первыми трактористами "на селе". Сейчас, конечно современникам трудно понять, почувствовать и представить какие чувства могли испытывать молодые люди сев за руль трактора. За руль техники которую никто из жителей Кирки никогда ранее не видел, и о которой только ходили слухи что эта техника способна перепахать столько земли за день сколько не в состоянии перепахать даже и тысяча человек. Кстати в эти слухи тогда никто и не верил и называли их сказками или болтавнёй. И вот мой дядя и мой отец у которых, как говорится на губах еще не успело обсохнуть молоко, доказали всем что это не сказка. Профессия тракториста была самой почётной в те времена во всех деревнях и селениях где животноводство и сельское хозяйство было главным источником существования.

Итак освоив престижную профессию молодые люди даже не могли и представить как долго эта профессия тракториста будет оставаться престижной и сможет ли она вообще прокормить их будущие семьи. Однако плохо это или хорошо, скорее и то и другое, дядя Лева совершил дорожно транспортное происшествие. У него изъяли права на вождение и едва избежав юридического наказания, он вынужден был оставить эту профессию, и посвятить себя другой любимой и очень доходной профессии, став заготовителем пушнины, мехов и шерсти. Он работал заготовителем в Кирки вплоть до 1938 года. В 1937 годах по приказам правительства всех "не коренных жителей" советского государства а так же семьи бывших кулаков и помещиков и прочих "социально опасных людей" стали выселять из приграничных районов страны. С бесчисленным множеством невинных людей города Кирки, пострадали так же все евреи проживающие в городе. Основаниями этих репрессий явились приказы НКВД от 1937 года под номерами 00485,00447,00439,00593,00486 и другие. Согласно этих приказов НКВД, огромная семья моего деда попадала сразу под несколько пунктов являющихся основанием для их выселения из Кирки. Во первых мой покойный дед имевший огромное поместье и будучи когда-то, а именно до ограбления очень богатым, считался помещиком, во-вторых его жена и семь его детей из девяти родившимися до революции являлись афганскими поданными включая моего отца и дядя Леву, а в третьих национальная принадлежность каждого члена семьи не считалась коренной. Благодаря жене брата моего отца Ёсефа-

Торчи, Бахмал родом из Самарканда, и содействия ее самаркандских родственников, вся большая мишпаха Бассали поселилась в конце декабря 1937 года в Самарканде. Подвергнув себя смертельному риску, мой отец остался в Кирки чтобы продать дом своих родителей, животных и прочее добро. Реализовав втридешева мизерную часть имения и прочего добра, он приехал с деньгами в Самарканд только в конце января 1938 года. А дядя Лева к тому времени успел показать себя непревзойдённым заготовителем на Самаркандском кожаном заводе и за считанные недели достиг там такой славы что в тот же месяц был засватан на более престижное и доходное место – заместителем начальника заготовительной базы города Сталинабада, переименованным позже в Душанбе. Он со своей семьёй: тремя детьми и женой, которая надо отметить к тому же являлась ему и родной племянницей, переселяется в Таджикистан. В Сталинабаде, не имея никаких дипломов среднего или высшего образования, дядя Лева, благодаря своим знаниям накопленным жизненным опытом, а так же природным данным: деловитости, смекалки, трудолюбию, а главное - правильному доброму отношению к окружавшим его работникам, быстро поднимается по служебной лестнице и скоро становится заместителем начальника республиканской базы - по заготовке пушнины и кожного сырья. Еще раз хочу напомнить что дядя Лева приобрел свои знания именно в нашем семейном поместье с малых лет занимаясь на подсобных участках животным хозяйством.

Поместье нашего деда было настолько огромным, что после изгнания нашей семьи, часть этого поместья была присвоена государством и полностью переоборудована и пере-сооружена. В одной части бывшего поместья были сооружены парковые зоны для отдыха и развлечений. Часть дома была переоборудована под военные казармы, а на прилегающих землях были воздвигнуты высокие кирпичные ограждения военной части. А на третьей, наименьшей части земли, была построена городская баня. Моим покойным двоюродным братьям, внукам моего деда: Мише Ильясову - сыну дяди Исахара, и Борису Ильясову - сыну дяди Левы, в 90х годах посчастливилось увидеть все эти сооружения на той земле где они провели свое незабываемое, счастливое детство. Незадолго до иммиграции в Америку удалось им в последний раз полюбоваться местами, истинными хозяевами которых они должны были бы стать, если бы Туркмения не стала бы советским государством. Как я уже упоминал выше у дяди Левы было много положительных качеств которые нравились всему окружению работников базы. Он был щедрым, честным, весёлым, дружелюбным, обладал чувством юмора, и всегда старался от чистого сердца помочь любому в нужде или беде. Понятно что все эти бесценные качества помогали ему не только продвигаться по служебной лестнице, но и обзавестись огромным количеством верных друзей и знакомых готовых в любую минуту отплатить ему добром. И это отношение к нему друзей и знакомых не только помогало сохранить ему свой пост от зарившихся на его место национальных кадров, или от ярых антисемитов, и прочих вездесущих врагов, но так же однажды спасло ему жизнь и даже жизнь его четверых братьев, о чем и пойдет мой рассказ далее. По приезду в Самарканд вся мишпаха Бассали поселилась в еврейском квартале. Любой местный еврей запросто мог отличить их от бухарских евреев. Все они разговаривали на том персидском наречии когда вроде бы смысл местным евреям понятен, однако в предложениях встречаются не мало не знакомых слов, а так же речь звучит с непривычными переливчатыми диапазонами. В то время НКВДешниками в среду бухарских евреев были насаждены их агенты, в простонародье называемые доносчиками. Один из таких агентов по прозвищу "Доносчи" настоящее имя и фамилию не будем называть дабы не опозорить его невинных потомков, не понятно по каким причинам, скорее всего для того чтобы отличится своей преданностью перед партией и НКВД, написал донос на семью Бассали в котором изложил свои подозрения о том что четыре братьев : Исахар, Ёсеф, Моше и Яков Бассали выдают себя за туркменских евреев, но очень напоминают афганских шпионов. В те времена даже донос с подозрениями или без подписи считался просто огромным подарком для НКВД и никогда не оставался без внимания, потому что всех республиканских работников НКВД охватывал страх быть физически уничтоженными "московскими хозяевами" откуда посылались бесконечные приказы

НКВД и установки с лимитами на расстрелы и ссылки в трудовые лагеря врагов народа. Работники республиканских НКВД понимающие что за невыполнение таких планов с лимитами взятых "с потолка" им придется самим поплатиться жизнью, старались отличится и чаще всего перевыполняли планы. И такая практика велась не только в Узбекистане, но во всех союзных республиках. Для наглядности, ниже я прилагаю выписки из документов от 1937 года, а также выписки из приказа НКВД под № 00447 о мерах наказания репрессируемым и количестве подлежащих репрессий хранившиеся в советских архивах:

Все репрессируемые кулаки, уголовники и др. антисоветские элементы разбиваются на две категории:
а) к первой категории относятся все наиболее враждебные из перечисленных выше элементов. Они подлежат немедленному аресту и, по рассмотрении их дел на тройках — РАССТРЕЛУ.
б) ко второй категории относятся все остальные менее активные, но все же враждебные элементы. Они подлежат аресту и заключению в лагеря на срок от 8 до 10 лет, а наиболее злостные и социально опасные из них, заключению на те же сроки в тюрьмы по определению тройки.
- Семьи лиц, репрессированных по первой категории, проживающие в пограничной полосе, подлежат переселению за пределы пограничной полосы внутри республик, краев и областей.

- Все семьи лиц, репрессированных по первой и второй категориям, взять на учет и установить за ними систематическое наблюдение.
- На каждого арестованного или группу арестованных заводится следственное дело. Следствие проводится ускоренно и в упрощенном порядке.
- Утверждаю следующий персональный состав республиканских, краевых и областных троек:
Туркменская ССР : председатель — Нодев, члены Анна Мухамедов, Ташли Анна Мурадов
Узбекская ССР: председатель — Загвоздин, члены Икрамов, Балтабаев
Тройки, в зависимости от характера материалов и степени социальной опасности арестованного, могут относить лиц, намеченных к репрессированию по 2 категории — к первой категории и лиц, намеченных к репрессированию по первой категории — ко второй.
Протокол заседания тройки направляется начальнику оперативной группы для приведения приговоров в исполнение.
- В УЗБЕКСКОЙ, ТУРКМЕНСКОЙ, ТАДЖИКСКОЙ и КИРГИЗСКОЙ ССР ОПЕРАЦИЮ НАЧАТЬ С 10 АВГУСТА с. г. и закончить в четырехмесячный срок.
 Согласно представленным учетным данным Наркомами республиканских НКВД и начальниками краевых и областных управлений НКВД утверждается следующее количество подлежащих репрессии:

Первая категория	Вторая категория	ВСЕГО
	Туркменская ССР	
500	1500	2000
	Узбекская ССР	
750	4000	4750

В ту же ночь, после получения доноса, все четверо братьев оказались за решёткой. Тюрьма находилась в центре города Самарканда по улице Карла-Маркса в трёхстах метрах от улицы Некрасова. Позже на этом месте была построена областная больница. Всех их поместили в разные камеры, так как по правилам тюрьмы нельзя было родственников или арестованных проходящих по одному делу сажать в одну камеру и даже вместе выводить на прогулку. Хотя в целях расследования делались исключения. Как раз один из таких исключений был применён следствием на двух братьев Исахаре и Моше о чем пойдёт речь в следующих статьях. Итак дядя Лева к счастью проживающий в другой республике не был арестован. Не желая его огорчать родственники сообщили об аресте его братьев не сразу, через несколько месяцев. Зная его не спокойный характер, его близкие опасались, что в гневе он может наломать дров. И на самом деле, они как будто бы глядели в воду. Узнав об этом несчастье от посторонних людей, он тут же вышел в отпуск и приехал в Самарканд. Его негодованию не было предела. Ещё не зажили раны его и всей семьи Бассали от удара совершенного правительством в декабре 1937 года, и вот семья получает 2й серьезный удар ведущий к неминуемой смерти четырех ни в чем неповинных молодых людей возрастом от 24 лет и выше. Нет, их брат Лева, получивший высоконравственное воспитание в своей семье, и имевший такую высокую степень любви к любому члену своей семьи, что мог бы за каждого из них отдать свою собственную жизнь, не мог смириться с этим бедствием и сидеть сложа руки. Наутро он надел бушлат, взял два узла еды и пошел в НКВД. У ворот НКВД его встретила охрана. Один из них, окинув презренным взором приближающегося молодого человека похожего в своем бушлате на зека, остановил его у ворот и грубо спросил куда он направляется. "Мне нужно переговорить с начальником НКВД" - услышал охранник в ответ. Начальнику не до тебя - ответил грубо охранник. Если хочешь запишись на прием к дежурному офицеру. Нет возразил Лев. Мое дело очень важное и я не доверюсь о нем говорить с дежурными. "Жди тогда здесь" – ненавистно ответил охранник. Если начальник освободится то может быть он тебя и примет. Прошло несколько часов, но его так и не вызвали. Тогда Лев решил прибегнуть к хитрости. Он снова подошел к охраннику и сказал сообщи начальнику что я афганский шпион и пришел чтобы сдаться. Глаза охранника стали круглыми. Так бы сразу и сказал испугано ответил он. Он позвонил с проходной и через несколько секунд прибежали дежурный офицер с охраной, скрутили ему руки и завели во двор. Охраняйте его здесь пока, отдал приказ

дежурный охране, а сам пошел докладывать о случившемся начальнику НКВД. Спустя 10 минут дежурный офицер, уже с улыбкой на лице, снова вышел из здания, приказал охране скрутившему Льву руки отпустить его и сказал - ну говори зачем пришел. Я буду говорить только с начальником НКВД наедине. Дежурный сделал знак охране удалиться и ответил - ну я начальник НКВД, говори. Здесь, во дворе? удивился Лев. Да - последовал ответ. У меня времени нет, надо ехать в одно место, говори быстрей в чем дело. Лев представился, и начал обяснять причину своего прихода закончив свое объяснение словами : "Мои братья ни в чем не виновны, и я требую выпустить их, а если вы считаете их врагами народа и афганскими шпионами, то тогда я тоже афганский шпион и враг народа, и прошу посадить меня вместе с ними.
Он показал на узлы с едой и продолжал - вот смотрите, я уже готов. Хорошо когда нужно будет пошлем за тобой и арестуем тебя, а сейчас иди домой ответил дежурный. Нет, я не куда не уйду отсюда настойчиво и громко заявил Лев. Или арестовывайте меня сейчас же, или сейчас же дайте приказ выпустить моих братьев. Дежурный подозвал охрану и дал команду вытолкать Льва за ворота, что охрана и сделала. Опешивший и взбудораженный, стоя за железными решетчатыми воротами, он стал кричать вдогонку удаляющемуся офицеру, требуя чтобы его арестовали или выпустили его братьев. И продолжал настойчиво делать это до тех пор пока его не прогнали дубинками. Разочарованный он шёл назад.

Размышлял и не мог понять почему его не арестовали. Он был больше чем уверен что его арестуют потому что прекрасно знал что такое НКВД. А сейчас он ничего не понимал. Это просто безрассудство какое то остановившись по середине улице громко произнес он. Это совсем не похоже на НКВД. Однако начальник заявил что они сами его арестуют вспомнил он с радостью. Вот она разгадка!!! Они просто не хотели само сдавшегося шпиона! Они должны отчитаться перед Москвой показав свою работу с обратной стороны монеты. Само успокоившись он пришел домой и стал ждать. Кончился отпуск. Но за ним так и не приходили. С работы беспрестанно звонили начальник и друзья и умоляли его поскорее вернуться так как без него мог провалиться план по сдаче сырья. Наконец он решил что НКВД его арестует и в Сталинабаде, а друзей по работе надо срочно выручать. Он уехал. Через несколько месяцев ему сообщили что всех его братьев выпустили. Он снова берет отпуск и возвращается в Самарканд отпраздновать это событие. Причину освобождения братьев и то что его самого не арестовали так никто не мог и понять в течении многих десятилетий. И только спустя несколько десятилетий, за год или два до своей смерти, он встретил одного человека - сторожа НКВД, который и поведал эту тайну. Начальником НКВД оказался не тот самозванец который одурачил Льва, а бывший знакомый Льва, встретившийся с ним на одной из свадебных туев в Сталинабаде. В тот вечер, вспоминал Лев, рассказывая моему отцу

Якову эту историю, на свадьбе они случайно оказались рядом за одним столом. Они выпили уйму спиртного. К концу вечера он обнимал меня и говорил что таких приятных людей как я, он никогда не встречал, и что хотел бы дружить со мной. Когда я узнал что он работник НКВД я пошутил. Ты друг - пока пьян, а попадись я в руки НКВД, то ты бы первым меня расстрелял собственной рукой. На что тот ответил - я друзей никогда не предаю. Скорее я позволю расстрелять самого себя чем предам хорошего человека и друга такого как ты. Он сдержал свои обещания рассказывал Лев. По видимому это был огромный риск для него и поэтому он сам никогда и не заикнулся рассказать мне об этом. Да и я после того вечера на туе его самого никогда и не встречал. Но зато он мог меня видеть через окно своего кабинета когда я стоял во дворе НКВД. Вот он втайне от меня и сдержал свое слово, иначе бы не тебя Яков, ни наших братьев Исахара, Мусы и Ёсефа, да и меня самого, давно бы в живых не было.
Жаль Яков что я так никогда и не увидел этого человека и не смог поблагодарить его за то что остались мы живы - не умерли. Сторож сказал что его расстреляли сразу после падения Ежова - при Берии. Жаль его.
Эх Лева, Лева сквозь зубы процедил мой отец со вспышкой гнева во взгляде. Если посидел бы ты с нами там хотя бы день то воспринимал бы все по другому и не стал бы жалеть его. Не умерли - говоришь! Из четырёхсот проведённых там дней мы

умирали каждый день - каждое утро 400 раз. Каждое утро из камер забирали по несколько абсолютно ни в чем не повинных людей - на расстрел. Каждое утро мы слышали в коридорах их вопли. Их вели как скотину на бойню. И их отчаянный нечеловеческий раздирающий душу вопль так же напоминал вопль недорезанной скотины на этой бойне. Так же если бы ты побывал хотя бы на одном допросе где тебя избивают до полусмерти чтоб ты подписал свой смертный приговор, а в лучшем случае если не бьют то ставят по стойке смирно и заставляют стоять по несколько суток, побывал бы в карцерах хотя бы сутки... Если бы ты вынес всё это, то ты бы не жалел его. Да, он спас несколько человек, но погубил тысячи. Встретил бы я твоего приятеля после тюрьмы - я бы за все что он натворил, вот этими своими полу-выбитыми там зубами горло бы перегрыз. Пожалеть можно было бы его если бы он оставил свою работу сам. Но он работал на эту чудовищную систему уничтожившую миллионы невинных людей, и в конце концов это чудовище само его уничтожило чтобы пустить пыль в глаза народа. Так что Лева никогда не жалей этого человека, и не вспоминай, и не переби этими воспоминаниями души ни себе, ни братьям, никому. Мой отец рассказал мне эту историю и многие другие истории о своей юности, за несколько месяцев до своей смерти, в дни проведённые на своей родине Туркмении, вызвавшей у него в памяти так много драматических событий, что если бы написать о них книгу, то получился бы наверное трёхтомник. Как я узнал позднее, мой дядя действительно, послушался моего отца и больше никогда не упоминал об этой истории. От его детей Бенсиона, Сипоры и Абраама я узнал только ту небольшую часть этой истории которую они слышали ещё в детстве.

Весь наш род Бассали благодарен нашим предкам, а особенно нашей мудрой бабушке Хане и благородному деду Элияху вырастившими своих детей такими, что безмерно можно всеми ими гордиться нам и нашим потомкам.

ЯКОВ БАССАЛИ

(В честь памяти моего отца посвящается)

Кто вам сказал что время раны лечит?
Что боль гнетущую оно лишь исцелит.
Ложь! Время жизнь твою лишь искалечит!
Оно всего тебя испепелит!

К моему великому сожалению и стыду я никогда в молодости не интересовался историей жизни своего отца. А он жил в необычайное время выковавшее таких прекрасных, уникальных людей каким был мой отец, его братья и сестры . Нет оправданий моему безразличию, даже если свалить отсутствие интереса к страницам жизни моего отца и его семьи на свою молодость. 20 лет тому назад, 1 апреля 1991 года, моего отца не стало, и только после этого я осознал как много я потерял. Однако за несколько месяцев до ухода моего отца в мир иной, судьба подарила мне несколько счастливых мгновений. Она мне позволила взглянуть на нетронутые, бессметные сокровища хранящиеся в сокровищнице нашего рода, для того чтобы озарить меня их светом. С тех пор горит этот свет ярким пламенем, и я знаю что он никогда не угаснет в моей душе. И сегодня, в 20 годовщину памяти самого святого для меня человека, моего отца, я хочу донести до вас частицы этого света. В 1990 году наша семья решила воссоединиться с нашим многочисленным родом и поселиться на святой земле наших предков - на земле обетованной. Мы продали дом и решили купить на эти деньги имущество которое можно бы было перевезти в Израиль. Я уволился с работы и мы поехали с отцом в Туркмению чтобы приобрести тикинские ковры ручной работы высоко ценящиеся в Израиле. Мы планировали вернуться из Туркмении очень скоро, однако приехав туда, моему отцу расхотелось так скоро уезжать оттуда. Он попросил меня немного погостить у родственников. Я согласился, правда это "немного" растянулось на несколько месяцев. Видимо уже тогда, за несколько месяцев до своей смерти он чувствовал скорое ее приближение. Летний дурманящий туркменский воздух, и сказочный пейзаж песчаных барханов, разбудили в нем множество воспоминаний его незабываемого, неповторимого детства и его окутанной опаснейшими приключениями уникальной юности. Вот тогда то и посвятил меня отец в историю своего прошлого. Мой отец родился в 1913 году в городе Кирки в Туркмении. Многие его братья родились в Афганистане в городе Герат. Мой дед родился в Афганистане, а его родители и прародители родились в Иране. Многие близкие родственники моего деда жили в городе Мешхед. Мы относились к роду Бецалель - знаменитому роду купцов межгосударственного масштаба. Имя деда - Илияху Бассали. Его родители Бацалели, не раз подвергаемые гонениям со стороны мусульман в Иране, переехав в Афганистан, поменяли свою фамилию на Бассали, чтобы их фамилия была более созвучной с мусульманскими фамилиями. Таким образом они надеялись что их жизнь станет более безопасной. Отец Элияху - Мошиах в молодости имел торговые точки в Иране и Афганистане. Хоть в Иране торговля шла лучше, мой прадед не хотел оставаться там, потому что основное население Ирана были шииты - враги иноземных религий. Он переехал в Афганистан город Герат, основное население которого составляли суниты - люди менее вражески настроенные к не мусульманам. Илияху был мужем Хано, сыном Мошиаха и Эстер - прожившей 122 года. Он имел девять детей: Юхевет, Исахар, Амин, Муса, Иосиф, Лева, Яков, Эстер и Мария. В молодости мой дед вёл торговлю между Ираном, Афганистаном и Туркменией. Позже он решил переехать с семьей в Кирки - город расположенной на границе между Туркменией и Афганистаном, и стал заниматься торговлей в пределах двух государств - Афганистаном и Туркестаном. Оттуда было легче переправлять товары в обе стороны. Торговля шла превосходно не только у моего деда но и у всех евреев живших там. Местные люди предпочитали покупать товары у евреев, которые никогда не обманывали и у которых товары всегда были более качественнее и дешевле, чем у местных торговцев. В 1917 году произошла буржуазная революция в России. Это событие повлияло на экономику соседних государств, покупная способность понизилась. Товары стало продавать не выгодно, потому что деньги стали обесцениваться не по-дням а по-часам. Покупательная способность рубля понизилась до 8 копеек. А позже он вообще обесценился. Когда выпустили новые деньги, размену один к одному подлежало только ничтожное их количество на человека. Мой дед и его старшие сыновья закрыли свои торговые лавки и стали ждать лучших времен. Вскоре в Туркмении власть захватили коммунисты. У богатых людей стали экспроприировать имущество. Стали появляться группировки куда входили недовольные советской властью - бывшие имущие. Они стали оказывать вооруженное сопротивление властям, пытаясь отстоять свое право на собственное имущество. Наряду с такими многочисленными группировками, появились немногочисленные группы банд, которые грабили мирное население. Появление последних казалось было на руку коммунистам. Коммунисты называли обои группировки басмаческими бандами и проводили агитацию среди народа настраивая местное население против них. Кирки расположенный на границе, которая в те времена не была так усиленно охраняема, был очень удобный город для басмачей. Они могли укрыться от властей за границей и делать набеги когда им вздумается. В 20м году в Кирки участились налеты басмачей на подпольных богачей. В основном это были евреи. Если евреи не отдавали налетчикам свои деньги они резали им головы. Мой дед не исключал печального исхода для себя. Однажды он привел на скотный двор своего старшего сына Исахара которому в 20м году исполнилось 26 лет. Исахар славился своим справедливым характером не только в своей семье, но и во всей округе. Дед показал ему где зарыт кувшин с золотыми монетами и наказал ему раздать все золото всем своим братьям и сестрам если с ним когда-то что нибудь случится. Он сказал: здесь столько золота, что хватит не только вам - моим детям, но и моим внукам и правнукам. И действительно в один из злосчастных дней в дом деда ворвались бандиты. Они были вооружены ружьями и кинжалами. Их лица были закрыты повязками. Они согнали всю семью в одну их комнат а деда вывели в другую и потребовали от него золота. Мой дед открыв сундук до верху набитый бумажными деньгами сказал им, смотрите во что превратились мои деньги. Я был богатый но сейчас разорился. Атаман банды засмеялся и сказал, - весь Кирки знает эту историю как твой сын, наивный Муса, продал тысяча ковров за один день за эти деньги. Но я знаю что ты самый богатый во всей округе еврей. И я знаю что этот товар принадлежал только твоему сыну, и это только твой сын обанкротился. И эта была только сотая часть имущества посравнению с той которой ты владеешь. Если ты сейчас не выдашь мне все свое золото, то вот этим кинжалом я сниму с тебя твою лысую голову. Мой дед был очень смелым и отчаянным человеком. Он подумал лучше моя смерть чем нищета всей моей семьи. И он воскликнул. Нет у меня золота. Я не боюсь тебя и смерти. Это ты бойся. Бог тебя покарает за все грехи. Разъяренный атаман приказал бандитам связать моего деда и вывести из дома чтобы отрезать ему голову. Его приволокли в сарай, как барану связали руки и ноги, один из головорезов поднес свой кинжал к его горлу и стал ждать команды хозяина. Ну последний раз тебя спрашиваю где золото? Режьте! Нет золота - прохрипел под кинжалом мой дед, и стал проклинать их какими только ни есть бранными словами. Ах так - воскликнул атаман. Просто отрезать тебе голову, это будет для тебя легкая смерть. Я сперва на твоих глазах отрежу головы твоим детям а тебе последнему. Тащите по-очереди всех его сыновей - приказал он своим людям. Как только мой дед увидел что разбойники направились за его сыновьями он неистово закричал - Стойте! Берите все золото, но не трогайте моих сыновей. Где золото? - спросил атаман. Вот оно указал дед под собой на землю. Оно закопано прямо здесь, там где вы хотели пролить мою кровь. Разбойники выкопали кувшин с золотом и ускакали. Они не убили моего деда, но получив огромный душевный удар он прожил всего несколько дней и умер. Моему отцу было тогда всего 7 лет. Моя бабушка Хана осталась вдовой с девятью детьми. Мой дед оставил им в наследство огромнейший дом в несколько гектаров. Дом имел жилую площадь, скотный двор, птичий двор и сады с плодовыми деревьями и виноградниками. В 1990 году один из внуков моего деда, Меер сын Исахара посетил это место. Он известил нас, что на этом месте построена воинская часть. Старая постройка сделанная из добротного жженного кирпича до сих пор сохранилась и переоборудована под солдатские казармы. После смерти моего деда все шестеро братьев решили заниматься хозяйством в доме чтоб прокормить семью. Они занялись плодоводством, виноградарством и огородничеством, птицеводством и скотоводством. Это общее дело объединило их крепче. В последствии они стали крупнейшими специалистами в этой области. А любовь и мастерство к этим наукам передалось их детям и внукам. Несмотря на лютый голод в округе, по вечерам все члены семьи собирались на огромной веранде в доме, или в беседке под виноградником, и устраивали настоящие пиршества. Каждый их них владел каким нибудь музыкальным инструментом, но особый талант проявился у Иосифа. Он имел абсолютный слух и мастерски владел игрой на таре. В последствии он стал известен как Ёсеф-Торчи. Он был заводилой ежедневных веселий. Ни один вечер за исключением поминок не проходил без музыки и танцев. Так прошло еще несколько лет. В 1926 году моему отцу исполнилось 13 лет. Ему справили бар мицву и он стал полноправным мужчиной в доме. Он давно ждал этого момента. С семи лет после потери отца, он всегда мечтал поскорее стать взрослым и начать настоящее дело, которое бы повысило экономический уровень и благосостояние семьи до тех высот какая была при жизни его отца. Мой отец и его брат Лева были самыми сильными не только в своей семье но и среди всех юношей в той местности. Кроме этого они были чрезвычайно смелыми, рискованными и ловкими. Мой отец поделился со своим братом своей заветной мечтой - заняться рискованным но очень прибыльным бизнесом. В конце 20х и в начале 30х годов многим семьям, у которых родственники находились за границей, разрешалось выезжать за границу. Однако вывоз собственного имущества и драгоценностей ограничивался. С уезжающих изымались баснословные налоги. И фактически семьи уехавшие таким образом за границу оказывались там в абсолютной нищете. Евреи средней Азии стали искать возможности нелегальной переправки своих денег и драгоценностей через границу. Такие пути были найдены. Они вели через пограничный город Кирки. Мой отец и его брат Лева зарекомендовали себя в то время самыми надежными, честными людьми в этом городе, которые начали оказывать сперва небольшую помощь в переправке золотых монет через границу. Очень скоро их слава достигла не бывалых размеров, потому что в их практике не было ни одного провала. Уже в то время охрана границ была значительно усилена. Многих контрабандистов занимающихся не легальными делами ловили, сажали в тюрьмы, убивали на границе при побеге. Но мой отец и его брат Лева любили настолько свою семью что их не могла остановить никакая опасность. Они ценили свою семью выше своей свободы, они любили свою семью больше своей жизни. И действительно экономика семьи стала заметно улучшатся. Мой отец и д.Лева никогда не считали это дело контрабандой. Они всегда говорили, что бандитами являются местные власти обирающие уезжающих людей догола. Они же наоборот помогали людям переправлять нажитое собственным потом добро. За свои услуги они брали от 1% до 3% от стоимости товара. Товар переправляли по суше и через реку - Амударья. Было много способов переправки товара. Но самый надежный способ состоял в следующем: Они зашивали золотые монеты в овечьи шкуры, зашивали эти шкуры к шкурам овец, переодевались пастухами, и в чалме, в халатах и с посохами перегоняли стада с золотом прямо под носом у пограничников. Основная часть иммигрантов чье добро проходило через руки моего отца и дяди Левы были евреи - бывшие иранские и афганские поданные, каковыми являлась и сами все члены семьи моего отца. Это были очень богатые и очень порядочные люди. Они выезжали в основном из Туркмении. Однако нередко за границу иммигрировали и бухарские евреи. Как мне это не было прискорбно слышать из уст моего отца, но дядя Лева с отцом старались не связываться с бухарскими евреями, потому что они никогда не платили за работу те проценты которые обещали, а иногда вообще отказывались платить ссылаясь на то, что не весь товар был доставлен. К концу 1936 году политика партии ужесточилась. Ни в чем неповинных людей стали обвинять в шпионажах и во вредительствах. Миллионы людей были отправлены в трудовые колонии. Многих объявляли врагами народа и расстреливали. Это время назвали ежовщиной, потому что Сталин совершал все свои черные дела руками своего питомца - наркома внутренних дел СССР, Генерального комиссара государственной безопасности Ежова. В этот период почти все бывшие иностранные поданные стали преследуемые. Их сажали в тюрьмы, избивали, заставляя признаться в шпионаже, и расстреливали. Выезды за границу практически прекратились. Охрана границ усилилась. Моему отцу с братом Левой пришлось оставить свое дело. В 1937 году был издан нечеловеческий, позорный сталинский приказ о выселении некоренных жителей социалистических стран с пограничных зон. К некоренным жителям в Кирки относились так же евреи. Приказ должен был быть выполнен в течении 48 часов. За не выполнение приказа - расстрел на месте без суда и следствия. Вывоз имущества ограничивался ручной кладью, вывоз драгоценностей и денег тоже ограничивался. Тут же на станцию были поданы составы. Люди не имели возможности продать свои дома, вещи, животных. Каждая еврейская семья была многодетной. Каждый взрослый еврей держал в одной руке вещевой мешок, а в другой ребенка со своей семьи или же соседней семьи. Некоторые не могли взять с собой вообще никаких вещей, потому что в каждой руке они имели по ребенку. При посадке в поезд проводились тщательные обыски. Если у людей находили золотые монеты, их сразу уводили и больше их никогда никто не видел. Моему отцу и брату пришлось прямо там на станции раздать золотые монеты туркменам которые пришли провожать их. В Самарканд семья отца приехала абсолютно нищая. Это был второй огромный удар для семьи моего отца, после смерти моего деда. Третий мощный удар, случился в начале 1938 года. Всех братьев моего отца за исключением дяди Амина который в 1933 году переехал в Израиль, и дядя Левы который во время арестов отсутствовал в городе, посадили в тюрьму обвинив их в шпионаже. Мой отец и его братья являлись афганскими поданными и имели иностранные паспорта. Их объявили английскими и немецкими шпионами и состряпали дело. Всех их ожидал расстрел. Каким чудом они спаслись от смерти, я расскажу вам в моем последующем повествовании - "Братья в тюрьме".

ЗОЛОТОЙ ПОЯС

Levi is on the left. Yakov is on the right

Хочу выразить глубокую благодарность редакции газеты "The Bukharian Times", недавно опубликовавшей рекламу на книгу "Сокровищница рода Бецалель", после которой многие читатели стали приобретать через интернет эту книгу. Количество купленных книг говорит, насколько высок интерес сефардских и не сефардских евреев к нашей истории. Их энтузиазм в этом направлении вдохновляет меня как автора. И поэтому сейчас я хотел бы продолжить повествование этой книги и рассказать одну из интереснейших приключенческих историй, поведанных мне моим отцом.

Я уже описывал в предыдущей главе, каким образом мой отец, Яков Бассали, и его брат Леви помогали нелегальным путём доставлять эмигрантам их имущество за границу. Это мероприятие занимало много времени, и чтобы не вызвать подозрения у пограничников, каждый раз товары доставлялись разнообразными способами и разными путями. Однако первоначальный путь всегда проходил через реку Аму-Дарья, разделявшую Туркменистан и Афганистан, и мой отец со своим братом переплавляли товар вплавь.

Доставка товара через реку была очень рискованным делом, особенно в полноводье, при обильном таянии памирских ледников в летнее время. В прошлом веке поток воды в реке был более стремителен, и воды в реке было намного больше, чем в настоящее время, потому что тогда, во-первых, населения, потребляющего воду на хозяйственные нужды, было гораздо меньше, а во вторых, хлопковых полей, на которые сейчас расходуется значительная часть воды, также было намного меньше.

На Афганском и Туркменском берегах вдоль реки были сооружены пограничные вышки, откуда река просматривалась как на ладони. Однако имелись и трудно просматриваемые участки реки, где и осуществлялись нелегальные операции.

В один из июньских дней братьям срочно нужно было доставить на соседний берег несколько сот золотых монет. Та ночь выдалась удачной. Река была окутана ночным туманном, и поэтому переправиться через неё вплавь было бы безопасно даже вблизи их посёлка - у пограничного поста, где течение реки было менее затяжным или винтообразным. Только одно обстоятельство оказалось неблагожелательным по отношению к двум братьям - вода была очень холодной. А самым больным местом для обоих братьев была судорога, которая не раз сводила невыносимой болью их ноги.

Как я уже упоминал, основная масса Аму-Дарьи - талые воды, спускающиеся с высоких Памирских гор. Высота памирских хребтов достигает 7 километров, а абсолютные минимумы температур достигают − 50° С. И, несмотря на то, что талая вода проходит по землям многих знойных стран на протяжении полутора тысяч километров, она не успевает достаточно нагреться. Это явление, между прочим, является просто подарком природы для близлежащих у реки областей с сухим климатом.

Таким подарком природы был награждён и город Керки, имеющий необыкновенные микроклимат, флору и фауну. Итак, в полночь молодые братья, которым было тогда 14 и 15 лет, обвязались на берегу специальными брезентовыми тяжёлыми поясами, в кармашках которых находились золотые николаевские монеты, и, зажав в своих упрямых мальчишеских губах самодельные Г-образные камышовые трубки, предназначенные для подводного плавания, тихо погрузились в воду и бок о бок, словно рыбы, плавно поплыли к афганскому берегу, скрытые водной гладью и ночным туманом.

Проплыв большую часть пути, они почувствовали, что попали в холодный поток воды, который имел затяжное течение и по всей видимости разделялся на два рукава, так как их стало уносить в разные стороны. Как раз в это время Яков почувствовал ужасную боль в правой ноге. Он выплюнул камышовую трубку и, барахтаясь одной рукой в затяжном течении, другой попытался вынуть из пояса булавку, чтобы кольнуть себя в ногу. Такой приём иногда прерывал судорогу. Но, к несчастью, отстёгнутая от пояса булавка выпала из рук.

Тем временем его брат Лёва, не подозревая о случившемся, исчез из виду. В толще тумана над бурлящей водой Якову невозможно было разглядеть его соломенную трубку. Кричать о помощи было бесполезно, так как его брат, находившийся под водой, всё равно бы не услышал его, даже если его не отнесло потоком. Затяжное течение постепенно стало превращаться в вихревое, а судорога всё не отпускала ногу. Яков старался не поддаваться панике - это могло только усугубить его положение.

 До берега оставались считанные метры, но Якова внезапно охватил ужас, когда он заметил, что его начинает засасывать в водяную воронку. Без помощи ног, управляясь одними руками, не каждый бы смог обойти эту воронку. Но крепкие быстрые руки Якова всё-таки преодолели силу течения, и он смог удалиться от неё на безопасное расстояние.

Не успел Яков отдышаться, как с ужасом заметил, что впереди него появилась другая водяная воронка - намного мощнее и больше первой. Она издавала свирепые звуки, когда засасывала проплывающие мимо сучья и другие случайные предметы. Яков представил, как эта прожорливая воронка смогла бы запросто переломать его тонкие рёбра с таким же успехом, как безжалостно переламывала и перемалывала ветви деревьев, и ему стало не по себе.

 После победы над первой воронкой руки Якова стали свинцовыми, и сейчас сопротивление было бесполезно. Вихревой поток безжалостно закружил и буравчиком понёс ко дну Якова, успевшего глубоким вдохом заполнить свои лёгкие воздухом, зажмурившегося и что было мочи съёжившегося и напрягшего своё тело с целью предотвратить поломку рёбер и конечностей.

Яков почувствовал жуткую боль в правой ноге, которую он не смог достаточно напрячь из-за судороги. Ему показалось, что воронка пытается выкрутить его больную ногу и выдернуть её. "Нет! Я не смогу вынести такого живодёрства! Хватит!" - хотелось вопить Якову. Он еле удержал себя от вопля, чтобы не захлебнуться водой. «Только бы не потерять от боли сознание - иначе смерть!» - мелькнуло в голове Якова. Он до крови закусил губу, пытаясь сконцентрироваться.

К счастью, он скоро почувствовал, что сила вихревого потока уменьшилась. Он расслабил тело и открыл глаза. Яков находился на самом дне реки между двумя огромными, очень высокими каменистыми глыбами, которые, вероятно, и создавали вихревое движение водного потока в реке. Снизу ему было отчётливо видно, как этот поток кружился по конусу. Он сам находился в нижней части этого конуса и чувствовал на себе давление воды, прижимающее его ко дну.

Теперь нужно было по дну реки отплыть подальше от этого потока, а потом можно было безопасно всплыть наружу, но любое движение невыносимой болью отдавалось в ноге Якова. Яков мерно и экономно стал выпускать воздух изо рта, надеясь выиграть время, и продержаться на дне без движения ещё несколько минут с остатком воздуха в лёгких. Возможно за эти несколько минут судорога отпустит ногу, и я не буду чувствовать такой адской боли в движении - с надеждой думал он.

А тем временем руки машинально потянулись к "золотому" поясу, и пальцы нащупали железные застёжки на нём. Освободись он от этого тяжёлого пояса - было бы намного легче двигаться по дну, а также можно было бы без усилий всплыть наружу. Но это означало подвести человека, который доверил ему возможно всё своё состояние.

"Нет! Лучше уж смерть, чем такой позор!" - заключил Яков, невообразимой волей заставив свои непослушные пальцы отцепиться от железных застёжек. Таким образом Яков без движения пробыл в воде ещё несколько минут. Он тревожно глядел на последние воздушные пузыри, которые он неохотно выпускал со рта. Они сперва медленно поднимались вверх по прямой, но потом попав в вихревое течение, отбрасывались в сторону центробежным движением. И вот выпущен последний остаток воздуха, а боль в ноге не утихла. В глазах зарябило разноцветными бликами, и стал мутиться рассудок. Готовый принять смерть, он поднял голову вверх и мысленно начал молиться.

Но что это там наверху? Ему показалось, что сквозь разноцветные блики проникает белый свет. Яков попытался сосредоточится на нём. Этот свет приближался, приобретая форму человеческого силуэта. Наконец Яков явно распознал в нём седобородого старца в белом светящемся облачении. От лица исходил мягкий свет. Яков вгляделся в его глаза. О боже! Взгляд его глаз напоминал Якову взгляд его родного отца, которого он потерял в семь лет.

"Отец! Это вы? - мысленно спросил он старца.- Вы пришли за мной, чтобы забрать меня с собой в Ган-Эден"? Старец отрицательно качнул головой, губы его зашевелились, и Яков услышал голос своего отца, который он не раз слышал в снах своих в течении последних семи лет. "Нет, сынок, - ответил старец. - Тебе ещё рано оставлять сей мир. Ведь от тебя зависит счастье нашей большой семьи. Поднимайся наверх, сынок"!

"Но я же не могу! - мысленно произнёс Яков. - У меня судорога. И воронка размолотила мою ногу". "Сынок! Забудь о боли! Её у тебя стало намного меньше сейчас. Разве ты это не чувствуешь? Ты должен осилить её! Плыви скорее вверх, иначе будет поздно!" - сказал старец и стал удаляться, маня рукой сына. Яков двинулся вперёд и вверх, стараясь превозмочь ожидаемую боль.

Но что за чудо! Боли совсем не чувствовалось, как будто его тело уже было не его родным телом, как будто оно уже умерло и лишь его дух поднимался вверх вслед за духом любимого отца. Разноцветные блики стали напоминать звёзды, и сквозь толщу воды и рассеявшийся туман ему показалось, что светящийся силуэт отца, который стремительно стал возносится к небу, стал приобретать лунные очертания. А после этого стало совсем темно. Все небесные светила разом исчезли, словно провалились в бездну. В голове Якова скользнула последняя мысль с обращением к отцу: "Прости, отец! Я не успел."

Яков очнулся на берегу реки. Первое, что он увидел сквозь паутину речной тины прилипшей к его густым и длинным ресницам - это солнце. Оно было в зените. По голубому небу проплывали белокурые облака. Одно из них напоминало чей то человеческий силуэт в мантии, но Яков не мог вспомнить чей именно. Облако медленно удалялось и наконец растворилось в бесконечной дали, оставив за собой тонкую дымчатую полоску, напоминающую форму руки с ладонью, которая своими волнообразными движениями, напоминало прощальные жесты. И наконец, только тогда когда эта полоска облака тоже растворилась, Яков вспомнил, что силуэт этого облака напоминал силуэт старца в облачно белых одеяниях, которого он видел под водой. И Яков тут же вспомнил всё, что с ним произошло сегодня.

Лёжа на спине, не подымая головы, Яков с тревогой протянул руки к своей талии, и нащупав золотой пояс успокоился. Так значит я всё таки не утонул. Но как это могло случиться? Каким чудом я спасся и остался жив? Дух моего отца! Неужели это не было просто видением? Если нет, тогда это объясняет каким чудом я остался жив. Дух моего отца спас меня. А сейчас он пролетел по небу в виде белокурого облачка, чтобы проститься со мной. 'Спасибо вам отец, подаривший мне жизнь второй раз' ,- мысленно произнёс Яков, глядя на небосвод покрытый дымчатыми белокурыми облаками.

Яков попытался приподнять голову, чтобы осмотреться, но не смог этого сделать. От приложенного усилия в груди и в спине закололо, дышать стало труднее, голова закружилась, и он почувствовал сильную тошноту. Яков широко открыл рот и стал блевать. Из желудка через рот фонтаном импульсивно выходила грязная вода с песком и тиной. Во время рвоты Яков не мог вдохнуть воздуха, так как его ноздри были забиты грязью, песком и тиной, и он стал задыхаться от собственной блевотины. Пересилив себя он повернулся со спины на бок и стал отхаркиваться от блевоты. Наконец ему удалось хлебнуть порцию воздуха, и изо рта опять потоком хлынула вода с грязью.

Когда с него вышло ведро воды, рвать уже было нечем, а тошнота всё не проходила, и дышать приходилось только ртом. Ослабевший, он попробовал пальцем выковырнуть из ноздрей грязь, но ему не удалось полностью очистить ноздри. Плотная грязь очень глубоко забило его носовую полость. Яков заметил, что он лежит на сыром пологом берегу очень близко от воды, в пяти или шести метрах от камышовых зарослей. А лодыжки ног даже касались воды. Яков плюхнулся с правого бока на живот и стал поворачиваться на вздутом от воды животе головой в сторону воды. Когда ему удалось это сделать, он окунул половину лица в воду, и стал полоскать рот от остатков прилипшей ко рту блевотины, а так же стал выдувать воздух через нос, промывая водой ноздри. Наконец нос полностью очистился. Дышать стало намного легче, и он пополз по сырому берегу прочь от воды.

В пяти метрах от берега росла плакучая ива. Яков подполз к стволу дерева, и распластавшись на густой траве тут же уснул под приветливой кроной плакучей ивы. Проснулся Яков, когда краешек золотого солнечного диска был уже скрыт западными холмами. Тошнота исчезла. Яков оперевшись руками о землю приблизился к стволу дерева, прислонился спиной к стволу, и сидя стал осматривать местность.

Впереди протекала река вдоль которой на пологом берегу плотно росли камыши, а вокруг с восточной и южной стороны, а также до самых дальних рыжих холмов, за которыми начало садиться солнце, простиралась в стороны равнина без конца и края, покрытая дикой низкой травой. На ней не виднелось ни единой тропинки. Было очевидно, что поблизости не могло быть никаких афганских селений, и сюда быть может уже давно или никогда не ступала нога человека.

Яков почувствовал дикий голод. Очень выносливый, обычно он мог переносить голод сутками. Сверстники даже в шутку его называли верблюдом, за то что он мог обходиться без глотка воды в течение целого дня , а без еды несколько суток. Но сейчас видимо едкая речная вода так промыла и разъела все его кишки, что в его плоти не осталось никакого запаса, что смогло бы поддержать его организм. Сколько же времени несла меня вода досюда? Это место мне совсем незнакомо, - размышлял он, озираясь. Чтобы дойти до какого нибудь селения может понадобиться день или два. Он попытался встать на ноги, но тут же свалился от слабости.

Яков почувствовал лёгкое головокружение, а так же боли по всему телу. Прислонившись снова к стволу ивы, он только сейчас обратил внимание на своё тело. Оно всё было в синяках и царапинах. На левом предплечье из глубокой царапины покрытой засохшей кровью торчал тонкий острый кусочек сломленного камыша. Яков осторожно вынул его, и из ранки выступила кровь. Яков глянул на камышовые заросли и заметил сломленные камыши на самом краю берега.

Видимо воды прибили меня именно в то место, и именно эти камыши спасли меня, подумал Яков, обратив внимание на течение реки, которое за счёт каменного гребня выступающего над водой, раздваивалось в два потока. Один из медленных потоков проходил через камышовые заросли, замедляя свой ход в береговом кармане в густых зарослях. Продолжая осматривать своё тело Яков обнаружил, что вместо трусов на резинке висели одни лохмотья, обнажающие все его достоинства. Хорошо что меня выкинуло в безлюдном месте и никто меня не увидел в таком виде, смущённо подумал Яков. Он почувствовал, как заметно иссякают его силы. В глазах потемнело и клонило ко сну. Если не подпитать свой организм какой нибудь едой, то у меня не будет сил дойти до какого нибудь посёлка.

Сидеть здесь надеясь на чудо, это значит истощить свой организм до смерти. Надо двигаться вдоль берега. Хоть на карачках, хоть ползком, но надо двигаться вперёд. Может быть по дороге попадутся съедобные ягоды, или плодовые деревья, или грибы, или коренья. Хорошо что моя бабушка Шошана - знахарка научила меня разбираться в кореньях и различать ядовитые грибы и ягоды от не ядовитых. Он встал на четвереньки и изнеможённо медленно двинулся вперёд на запад. Через несколько метров он почувствовал, что силы совсем покинули его и он свалился, распластавшись на зелёной лужайке. Глаза от слабости закрылись сами собой.

Вот так я и умру здесь от голода, - засыпая подумал он. Во сне он снова увидел своего отца. Сперва он почувствовал на себе чей-то взгляд, а потом когда он приподнял свою голову, он увидел его. Он стоял перед ним на лугу облачённый в ту же самую облачную мантию, в какой он предстал перед ним в последний раз вводе. Ветерок раздувал его пушистую, длинную, белокурую бороду и белокурую мантию, а так же его длинные пушистые седые брови, спадающие на глубокие, излучающие мягкий свет, мудрые глаза.

"Что ты здесь делаешь сынок?" - спросил он. "Я умираю от голода, отец" - ответил Яков. У меня нет сил подняться и дойти до какого нибудь селения, чтобы подкрепиться. "А тебе и не надо никуда идти. Еда рядом. Ты разве не слышишь?" - сказал дух отца. Яков прислушался и услышал мычание коровы. Он открыл глаза. Видение тут же исчезло, но мычание продолжалось. Он приподнял свою голову и увидел в 30-ти метрах от себя заблудшую белую корову с крупным, набухшим выменем, которая размеренно жевала сочную траву. С глаз Якова навернулись слёзы и он воодушевлённо произнёс шёпотом - "Спасибо отец - мой ангел-хранитель. Вы меня спасаете от верной смерти уже второй раз за день."

 Собравшись силами, Яков пополз к корове, собирая по дороге отборные травы. Корова услышав шорох насторожилась и перестала есть. Заметив ползущего приближающего Якова, она шарахнулась в сторону. Отступив на безопасное расстояние она застыла на месте, недоверчиво глядя на Якова. Яков приподнял над собой сноп душистой травы и нежно произнёс - "Не бойся глупышка. Мне от тебя ничего не надо кроме молока. Ведь ты не дашь мне умереть здесь с голода? ".

Лёгкий ветерок повеял со спины Якова в сторону коровы. Она глубоко втянула в себя через свои растопыренные широкие ноздри воздух. Учуяв запах душистой травы, влекомая лакомым букетом диких трав, она осторожно зашагала вперёд, но остановилась в полуметре от Якова. Бэ-бэ-бэ, Бэ-бэ-бэ, ласково пропел Яков, протягивая к корове душистый сноп. Корова вытянула свою шею и разом лизнула своим длинным липким языком сноп, который тут же целиком очутился у ней в пасти.

Она отошла в сторону и стала смаковать свою добычу. А Яков не теряя времени стал собирать для неё новый сноп, отбирая среди плотной грубой травы редкие молодые росточки клевера и других душистых благородных растений. Собрав новый букет, Яков снова протянул его корове. В этот раз корова отнеслась к Якову и его подарку с большим доверием.

Она подошла вплотную к снопу, и схватив его, попыталась вытянуть этот сноп из рук Якова. Но Яков не отпустил его до тех пор пока корова не позволила ему погладить себя по морде. Подобная сцена повторилась несколько раз. После третьего и четвёртого раза она позволила погладить себя за шею и за брюхо. А через полчаса она позволила Якову примкнуть к своему вымени.

Молоко этой коровы показалось Якову просто волшебным. Оно отличалось от обычного молока не только бесподобными вкусовыми качествами, но к тому же оказалось исключительно целебным. Через несколько минут после еды, Яков почувствовал небывалый прилив сил. Видимо эта корова заблудилась уже давным-давно, и уже долго питается отборными дикими и лечебными разновидными травами сделал вывод Яков.
 Теперь он мог встать на ноги, не чувствуя больше слабости и головокружения. Спасибо тебе ангельская скотина и прощай, сказал Яков обращаясь к корове. Он обнял её белую шею и поцеловав её,

пошёл вдоль берега против течения реки, постепенно набирая темп. Боль в суставах сковывала его движения. Но скоро при ходьбе его тело разогрелось так, что он перестал чувствовать какую-нибудь боль, и он побежал в довольно живом темпе. Он только замедлял свой бег у растущих вдоль берега ягодных кустов.
Почти на ходу он срывал с них гроздья с дикими ягодами и закидывал их набегу по одному в рот, морщась от их кислого вкуса. Выносливые и крепкие ноги Якова позволили бежать ему 4 часа напролёт.

Наступала ночь. Неожиданно Яков заметил впереди, в дремучих зарослях колючего кустарника, сверкание чьих то глаз. Он остановился и насторожившись стал пристально глазеть в ту сторону. Скоро из зарослей раздался лай шакалов. Продолжать путь по этой местности в темноте становилось опасно. Слева от зарослей проходила полоса оврагов и низких холмов, а впереди за кустами возвышались холмы покрытые кустарниками. Такие места являются любимыми местами для ночной охоты многих диких зверей. И возможно здесь водятся волки - размышлял Яков.

Слева, за небольшим холмиком в овраге рос карагач. Его громадная крона высоко возвышалась над холмом. Это дерево станет моим ночным укрытием -

решил Яков и побежал в сторону дерева. Подбежав к нему он за считанные секунды, ловко, словно обезьяна, взобрался по стволу и примостился в удобном углублении между стволом и двумя толстенными суками, и стал размышлять.
Сколько времени может понадобиться завтра на то, чтобы добраться до хижины пастуха - условленного места, где мы с Лёвой договорились встретиться, в случае если разойдёмся с ним? За сегодняшний вечер я пробежал где то 15 или 20 километров, но так и не достиг каких нибудь знакомых мне мест. Это просто поразительно насколько далеко меня отнесло течением реки.

Я начал тонуть около полуночи, а очнулся на берегу в полдень. Если предположить, что часов 4 или 5 я лежал без сознания, то значит меня могло нести по течению километров 30 или 40. Если это так, то половину пути я уже преодолел сегодня, а остальное расстояние я пробегу завтра за 4 часа. Если завтра, с рассветом - в часа 4 утра я тронусь, то где-то к 8-ми буду на месте.
Конечно же бедный Лёва, ожидавший увидеть меня сегодня, решил что я уже утонул. Доставка товара была назначена на сегодняшний вечер. Но в случае непредвиденных обстоятельств встреча была запланирована на 5 утра следующего дня. И это был крайний срок доставки товара.

Что предпримет Лёва завтра в такой ситуации? Видимо он решит передать часть товара завтра утром, и объяснив ситуацию, пообещает занять деньги от друзей, приобрести на них золотые монеты, и рассчитаться через день или два. Конечно хозяину товара деваться будет некуда и он согласится на эти условия. Но слух о нашем промахе - о несвоевременной доставке товара, молниеносно распространиться по всей округе, и доверие к нам тут же раствориться. Мы не сможем больше заниматься этим делом, и соответственно материальное состояние нашей семьи ухудшится. Из этого следует, что я просто не имею права ожидать здесь завтрашнего рассвета.

 Небо было чистым. Ярко светили луна и звёзды. Но справа со стороны реки начал подыматься ночной туман. Яков знал, что такой туман обычно распространяется довольно быстро в стороны по обе стороны реки, на расстоянии километра, и держится долгое время - до первых лучей солнца. В тумане быстро двигаться невозможно. Поэтому медлить было нельзя.
 Острый слух Якова уловил вой голодных волков доносившегося из за западного холма, расположенного за колючими кустарниками. Яков почувствовал как учащено забилось сердце и застучало в висках. В нём заговорили два чувства - два соперника - страх и любовь. Страх призывал к благоразумию, принуждая оставаться в безопасном месте до утра, а любовь к семье заглушало чувство страха и призывала к безумию - немедленно совершить смертельно рискованный поступок.

Пересилив свой страх, Яков спрыгнул с дерева и побежал по тёмному оврагу в сторону южного крутого склона. По дороге он снова услышал душераздирающий вой волков. Он звучал уже чётче. Впереди под сухим корявым деревом он увидел длинную палку. Он подобрал её и со всего размаха ударил ею по стволу дерева. Она оказалась достаточно крепкой и не обломилась.

Он понимал, что если на него нападут волки, эта палка не поможет спасти его жизнь. Но он не бросил эту единственную вещь, которая придавала ему каплю мужества. Наконец, весь взмокший, он взобрался на вершину крутого холма и оглянулся назад.

Сзади, с северной стороны подступал речной густой туман. Он повернулся на юг. Впереди расстилалась равнинная местность, довольно достаточно освещённая небесными светилами. Яков обрадовался увидев это. Хищные звери не любят открытой местности. Он бросил тяжёлую палку и что было мочи побежал вперёд.

Пробежав около 2 километров, он повернул на запад и стал бежать в сторону западных холмов. Справа, в 2 километрах от него вдоль реки простирались холмы, на вершинах которых повисли массы густого тумана. Больше не было слышно волчьего воя. Лёгкий порывистый ветерок дул со спины на запад, облегчая бег Якова.

Через 15 километров Яков достиг подножья западных склонов. Они не были очень крутыми, но всё равно подниматься по ним бегом было очень тяжело, так как растительность на поверхности была очень густой. Но Яков не сбавлял темпа. Где то в трёхстах метров от вершины холма Яков заметил примятую растительность, и учуял запах овечьих испражнений. Это было хорошим знаком. Это означало, что вчера здесь пасли овец, а значит где то рядом афганское селение.
И действительно, поднявшись на вершину холма, Яков увидел в низине равнинную местность с небольшим селением. Несколько десяток низких лачуг были расположены на северо-западной стороне этой местности. По роду своих занятий Якову пришлось побывать во многих афганских селениях расположенных вдоль Аму-Дарьи, однако в этой деревне он ни разу не был. Яков заметил тропу ведущую к селению. Он подбежал к ней и стал спускаться по ней к посёлку.
 В низине Яков попал на развилку троп ведущих к селению. Одна тропа проходила по равнинной местности, а другая через овраги. Яков выбрал тропу через овражную местность. Таким путём ему было бы легче скрыть свою наготу от каких-нибудь сельчан, которым возможно не спалось ночью.
 Эта тропа привела к местности где находилось несколько хижин окружённых частоколами, изготовленных из кольев с вплетёнными в них ветвями. Яков отстегнул железные застёжки своего золотого пояса, опустил его до бёдер и с трудом

застегнул его, прикрыв таким образом свои мужские достоинства. Мягкой поступью, чтобы не разбудить собак, он направился к ближайшему частоколу, за которым виднелись плодовые деревья и виноградники. Плотный брезентовый пояс стягивал его бёдра, сковывая его движения.

 Неуклюжей походкой Яков подошёл вплотную к частоколу и заглянул во двор. Яков затаил своё дыхание когда увидел в метре от ограждения висящий на виноградной лозе афганский халат с поясом. Это же как раз то что мне сейчас нужно как воздух, радостно подумал он. Он поднял метровую палку лежащую у частокола, и протянув её в сторону халата и пояса, поддел их концом палки, и приподняв с лозы стал подтягивать к себе.
У дома послышалось рычание собаки. Яков ловко схватил охапкой одежду, бросил палку и побежал прочь от забора, подтягивая на ходу брезентовый пояс и набрасывая на себя халат. Сзади, ему вдогонку раздался громоподобный лай чабанских волкодавов, провожающих его до самого оврага. В овраге Яков сорвал с себя порванные трусы, завернулся в халат и стал аккуратно опоясываться, мысленно обращаясь к утихшим волкодавам: - Не надо вам было поднимать столько шума. Я не вор. Я взял у вашего хозяина халат взаймы. Когда я завершу сделку, я пошлю ему в подарок три таких халата.

До рассвета оставалось часа два. Обогнув село Яков оказался на широкой тропе проходящей вдоль реки на расстоянии километра от неё и ведущей на запад по короткому пути по равнинной местности. Туман понемногу рассеивался, но всё же пока ещё стоял такой, что Яков не мог видеть дорогу даже под своими ногами. Поэтому Яков опять должен был взять южнее и бежать по холмистой местности.

Он побежал по низине на юг и по удачной случайности оказался на протоптанной тропе ведущей через склоны на запад. Яков побежал по ней. Каждый встречный склон на его пути был выше и круче предыдущего.

Обогнув несколько холмов Яков наконец оказался на одной из высоких вершин, откуда всё вокруг было видно достаточно хорошо. На юго западе на широкой равнине виднелся посёлок с сотней или даже большим количеством домов. Яков побежал в ту сторону. Скоро он оказался на широкой дороге, ведущей в этот посёлок, проходившей между невысокими холмами.

Ему показалась эта дорога знакомой. И действительно, когда он увидел слева от дороги три большие орешины, он вспомнил это место. Он находился у села где он уже побывал однажды. Счастью его не было предела. Теперь он мог точно вычислить сколько времени ему придётся добираться до дома пастуха. Начинало светать.

Значит сейчас 4 часа утра определил Яков на бегу. От этого места до хижины пастуха около пяти километров на запад. Это расстояние я смогу пробежать за пол часа. Но Лёвы там уже не окажется. Он должен был выйти на встречу ещё пол часа назад. Поэтому бежать туда уже нет надобности. Расстояние до места сбыта товара, которое находится на юго-западе отсюда у заброшенного колодца - около 8 километров. Если я побегу прямиком туда, то к пяти я успею.

Яков повернул южнее и прибавил скорости. Через шесть километров Яков пересёк дорогу ведущую прямиком к заброшенному колодцу. Яков, имевший острое зрение, скоро заметил впереди на дороге, на расстоянии километра от себя движущуюся точку, которое с его приближением стало походить на человеческую фигуру. Скоро по косолапой походке идущего, Яков распознал в нём своего брата. В двухстах метрах от него, когда его брату оставалось пройти до колодца несколько шагов, Яков попытался приложить оставшиеся усилия, чтобы ускорить свой темп. Но его окаменевшие от боли ноги не слушались его.

Лёва, Лёва из последних сил крикнул Яков таким глухим хриплым голосом, что тут же сообразил, что брат не сможет услышать его. Но к его удивлению его брат остановился недалеко у колодца и обернулся в его сторону. Весь взмокший Яков почувствовал холодный озноб со стороны спины.

Это дул сзади, со стороны реки, утренний холодный ветер, который по-видимому и донёс до его брата глухой окрик. Яков сделал ещё пару шагов и упал на колени со слезами глядя на остолбеневшего от удивления брата.

Когда Лёва через несколько мгновений, показавшихся Якову вечностью, наконец вышел из оцепенения, он ринулся навстречу своему брату . Когда он приблизился, Яков впервые увидел на лице своего брата слёзы. Лёва подбежал к брату, безмолвно упал перед ним на колени, и крепко обнял Якова пряча своё мокрое лицо за головой на плече брата.

Яков изнеможённо и хрипло зашептал: "Лёва ты думал что меня уже нет? Что я уже утонул? Но я жив. Дух нашего отца спас меня. И золото со мной." После небольшой паузы Яков что-то спросил у него, но ответа не последовало.
Находясь в крепких объятиях своего брата он почувствовал содрогание его тела. И Яков тоже умолк. Он понял что его брат, который всегда славился железной выдержкой и железным терпением, с лёгкостью умеющий справляться с невыносимой физической болью, и никогда ни при каких обстоятельствах не проявлявший духовной слабости, сейчас впервые оказался под влиянием своих чувств.

 Впереди у заброшенного колодца показалась чья-то знакомая фигура, но Яков не шелохнулся, чувствуя как по его шее, под афганский халат, ручьём льются слёзы любимого брата, обжигая, и словно живою водою исцеляя, его застывшее от голода и холода полубезжизненное тело.

БРАТЬЯ В ТЮРЬМЕ

В годы ежовщины, с 1937 по 1938 годы, в советские концентрационные лагеря и тюрьмы были сосланы миллионы ни в чём не повинных людей, многие из которых были расстреляны или замучены до смерти. За эти два коротких года существования советской власти, жизнь и история обнажили истинную сущность советской системы, уродство которой в другие годы правители страны упорно пытались скрыть. Надо сказать, что им удавалось одурманивать многих людей долгое время, с самого начала создания советского государства. Но с каждым годом это было делать им всё сложнее и сложнее, так как народ почувствовал на себе все негативные стороны системы ведущую их к материальному и духовному краху. Эта система неизбежно привела к тому, что СССР стал монолитной мафиозной структурой, где советский народ разворовывал свою же страну. Неспроста некогда устаревшая пословица "От сумы да от тюрьмы не зарекайся" стала самой обиходной в советской стране. Утопические учения Карла Маркса о равенстве и о гуманном обществе, на практике не только не были оправданы, но оказались чрезвычайно опасными, безнравственными и бесчеловечными. За 70 лет советской власти не только были физически уничтожены десятки миллионов людей, но так же был нанесён огромный вред большей части населения страны, последствия которого продолжаются и поныне. Ведь этой неразумной системой было уничтожено самое главное чем обладает человек - духовные ценности. Страна навеки была отброшена назад в духовном плане. В итоге сотни миллионов без винно виноватых советских людей, охваченных советской заразой, приобрели извращённый менталитет и порочный взгляд на жизнь. Немногим в этой стране повезло сохранить духовные человеческие качества. К этой категории "немногих" относились братья из рода Бассали чудом оставшиеся живыми во времена советского террора.

 В данной главе рассказывается о этих людях. Огромная семья Бассали поселилась в конце декабря 1937 года в городе Самарканде. Причиной их переселения явилось постановление ЦК о выселении не коренных жителей СССР из мест их проживания находившихся в пограничных зонах. Город Керки Туркменской ССР, где проживал род Бецалелей был расположен у Афганской границы. Выселение из Керки должно было произойти в течении 24-х часов согласно постановления ЦК. Но так как количество "груза", а именно выселенных людей оказалось вдвое больше (точное количество выселенных было засекречено и до сих пор неизвестно), чем поданных на Керкинскую железнодорожную станцию грузовых и пассажирских вагонов, а так же пропускной способности железной дороги, то приказ ЦК физически оказался не выполнимым. Поэтому через 24 часа местные городские власти попросили ЦК продлить процесс высылки до 48 часов. Итак, изгнание населения из Керки произошло согласно приказу властей за 48 часов, поэтому разумеется семья Бассали переселилась в другую страну почти нищими, оставив большую часть имущества не распроданным. Взрослые члены семьи Иссахар, Мусса, Ёсеф, Леви и Яков были афганскими поданными, имели при себе иностранные паспорта, и по этой причине им пришлось временно устроится на низкооплачиваемые работы. Материальное положение рода оказалось в плачевном состоянии, ведь в семье Бассали насчитывалось 30 несовершенолетних детей и женщин, которых нужно было материально обеспечить пятерым братьям. Самаркандский НКВД вёл активную работу, выполняя все указы ЦК. В каждом уголке города находилось несчитанное количество агентов НКВД - состоящих на службе, а также добровольцев и принуждаемых. Принуждаемые это люди с тёмным прошлым, чья судьба зависела от НКВД. Они не по собственной воле, чтобы самим не оказаться за решёткой, были вынуждены, заниматься доносами. К агентам добровольцам относились множество категорий людей. Среди множества категорий добровольцев, самой распространённой и гнусной категорией были клеветники, завистники и люди старающиеся выслужиться перед властями. Именно эта категория агентов помогла в годы ежовщины не только выполнять выдуманные планы ЦК по выявлению врагов народа, но и успешно перевыполнять их. Именно к этой категории агентов и относился агент по прозвищу Доносчи, написавший лживый обвинительный донос в НКВД в марте 1938 года на 4-х братьев из рода Бассали.

Пятый их брат Леви в то время находился в Таджикистане на заработках, и по счастливой случайности не попал в донос этого агента, так как Доносчи не знал о его существовании. Доносчи был бухарским евреем, жил в еврейской махале, и поэтому основными его жертвами являлись бухарские евреи и другие жители еврейского квартала. За всю свою недолгую деятельность он успел оклеветать несколько сотен людей. Делом его рук являются сотни до смерти замученных и загубленных в тюрьмах душ, сотни сосланных в трудовые лагеря, и несколько сотен семей, которых он сделал несчастными на долгие годы или же на всю жизнь. И делал он свои чёрные дела не по принуждению, и не затем чтобы показать властям свою неутомимую коммунистическую преданность, но из-за того, что он просто не мог не делать пакости людям. Видя чьи то страдания, он чувствовал себя предельно счастливым. После смерти Ежова, Доносчи сам оказался мишенью советской машины на которую он так усердно и безвозмездно работал. Советский механизм самоуничтожения сработал запрограммировано, верно и надёжно, уничтожив самых преданных своих воспитанников-коммунистов и прочих выкормышей. В доносе на четырёх братьев Доносчи заявлял, что четыре афганских шпионов выдают себя за туркменских евреев, их цель - передавать добытые сведения заграницу, наносить вред советским людям, и наносить всяческий ущерб советскому государству. Подобный донос, даже с необоснованными сведениями, был вполне достаточен для того, чтобы обвиняемых тут же арестовали и завели на них дело. Такие доносы являлись большими подарками для НКВД, так как Центральный Комитет спускал высосанные их пальца, непосильные планы в НКВД союзных республик по выявлению врагов народа, а так же физическому их уничтожению или ссылки в трудовые концентрационные лагеря. Глава государства - Сталин, осознавший несовершенность социалистической системы и понявший, что все коммунистические идеи это просто утопия, с помощью которых не возможно управлять народом, и что такая система основанная на принципах коммунизма - не долговечна, однако же поставил перед собой задачу любыми путями сохранить свою власть, а для этого любым путём поддерживать существование этой системы. Он избрал единственно верный путь, осознав, что свою и советскую власть возможно удержать только при помощи террора и страха. Его решение было исторической неизбежностью продиктованной безумной варварской сущностью самой социалистической системы. Прекрасный стратег

Сталин, запланировал для воплощения своих планов создать козла отпущения с преданностью пса, которым бы он смог манипулировать за кулисами политической арены и подставить этого глупца в случае необходимости. Такой человек был найден. Им оказался карьерист Ежов - неграмотный человек с 2-х классным образованием, преданный хозяину как пёс и несмотря на своё слабое здоровье, способный работать по 20 часов в сутки. К концу 1936 года он был наделён огромной властью и по сути стал правой рукой Сталина. Он был назначен Народным комиссаром внутренних дел СССР. Ему подчинялись и органы государственной безопасности (ГУГБ НКВД СССР), и милиция, и вспомогательные службы. За два года Ежов не только выполнил все планы поставленные перед ним Сталиным, но также и перевыполнил их, уничтожив всех личных врагов Сталина, которые являлись для него потенциальными конкурентами, а так же пополнив трудовые колонии, созданные для повышения экономической мощи страны, миллионами, где ценой здоровья и жизни "рабы" совершали неслыханные трудовые подвиги.

В марте 1938 года, в полночь, с калитки дома 14, находящегося на улице Худжумской, раздался продолжительный громкий стук разбудивший хозяек почивающих в передней комнате дома. "Хано! Яков пришел с работы! Иди быстрей открой дверь!" хрипло прошептала семидесяти шести летняя Шошана своей дочери, тормоша её за плечо. Хано вскочила с постели и по дороге накидывая на себя верхнюю одежду, шёпотом ответила матери проходя мимо неё: "Да нет, мой сын вернулся с работы два часа назад. Это какой то незваный гость стучится в калитку." Она побежала к воротам, проклиная в душе неизвестного за калиткой, который так громко и беспрестанно тарабанил по ней. Она отперла засов калитки и открыла её. За порогом стояли люди в военной форме с красными петлицами. Почувствовав что то недоброе, Хано тут же попыталась захлопнуть калитку перед их носом, но офицер в яловых сапогах 45 го размера, стоявший за порогом впереди всех, опередил её, остановив закрывающуюся калитку своей огромной ступнёй просунутой за порог. " Вы что это позволяете себе гражданка?" – грозно и оглушительно рявкнул офицер, открывая калитку и переступая за порог. "Понятно что… На воре и шапка горит! " - раздался чей-то голос сзади с узбекским акцентом. Хана хотя никогда и не говорила по русски, но немного понимала этот язык. "На каком ещё воре? Вы ошиблись адресом" - ответила Хана на персидском языке. "Что она там болбочет?" - оборачиваясь спросил офицер в яловых сапогах у сзади стоящего военнослужащего низшего звания узбекской национальности. "А кто её знает" - ответил тот. Наверное ругается на своём языке. "Мы ей поругаемся сейчас! Отойди ведьма в сторону!" - сердито рявкнул офицер и даже не представившись хозяйке, как было положено по уставу, направился к дому. За ним во двор вошли все остальные . Офицер в яловых сапогах остановился у двери дома и приказал всем расположиться снаружи у окон дома, а сержанту, узбекской национальности, следовать за ним. "А ты старая заводи нас в дом и сыновей своих буди" - сказал он Хане, пропуская её вперёд в дом. " Да смотри сделай это без шума и без всяких там неожиданностей. Иначе если они вздумают бежать, мы с удовольствием перестреляем их всех" - добавил он, приложив ладонь руки к потёртой кобуре. "Мои сыновья не бандиты и не воры. И бежать никуда не собираются. Я вам ещё раз говорю - вы ошиблись адресом" – ответила она, проходя мимо них. "Что опять ругается?" - спросил он у сержанта узбека заходя в крохотную прихожую комнату. "Опять ругается ведьма" - подтвердил тот, следуя за своим начальником. Хана включила свет в прихожей и обратилась к офицеру и сержанту, указывая длинным указательным пальцем на место где они стояли - "Ждите здесь. В доме полно детей. Все спят.

Я сейчас вызову сюда сыновей." Она открыла дверь. Свет с прихожей комнаты осветил часть столовой комнаты, где вокруг стола прямо на полу были расстелены матрасы, на которых сидела немощная старуха лет под 80, а слева и справа от неё вокруг стола лежали с десяток детей от 2х до 13 лет. Ступить ногой в полном смысле слова было не куда. Увидев эту обстановку офицер остановился у порога и сказал сконфуженно своему помощнику, когда Хана осторожно прикрыла за собой дверь - "Подождём здесь. Займи позицию справа от двери под занавеской". Тот кивнул, встал за дверью, осторожно расстегнул крышку новой кобуры, вынул револьвер, и задёрнув занавеску застыл в ожидании. Минуту спустя из спальни вышли четыре брата: Иссахар, Мошиах, Ёсеф и Яков. Все они имели заспанные лица и выглядели очень усталыми. "Не надо мама. Мы сами разберёмся" - шёпотом сказал Ёсеф матери, которая показалась в дверях, и успокаивающе похлопав её по плечу, прикрыл перед ней дверь столовой. "В чём дело?" - спросил самый младший из братьев, владеющий русским лучше остальных братьев. Офицер не спешил отвечать. Он сверлящим пронзительным взглядом оглядел каждого. Между братьями была большая разница в возрасте и все они выглядели разными. Самый старший и самый младший из братьев выглядели как отец и сын с разницей в возрасте в 20 с лишним лет. Оба они были очень красивыми но абсолютно разными. Старший, густо-бородый брат имел восточные библейские черты лица и мудрый спокойный взгляд. Младший брат, напротив, имел живой и сердитый взгляд, за которым чувствовался вспыльчивый характер и сильная натура с железной волей. Его внутренние качества были полной противоположностью его выразительным, изящным, светским, классическим чертам лица. Средние братья тоже были разными. У одного из них был живой творческий взгляд. Ладони его были гладкими и белыми, а пальцы тонкими и длинными как у музыканта. У другого брата с узкими поперечными усами, напротив, взгляд был застывший и даже казался немного глуповатым, а руки были загорелыми и мозолистыми. Но несмотря на большую разницу в возрасте, и различия во внешности, а также по их внутреннему содержанию и манерам, можно было определить не вооружённым взглядом, что они до мозга костей, самые что ни на есть родные братья, которые никогда не предадут друг друга и если надо умрут друг за друга. "В чём же дело?" - снова переспросил недоуменно младший из братьев. Нам вставать в 4 утра на работу, а вы нас будете в полночь и ... "Как зовут и сколько тебе лет" перебил его офицер. "Яков, 24 года" - представился младший. Офицер перевёл взгляд на старшего, и задал тот же вопрос. "Иссахар - 44 года" - ответил тот. "Юсуф - 34 года" - представился Ёсеф, опередив вопрос офицера. "Муса - 41 год" - неохотно и вяло представился Мошиях. "Кто ещё остался в доме?" - спросил офицер. "Только женщины и дети" - ответил Ёсеф. "А в чём дело, кого вы ищите? Вы так и не ответили нам" - спросил раздражённо и требовательно Яков и вызывающе шагнул вперёд к офицеру. Офицер тут же отпрыгнул назад и вынув из кобуры револьвер погрозил дулом в сторону Якова и прошипел - "Стоять на месте мразь! Бандюга! А не то череп твой афганский размозжу." "Ах вот оно что! Афганский череп! Не за нашими ли афганскими черепами вы явились сюда в полночь?" - разгневано выпалил Яков. Его большие выразительные глаза налились кровью, а тело казалось таким напряжённым, какое бывает только у хищного зверя перед прыжком на свою добычу. Побледневший офицер не отрывая взгляда от Якова, попятился к двери, и нащупав свободной рукой ручку двери приоткрыл дверь во двор. "Сержант, выводи всех их во двор по одному из этого бандитского логова" - скомандовал он, стоящему позади братьев сержанту, а сам тут же выпрыгнул за порог. Братья оглянулись назад, только что заметив другого НКВДешника с узбекскими чертами лица, направившего на них длинное дуло своего револьвера. "Выходи все наружу по одному" - скомандовал он, указывая на дверь. "И без разговоров и никаких лишних движений" - добавил он. "Одно лишнее движение и я буду стрелять" - обратился он к Якову, направив дуло револьвера прямо на него. "Стрелять?! За что?" - свирепо спросил Яков у сержанта на ломанном узбекском языке. "Я не знаю за что. У меня есть приказ стрелять в случае любого сопротивления. Так что если жизнь дорога шагай вперёд. " - ответил по узбекски сержант. "Ты выходи первый, а остальные ждут моей команды" - добавил он на русском, обращаясь к Якову."Яков, не спорь с этими зверями. А не то они и на самом деле расстреляют тут нас всех. Давайте выполним их приказ, а потом, я уверен, выяснится что произошла ошибка, и они нас освободят" - сказал Иссахар брату , успокаивающе похлопав его по плечу, и легонько подтолкнув его к выходу. Не успел Яков выйти за двери, как на него налетели четверо здоровенных НКВДешиков, скрутили назад его руки и надели на них наручники. Они сделали это так неожиданно, быстро и искусно, что Яков успел едва опомнится. Когда его вытолкали за ворота, ту же самое они проделали и с остальными. Перед воротами стояли легковой автомобиль и две автомашины с фургонами для перевозки заключённых (автозаки). "Этих троих баранов грузите в этот фургон. А этого буйного психа-дикаря в другой фургон - одного" - скомандовал офицер в яловых сапогах, садясь в легковой автомобиль и с ненавистью глядя на Якова. Как и было приказано, НКВДешики впихнули Якова одного в фургон заднего автозака, и тут же заперли за ним дверцы автомобиля, а остальных братьев завели во второй фургон, зашли туда сами и уселись на скамейку напротив них. Когда машины тронулись, один из верзил трясся перед лицами братьев милицейским жезлом, сказал им: "Предупреждаю наперёд: между собой не переговариваться, не перешёптываться, не перемигиваться. Сидеть смирно, смотреть вниз, и не делать никаких лишних движений. В противном случае получите дубинкой по калгану. Понятно?". Машины двигались по пустым дорогам довольно быстро, высоко подпрыгивая на кочках и ухабинах, которыми с давних пор на протяжении многих лет славились самаркандские дороги. Яков прислонившись плечом к металлической решётке фургона, и пружинясь от тряски, глядел наружу на плохо освещённые улицы и размышлял. - "Почему все охранники подсели в фургон к братьям, а ко мне не приставили ни одного охранника? Неужели они испугались что я даже в наручниках учиню с ними драку? Нет, не похоже. Скорее всего они это сделали потому, что мне здесь одному просто не с кем обсуждать о том, о чём и что именно мы должны отвечать им на допросе. Они на самом деле думают что мы какие нибудь там бандиты, и что нам есть что скрывать от них. Какое идиотство! Мало им было нанести нам ущерб, выгнав всю нашу семью из Керки три месяца назад. А теперь среди ночи они ворвались к нам в дом, переполошили мать и бабушку, и отправили нас в тюрьму. Для чего они всё это делают, и интересно, что они от нас хотят узнать и о чём будут спрашивать на допросе? Но что бы они не спрашивали, всем следует говорить только правду, иначе, если наши показания будут противоречивы, то следствие затянется, и семья наша будет голодать без наших, и без того, ничтожных заработков. Судя по всему, в той машине охранники уже наверное запретили моим братьям общаться между собой. И ещё один не маловажный вопрос. Устроят ли они нам допрос прямо сейчас или отложат его до завтра. Но даже если они не станут нас допрашивать сейчас, то всё равно мы не сможем увидеться до допроса и на допросе, потому что, если все мои рассуждения верны, то выходит, что в камеры нас должны посадить порознь и допрашивать нас будут по одиночке. Через четверть часа машины остановились у ворот тюрьмы, которая находилась в центре города. Заскрипели ворота, и машины заехали на хорошо освещённую прожекторами территорию тюрьмы, нарушая её мёртвую тишину грохочущей стрельбой, исходящей из трясущихся под автомобильными рамами глушителей . Из решётчатого окошка фургона Яков увидел, только что, подъехавший легковой автомобиль, остановившийся между двумя автозаками. А через минуту он увидел выходящих из здания тюрьмы семерых конвойных направляющихся в их сторону - к машинам. Впереди шёл старший охраны с кобурой на поясе, а за ним шли шестеро конвойных с винтовками за спиной. Из открывшейся дверцы легкового автомобиля блеснули знакомые яловые сапоги, а потом появился и их владелец с красной папкой в руках. Когда конвойные подошли к нему, он обратился к старшему из них протягивая документ вынутый из папки - "Вот это передайте утром лично в руки начальнику тюрьмы. А сейчас необходимо разместить тех троих, что в передней машине, в разные камеры, чтобы они не имели между собой никакого контакта. А того, что в той, задней машине, я советую вам направить сразу в карцер. В этом фургоне находится психопат одиночка, которому следует наперёд преподать нужный урок, чтобы он как и другие, стал шёлковым до допросов. Старший конвойной охраны, внимательно выслушав офицера НКВД, бегло пробежался взглядом по документам переданными ему, и одобрительно кивнув офицеру и отдав ему честь, направился с конвойными к переднему автозаку, где находились трое арестованных. "Выводи арестованных по одному" - услышал Яков приказ старшего. Конвойные находились между двумя автозаками и поэтому Яков не мог их видеть. Яков услышал как отперли дверь фургона передней машины и приказ одного из конвойного: "Ты! Выпрыгивай наружу! Остальным сидеть! Вперёд! Что моргалами хлопаешь урод? Я сказал иди вперёд, в ту сторону, к зданию! Живо!". Наконец Яков увидел своего брата Мусу, неторопливо шагающего к зданию тюрьмы. За ним шли двое конвойных с винтовками. Внезапно, один из сопровождающих его конвойных, подскочил к нему сзади и ударив ему прикладом винтовки в спину, крикнул: "Чего ходишь вразвалочку урод? Шагай живее!". Потом он ударил его второй раз ещё сильнее, когда заметил, что после первого удара Муса намеревался повернуть голову назад и что-то сказать ему. "Не поворачиваться! Без разговорчиков! Живее вперёд!" - последовали его команды после удара. От второго удара, Муса еле удержался на ногах. Молча, прикусив до крови губу, он торопливо зашагал к двери". Сволочь! Что ты делаешь!" - неистово крикнул Яков, и не владея собой от негодования, подбежал к двери фургона, и стал колотить в неё ногами, толкать плечами и всем телом. К окошку фургона, который заходил ходуном, подошли двое офицеров: офицер НКВД в яловых сапогах, и начальник охраны. Яков всё ни как не мог угомониться. Заметив уставившихся на него офицеров, он обратился к ним с вопросом "Что вы позволяете себе? Прекратите издеваться! За что вы бьёте моего брата?". "Ну, что я вам говорил?" - с ехидной улыбочкой на лице обратился к старшему охраны, офицер НКВД. Теперь вы и сами видите и надеюсь понимаете, что надо делать, чтобы быстренько успокоить этого бешеного пса." Старший конвойной охраны утвердительно кивнул, и они отошли от заднего автозака. Когда Мусу завели в здание, офицер НКВД сказал зевая, глядя на старшего по конвою - "Ну мне пора". Офицеры отдали друг другу честь, и НКВДешник направился к легковому автомобилю. Перед тем как сесть в него, он повернулся к заднему автозаку, и увидев за тёмной решёткой фургона сверкающие глаза Якова, злорадно улыбнулся, направил свой указательный палец в его сторону, прицелился пальцем в лоб Якова, и сделав им воображаемый выстрел, расплылся в улыбке, но тут же побагровел, когда увидел вылетающий плевок из решётки автозака. Плюхнувшись на сидение автомобиля, он резко и изо всех сил захлопнул за собой двери, и потому как машина задёргалась и завизжала резко трогаясь с места и круто разворачиваясь в сторону ворот тюрьмы, не трудно было догадаться, что он очевидно стал разряжать свой гнев на своём водителе. Очень скоро Яков снова услышал голос старшего по конвою, отдававшего приказ выводить следующего. И через пару секунд Яков увидел Ёсефа, который мелкими и быстрыми шагами шёл в сторону здания, и следуемых за ним конвойных. Через несколько минут оставшиеся двое конвойных повели к зданию Иссахара. За ними не спеша, дымя папиросой, следовал старший конвойной охраны. "Сейчас пришлют конвой за мной" - подумал Яков прислонившись головой к решётке. Прошло несколько минут. Эти несколько минут ожидания показались Якову очень долгими. Ему не терпелось узнать, что там с его братьями, и он в тяжёлом раздумье лихорадочно заходил по фургону. Наконец, он услышал как распахнулись двери в здании тюрьмы. Прытко подпрыгнув к решётке, он увидел через неё - в дверях показались две рослые, широкоплечие фигуры с винтовками за спиной, которые направились в его сторону. "Ну и мордовороты" - подумал Яков, когда они подошли уже вплотную к машине. Он с нетерпением подошёл к дверце автомашины, но тут же услыхал хлёсткую команду, доносившуюся снаружи, за окошком фургона: "Назад!". Яков увидел через окошко свирепое лицо конвоира, который приказывал отойти от двери. Яков шагнул на пол шага назад. "Три шага назад" - снова яростно рявкнул конвоир. Яков сделал три шага назад. "Кругом! Спиной к двери!" "И опуститься на колени!" - последовали его команды. Яков повернулся спиной к двери фургона, но на колени не встал. "Издеваются что-ли" - подумал он. "Ты что оглох? Или по-русски не понимаешь дикарь?" - озлоблено спросил конвоир. "Живо опуститься на колени!" - устрашающе крикнул он. "Зачем?" - спокойно спросил Яков. "Ещё один наглый вопрос и получишь пулю в затылок!" - в негодовании заорал конвоир и лихорадочно трясясь от злости направил дуло винтовки в спину Якова. "Неужели пристрелит?" - удивлённо подумал Яков, внимательно глядя на перекосившуюся от желчи лютую ряху охранника. "Не посмеет. Запугивает" - заключил Яков, и повернувшись к нему лицом, без фальши на лице и в голосе ответил - "Я на колени никогда не перед кем не вставал - ни перед чёртом, и ни перед богом! Хочешь стрелять - стреляй! Но и мёртвым я на колени не упаду! Ну, что трясёшься как обосанная баба? Давай же, стреляй!" Наступила тишина. Яков стоял спокойно. Охранник весь вышедший из себя и поэтому потерявший дар речи, не переставал дрожать как в лихорадке. Наконец весь взмокший и обессиленный от стресса, он сдался, и опустил винтовку. Отойдя подальше от окна, он подозвал к себе второго конвоира, стоящего у двери фургона и шёпотом, чтобы не услышал Яков, стал советоваться с ним - "Ну, що будэмо робыты Мыкола? Цей не схожий на политычного. Цей небезпечный злочинець". "А, що, що? " - пожимая плечами ответил тот. Зрозумило що. Потрибно сповистыты головного. Нехай сам разбыраеться. Нехай покаже як дияты з ним за статутом". "Не пидходыть. Це дуже соромно показуваты слабкисть та безсилля " - возразил первый. "А тоди може попробуемо з ным по- доброму?" - предложил второй. "Видминна думка" - обрадованно ответил первый. "Ну раз ты це пропонуешь, тоди ты це й спробуй" . "Добре" - ответил второй, и подошёл к решётке фургона. "Послухай, хлопец" - заискивающе обратился он к Якову. "Нам по уставу положено перед тим як открыть двери, убедиться що ти в наручниках, и быть уверенными, що ти не кинешься на нас. Так мы тебе по доброму дуже просим - будь ласков, встань на колина задом до дверей." "Не встану" - возразил Яков. А то что я в наручниках, я вам и так могу показать. Яков встал на скамейку расположенную под окном фургона, повернулся задом, и поднёс к решётке кисти рук. Конвоир внимательно осмотрел наручники и сказал второму: "Все справно. Що будемо робыты?" "Та хрин з ным. Давай видкрывай двери пошвыдше докы головного нема" - ответил второй. Как только конвоиры открыли двери, Яков проворно спрыгнул на землю и поспешно направился к зданию тюрьмы. Конвоиры едва успевали за ним. "Ты подывыся на нього, неначе додому поспишае" - впопыхах сказал один другому. "Та може це и буде його крайня хата" - ответил тот, и они оба рассмеялись.

Конвоиры завели Якова в здание тюрьмы и приказали стоять лицом к стене в коридоре у металлических дверей. Когда Яков встал у двери, один из конвоиров приоткрыл эти двери, доложил, что арестованный доставлен, и получив распоряжение заводить, открыл двери настежь. Конвоиры завели Якова вовнутрь и оставили помещение. В комнате Яков увидел сидящих за столом двух офицеров, и ещё двоих рослых, без мундирных ребят, которые стояли у привинченного к полу табурета. На их поясах были пристёгнуты короткие деревянные дубинки. Один из офицеров, сидящих за столом, был тот самый - старший охраны, которого Яков уже видел на территории тюрьмы. Второй офицер имел бледный вид лица, и из под толстых линз его очков можно было разглядеть потухший, безразличный взгляд и покрасневшие усталые глаза. Двое с дубинками посадили Якова на табурет и встали слева и справа позади Якова. "Где мои братья и почему меня арестовали" - спросил Яков у офицеров, и сразу же заметил как после этого вопроса оба охранника вынули из-за своих поясов дубинки и уставились на офицеров, словно ждали их команду. Офицер в очках небрежно и устало махнул им рукой, и они снова пристегнули свои дубинки на поясные ремни. " Вас сюда доставили затем, чтобы составить с ваших слов краткий протокол. А завтра утром вас вызовут и объяснят за что вас и ваших братьев арестовали. А сейчас, давайте не будем попусту друг друга задерживать и дабы избежать никому ненужных осложнений, советую вам быстренько ответить на наши вопросы и мы с вами по хорошему разойдёмся. Итак, первый вопрос: ваше имя, фамилия, год и место рождение" - монотонно прогундосил он, протирая платком линзы своих очков. После того как протокол был составлен, двое охранников вывели Якова из помещения в коридор, передали его ожидающим за дверью конвоирам, и попросили конвоиров подождать письменного распоряжения. Через минуту из помещения вышел старший конвойной охраны. Он вручил письменное распоряжение одному из своих подчинённых, и те повели Якова по коридору тюремного здания. Шагая по узкому, длинному и полуосвещённому коридору,

Яков разглядел впереди ограждение, изготовленное из металлических прутьев и расположенное поперёк коридора от стенки до стенки и от потолка до пола. По мере приближения к этому месту, Яков разглядел за этим ограждением силуэт человека, сидящего за столом. За передним ограждением находилась другое точно такое же строение на расстоянии шести или семи метров от первого ограждения. Стол был расположен по-середине - на расстоянии 3-х метров от ограждений. "Принимай арестованного" - не доходя ограждения крикнул конвоир, который шёл впереди Якова, дежурному охраннику, сидящему за столом. Конвоир, идущий позади Якова, остановил его за 5 метров от решётки и велел встать лицом к стене. Дежурный охранник подошёл к железной решётчатой двери расположенной по середине ограждения и взял протянутую конвоиром бумагу. "Хорошо. Подождите" - сказал он, прочитав распоряжение. Сунув распоряжение в письменный журнал лежащий на столе, и положив журнал в задвижку железного письменного стола, он окинул оценивающим взором с ног до головы Якова, и нажал три раза на кнопку вмонтированную в боковую стенку стола. За железной дверью, расположенной за письменным столом, раздались три позывных сигнала, и оттуда вышли трое крупных, мускулистых охранников с дубинками в руках. Дежурный охранник открыл внутренний замок дверей железного ограждения, и кивнул конвоирам. "Арестованный, вперёд к дверям!" - громко скомандовал конвоир. Яков подошёл к порогу и остановился у прикрытых дверей. Дежурный открыл двери. Конвоиры без промедления втолкнули Якова вовнутрь , где его тут же подхватили трое охранников, поддерживая его за локти и кисти рук , и дежурный без промедления закрыл переднюю дверь на замок. После этого дежурный охранник подошёл к заднему ограждению и отпер дверь. Трое охранников вывели Якова за двери в заднюю часть коридора, и после того как дежурный закрыл на замок дверь, охранники отпустили руки Якова. "В одиночку. В 115-й номер" - объявил дежурный охранник за ограждением. "Шагай за мной, вперёд" - сказал самый высокий охранник Якову, ловко жонглируя дубинкой , и пошёл вдоль коридора. Двое других коренастых охранников, подтолкнули Якова вперёд, и пошли за ним. Яков шагал по коридору, глядя на вереницу железных дверей, расположенных вдоль коридора по обе стороны. Каждая дверь имела круглое отверстие расположенное на уровне глаз, а ниже железное окошко с задвижкой, расположенную на уровне пояса. "Должно быть это смотровые отверстия и окошки для раздачи пищи " - заключил

Яков. В коридоре было так тихо, что шаги Якова и охранников эхом раздавались по всему пустому и длинному коридору. Лишь изредка коридорную тишь нарушали голоса заключённых, глухо доносившиеся из-за пронумерованных железных дверей. Проходя мимо одной двери Яков услыхал какой то суматошный шум доносившийся изнутри камеры. "Дерутся" - подумал он, и тут же остановился услыхав протяжный стон, после которого внезапно в камере стало тихо. Он вспомнил, что однажды в детстве он слышал точно такой же стон от своего брата Ёсефа, когда в уличной драке ему разбили скулу туркмены. "Не останавливаться. Вперёд!" - грозно крикнул сзади охранник. Но Яков, не сдвинулся с места, стараясь уловить и распознать повторившийся за дверью стон, который звучал уже намного глуше и не очень протяжно. "Вперёд!" - снова услышал Яков окрик сзади и почувствовал сильный удар в спину, от которого он еле удержался на ногах. Освирепевший Яков повернулся в сторону охранника, который занёс над ним свою дубинку с намерением нанести ему второй сокрушительный удар. Зубы и наручники за спиной Якова заскрежетали и опередив охранника, Яков как змей бросился на охранника, мёртвой хваткой вцепившись зубами в его горло, однако тут же получил сзади мощнейшие удары по спине и по затылку от подоспевших на помощь охранников. Очнулся Яков в карцере. Площадь помещения составляла не более одного квадратного метра, и поэтому он обнаружил себя лежащим на полу с полусогнутыми ногами и доневозможности согнутой спиной, так ,что макушка его головы почти касалась колен. Яков попытался подняться, но едва он шевельнулся, как взвыл от невыносимой боли, исходящей от позвоночника, шейных и плечевых суставов, а также суставов рук и ног. Бетонный пол, на котором он лежал, был на столько холодным и сырым, и все его суставы были так насквозь пронизаны хладной сыростью, что ему показалось, что он лежит не в помещении, а в могиле или же в морге. Кроме боли в суставах и наружных частях тела, Яков так же почувствовал боль изнутри - в области лёгких. Он кашлянул, и снова почувствовал невыносимо дикую боль, от которой чуть было не потерял сознание. Ему показалось, что из его лёгких к его носоглотке неотступно подступает какой-то холодный ком, который способен вызвать у него кашель. Затаив дыхание, он стал умолять всех духов, даже тех, к которым он доселе никогда не обращался, совершить над ним милость, и отвести от него любые приступы кашля, а тем более чиханье, которые несомненно могли бы просто убить его. От опасений, он лежал почти не дыша, и от этого его рассудок стал мутиться. К счастью скоро ощущение подступающего кашля скоро исчезло, и Яков смог потихоньку расслабить своё тело и мог позволить себе глубже вдыхать в себя и выдыхать из себя воздух. "Если я пролежу в этой лютой сырости, которая неотступно пробирает всё моё тело, лёгкие и другие органы, ещё с час или два, то возможно я уже никогда не смогу подняться" - рассуждал Яков. Нужно каким то образом разогреть тело, и тогда я смогу пересилить свою боль, когда я стану подниматься. Яков напрягся как мог и стал внушать себе, что ему становится теплее. И действительно то ли от его установки, то ли от напряжения, его сердце забилось быстрее, распространяя тепло через артерии по всему телу. Казалось, что каждая клетка в теле Якова начало вести борьбу за самовыживание. Сперва его организм запульсировал мелкой судорожной дрожью изнутри, и вскоре мелкая дрожь перешла на наружную часть тела. Эта вибрация основательно согрела тело Якова. Теперь можно было попробовать подняться. Яков пошевелил рукой. В локтевых и плечевых суставах появились режущие боли, которые распространились на шейные позвонки и на верхнюю часть позвоночника. Однако боль была уже не такой адской, какой она была прежде, и поэтому Яков продолжал свою попытку подняться. Он пошевелил ногой. Теперь боли появились в суставах стопы, коленях и тазобедренных суставах. Яков пошевелил головой. Ужасная ломота прошла от затылка вниз - по всему позвоночнику, так что спёрло дыхание. "Нужно попытаться встать, не сгибая шеи и не шевеля головой" - сообразил Яков. Но для этого сперва нужно выпрямиться так, чтобы голова приняла вертикальное положение. Он облокотился на локоть и затаив дыхание медленно стал приподниматься отжимаясь от пола. Ему удалось немного разогнуться. В полуприподнятом положении он отдышался, и собравшись силами, возобновил свои попытки. Спустя четверть часа Яков уже стоял на ногах. С закрытыми глазами он прислонился руками к стене, и ощущая блаженство отступающей боли, стал благодарить за это всех святых. После того как тело привыкло к вертикальному положению и боль отступила до такой степени, что её можно было терпеть, Яков стал осматривать помещение, схожее на высокий бетонный стакан. В нём не было окон. Тусклый свет проходил через металлическую трубу не большого диаметра встроенную в потолок. От кромешной тишины и пустоты, в этом морге для живых, закладывало уши. Яков приложил ухо к стене, надеясь услышать что-то снаружи, но услышал лишь фонацию собственного дыхания.

Казалось, как будто дышат несколько человек одновременно. Отступив от стены, Яков закрыл глаза и стал вспоминать подробности случившегося и размышлять. С болью на сердце он опять вспомнил стон похожий на стон Ёсефа. Вспомнил охранника с приподнятой над ним дубинкой. Вспомнил как он бросился на этого охранника и мёртвой хваткой вцепившись зубами в его выпячивающееся адамово яблоко свалил его на пол. Вспомнил сильный удар нанесённый сзади по затылку. И больше ничего. "Значит я потерял сознание, а они меня колотили лежащего без сознания" - заключил Яков. "А что стало с тем охранником на которого я напал?" - продолжал он рассуждать. Загрыз ли я этого живодёра до смерти или просто сделал инвалидом, прокусив его гортань и повредив кадык? Но что бы с ним не случилось, ясно лишь одно - меня будут судить за это. Если этот палач сдох, то меня могут расстрелять или же отправят на 25 лет в сибирские лагеря. А если он выжил, то посадят на несколько лет. Ну, хватит думать о себе. Теперь, о своей судьбе после случившегося, у меня будет предостаточно времени поразмыслить позже. Моё пребывание в заключении должно заботить меня меньше, чем пребывание в заключении моих братьев, а особенно Ёсефа. Я сильный не только физически, но и духом, и ни за что не позволю надо мной издеваться заключённым. А любые избиения и издевательства охранников я смогу морально перенести; и физически, если конечно не забьют до смерти. Но и смерти я не боюсь, ведь смерть уже не раз испытывала меня с самого детства. Совсем другое дело с Ёсефом. Он очень чувствительный и он совершенно не способен постоять за себя. Если это вчера в камере били его, то он наверняка себя чувствует намного хуже сейчас, чем я, или кто либо из остальных братьев. Яков почувствовал жажду. Он облизнул губы, но губы даже не увлажнились, а на на языке он почувствовал привкус засохшей крови. Он прикоснулся руками к своим губам. На них нащупывались шмотки засохшей крови. "Неужели они меня колотили и по лицу?" - подумал Яков не веря своей догадке. Он осторожно отодрал с губ кровавый сгусток крови и провёл пальцами по губам, пытаясь определить размер шрама на них. Но не нащупал даже и царапинки. "Стало быть это не моя кровь, а этого дикаря с дубинкой" - заключил Яков. Он внимательно посмотрел под ноги на лежащий между ними на полу засохший кровавый сгусток. Из сгустка торчали тканевые шмотки человеческой кожи. "Похоже что я сильно повредил ему глотку" - сделал вывод Яков. И если это так, то плохи мои дела. Через некоторое время Яков почувствовал как то тепло которое недавно позволило ему подняться с пола, начало отступать. С пяток, по босым ногам Якова медленно стал подниматься сырой холод. Яков, еле как, снял с себя рубаху, и бросив её под ноги, встал на неё. Однако почувствовал, что даже сквозь рубаху проникали сырость и холод. "Долго они меня ещё будут держать в этом морге?" - размышлял Яков. Время здесь казалось текло намного медленнее чем в обычной обстановке. Переминаясь с ноги на ногу Яков почувствовал невыносимую жажду. Даже в Туркменской пустыне, где Яков - обладатель завидной выносливости, мог обходиться в течении всего дня без глотка воды, он не чувствовал такой жажды, какая его одолевала сейчас. Здесь трудно было определить время, но судя по жажде, Яков пришёл к выводу, что он провалялся здесь более суток, находясь в обморочном состоянии. "Если это так, то скоро они откроют двери и дадут воды" - в надежде подумал Яков. Таким образом, в ожидании и надежде, Яков простоял на холодном полу ещё несколько часов. Ноги онемели, и организм переохладился, но теперь, когда он постоянно думал о воде, он перестал чувствовать переохлаждения. Его организм был так обезвожен, что ему показалось, что от обезвоживания стали сохнуть мозги. Он приложил язык к сырой бетонной стене, надеясь абсорбировать из неё хоть каплю влаги. Но язык остался сухим.

"Надо стучать в двери и требовать воды" - решил Яков. Он с трудом, корчась от боли в ногах и тазобедренных суставах, повернулся к металлической двери и стал стучать в неё кулаком. Однако дверь была настолько плотной, и имела настолько высокую изоляцию, что стук оказался совершенно глухим. Поднатужив свои лёгкие, Яков крикнул, что было сил - "Воды! Воды". Но вместо ожидаемого возгласа, изо рта вышли хриплые глухие звуки. Они с болью прошли по засохшим голосовым связкам и вызвали сухой кашель, от которого снова появились спазматические боли в суставах по всему телу. Когда прошёл кашель и утихла боль, Яков почувствовал полное бессилие, от которого он стал засыпать. "Только бы не упасть на пол, иначе околею" - было последней его мыслью, и он уснул стоя. Очнулся Яков когда послышался металлических скрежет в дверях. "Это звук от замков в двери " - сообразил Яков, пытаясь открыть свои глаза. Но от полного изнеможения глаза не открывались. Тяжеловесная дверь стала неспешно отрываться, издавая неприятный, душераздирающий скрип на петлях, и прислонённый к ней Яков, не имеющий сил удержать себя, стал вываливаться наружу. К счастью он не упал лицом на пол. Он почувствовал как его с обоих концов подхватили чьи то руки и куда то поволокли. Сквозь дикую боль, которую Яков в полусознательном состоянии едва терпел, пока его волокли по коридору, до него доходили обрывки слов переговаривающихся между собой охранников. Позже Яков собрал обрывки услышанных слов воедино. "Ты погляди на это чудо" - удивлённо сказал один из них. Как это ему удалось выжить до полусмерти отдубасенному и не пившему трое суток в этом мёрзлом карцере? " Это не человек" - отвечал другой. Поэтому и живучий как зверь. Повадки у него в точь звериные. Ты же видел как этот хищник бросился на Петра? Словно волчара вцепился ему зубами в горло. Тот уже три дня на больничной койке валяется. И неизвестно ещё - встанет когда нибудь или нет. А то что этот змеёныш живуч - нам повезло. Но только это между нами. Оказалось, он афганский шпион. Я это случайно одним ухом услышал... разговор начальства. И прежде чем они этого басмача на тот свет отправят, они должны с него многое выкачать. Несмотря на то, что Яков находился в полуобморочном состоянии он понял, что разговор охранников жизненно важен как для него, так и для его братьев. Поэтому он старался не думать о боли и всячески внушал себе, что не чувствует ту убийственную боль, которую причиняли ему охранники грубо, рывками волоча его за руки по полу. Стараясь внять их беседу, Яков старался сконцентрироваться - слушать и рассуждать. Ему это удавалось делать с чрезвычайным трудом. "Они думают что я нахожусь в полном обмороке. Оно почти так и есть. Но даже в этом состоянии, даже если мне придётся сдохнуть, я обязан запомнить всё о чём они говорят ради спасения жизни моих братьев" - рассуждал Яков. Сквозь их разговора, Яков снова услышал металлический скрежет в замке двери. Потом он почувствовал как его бросили на что-то холодное, похожее на металлическую кушетку. Потом он услышал звук, который как песня стал ласкать его слух. Это был звук воды заполняющей ведро. Потом он почувствовал как его окатили водой, и он жадно стал слизывать воду со своих губ. Потом его окатывали водой ещё несколько раз спереди и сзади, поворачивая его тело с левого бока на правый. Вода из вонючего ведра, которую он взахлёб поглощал и ртом и носом во время своего купания, казалась ему слаще любой той воды, что он пробовал раньше. Ему так хотелось, чтобы этой воды никогда не кончалось, чтобы её было целое море. Чтобы утолить жажду, он готов был утонуть в этом море и высушить его всё до капли до самого донышка. Потом, после купания, его снова куда то поволокли, а потом его тело на что-то бросили. Это что-то уже не было бетонным полом или же железной кушеткой . Оно было похоже на что-то деревянное. Потом он опять услышал металлический скрежет в замке двери. Яков понял, что охранники удалились, оставив его одного. И только после этого Яков позволил себе расслабиться и впасть в забытьё.

Якова разбудил какой то шум. Он открыл глаза и хотел было повернуть голову в сторону двери откуда он услышал звуки похожие на постукивание половником по кастрюле, но не смог этого сделать из-за боли в застывшей шее. Похоже что кто то трезвонит по своим кастрюлям как в колокола, чтобы разбудить меня" - подумал Яков, и покосился на дверь. И действительно он увидел через окошко для раздачи пищи огромную кастрюлю, которая должно быть находилась на передвижной тачке. По ней половником кто-то стучал, очевидно стараясь привлечь еговнимание. "Принимай баланду" - раздался голос за дверью. Якову удалось повернуть круче голову в сторону двери, и он заметил в нижней части окна, на подставке поднос, на котором находились помятая алюминиевая чашка и алюминиевая кружка сверху которой лежал ломтик чёрного хлеба. Яков не отрывая взгляда от алюминиевой кружки, в которой предположительно должна была находится вода, не шевельнулся, и не проронил ни слова. "Не подходит. Болен наверное" - прозвучал голос снаружи. "Убери всё это и посторонись" - прозвучал другой голос. Раздатчик снял из оконной подставки поднос с водой и едой, и дверца от окошка раздачи пищи захлопнулась. Послышался скрежет закрывающегося засова за этим окошком, а потом Яков почувствовал на себе чей то взгляд, глядящий через смотровое отверстие. После этого дверь отворилась, и за дверью Яков увидел в чёрной робе раздатчика пищи с подносом в руках, а за ним высокого охранника. "Видимо раздатчик из заключённых" - интуитивно определил Яков, глядя на покорные глаза раздатчика. В глазах охранника Яков прочёл опасение. Рука его находилась на ручке его дубинки, пристёгнутой на поясном ремне. "Боится меня" - догадался Яков. Неужели он думает, что я в таком состоянии способен ему перегрызть горло? Раздатчик занёс поднос с пищей, поставил его на железный столик, который был приварен к стене и к полу, и тут же вышел.

Яков огляделся вокруг. Он находился в одиночной камере размером два на три метра. Над столиком, почти у самого потолка находилась небольшая зарешётчатая толстыми металлическими прутками, форточка, размером 15 на 15 сантиметров. В углу находился умывальник, возле него на полу лежала металлическая четырёхугольная металлическая крышка прикрывающая железный бачок, который находился в углублении пола. Пол был бетонный. Он пощупал лежак на котором лежал. Это был деревянный топчан. На нём не было ни матраса, ни подушки, ни покрывала. Якову показалось, что от этого лежака прёт дустом. "Они обсыпают здесь нары дустом от клопов" - догадался Яков. Эта крохотная, тёмная камера напомнила ему курятник. "А заключённые здесь наверно пропахли все дустом, как куры" - продолжал рассуждать он. Яков попробовал поднять руку. Это было сделать больно, но терпимо. Попробовал согнуть ноги в коленях. Он почувствовал страшную боль в тазобедренных суставах и в позвоночнике. Он безнадёжно глянул на кружку с водой, стоящую на столе, и тяжело вздохнул. До стола лёжа не дотянутся, а так хотелось пить. Яков стал массажировать бёдра и плечи, чтобы разогреть тело, а также стал делать простые гимнастические упражнения лёжа на спине, вращая головой, руками, и сгибая и разгибая ноги в коленях, и переворачиваясь с бока на бок. Когда мышцы размялись, он попытался сесть на нары, отталкиваясь от них локтями и осторожно опуская ноги на пол. От этой попытки появились ужасные колики в позвоночнике, которые словно невидимые стрелы не только нещадно пронзали все части туловища, но и убийственно простреливали мозг. Железной волей Яков заставил самого себя приподняться с нар, подойти к столу, и сесть на стул. В чашке находился перловый суп. "Что это? Не может быть" - сказал

Яков самому себе, глядя в чашку с жидким супом, и не веря своим глазам. Он черпнул ложкой суп и внимательно осмотрел содержимое. В ложке вместе с крупой плавали мелкие черви, и от неё несло помоями. "Паразиты!" - выругался Яков, и отодвинул чашку с супом в сторону. Он приподнял с кружки ломтик хлеба. В кружке был чай. Яков хлебнул глоточек. Чай имел привкус плесени. Яков понюхал ломтик хлеба. От него тоже разило плесенью. Яков поддел ногой металлическую крышку прикрывающую железный бачок, и из бачка понесло страшной помойной вонью. Яков вылил в бачок суп, прикрыл его крышкой, и подошёл с кружкой к умывальнику. Вода в умывальнике была мутной с ржавчиной, но не имела никакого зловония. Выплеснув чай из кружки, Яков набрал воды и стал пить. Утолив жажду он почувствовал голод. Он взял со стола ломтик заплесневелого хлеба и тщательно стал смывать с него плесень под умывальником. Попив и поев, Яков сел на нары, и стал вспоминать всё, что слышал вчера от охранников. Только теперь, после того как Яков собрал воедино все обрывки слов охранников, сохранившиеся в его памяти, он понял причину своего ареста, а так же своих братьев.

МИРЬЁМ БЕЦАЛЕЛЬ БАТ ХАНО ВЕ ЭЛИЯХУ

Мирьём - сестра моего отца, самая младшая из девяти детей Ханы и Элияху, родилась в 1920 году 31 августа в городе Керки в Туркменистане. К сожалению дух её отца Элияху, покинул этот мир через несколько недель после её рождения - 25 Тишрей (7 октября) 1920 года. Конечно никому не дано постигнуть волю творца, однако многие в семье Эляху предполагали, что всевышний, в честь памяти достойного потомка Бецалеля, потомка внучатого племянника самого Моисея - Элияху, сделал необыкновенный подарок их семье, поселив часть души, ушедшего в мир иной, благородного Елияху, в это великолепное, крошечное, неземное создание, вобравшее в себе всё самое прекрасное и сверхъестественное, как от своего отца, так и от своих прародителей. У нас в народе говорится, что родившиеся похожими на своих родителей - рождены под счастливой звездой. Красавица Мириям и ее неотразимый семилетний брат Яков, похожие друг на друга как две капли воды, так же являлись отражением своих родителей, как внешне так и в глубине сердца. И поэтому каждый взрослый член огромной семьи считал их самыми счастливыми в семье. Каждый в семье проявлял особую заботу к Марии. И скоро все члены семьи почувствовали насколько появление и присутствие в доме этого ангельского младенца, облегчило каждому горе по утере их отца, мужа и сына - Элияху . Шли годы. Мария росла на радость всей семьи здоровой и задорной. Все её шесть братьев, которые были старше ее на 26, 23, 16, 12, 8 и 7 лет, проявляли своей любимой, сладкой сестрёнке такую ласковую заботу, что она никогда не чувствовала отсутствие отца в доме. Каждый был для неё и братом и отцом. Мария же в благодарность за это, дарила им своё чуткое сердце, лучезарную детскую улыбку и звонкий смех, переполнявший их душу безмерной радостью. Каждый из её братьев трудился с утра до вечера на государственных предприятиях или дома по хозяйству. А вечером дом Шошаны и Хано переполнялся до отказа. С участием непревзойдённого виртуоза по игре на таре, брата Марии - Ёсефа, вечерами дом Бецалелей превращался в дом культуры и творчества, где собирались не только все старшие братья Марии, но и их семьи, а так же родственники, соседи, друзья и знакомые. Каждый из братьев Марии владел искусством игры на ударном или струнном инструменте, и каждый из них прекрасно владел искусством пения или искусством восточных народных танцев. Любимым танцем в семье была лезгинка. Никто во всей округе не мог так живо, долго и красиво танцевать лезгинку, как танцевали крепкие, статные, выносливые и проворные братья Марии. Такая оживлённая ежедневная атмосфера благотворно влияла на формирование Марии. Она становилась чрезвычайно весёлой и беспредельно духовно богатой, бесподобной девочкой. Пришло время учится. Мария стала самой успевающей в школе. После того как она получила начальное образование, все старшие в её семье решили на семейном совете, что кумир семьи Мария, должна воплотить ту мечту о которой не могли даже и мечтать для себя все её старшие братья - получить полное школьное государственное образование. Каждый из ее братьев получил только начальное религиозное образование, так как в те времена такое образование считалось достаточным и престижным. Мария продолжила свою учёбу. Скоро ей предложили работать учительницей в школе по ликвидации безграмотности, и она стала совмещать свою учебу с работой преподавая на курсах ликбеза. После окончания средней школы, в 1936 году в 16 лет она получила диплом с отличием и продолжала работать учителем. В 1937 году, она, одна из первых евреек города Керки, поступает в текстильный техникум. Однако, позвольте на момент отклониться от темы описания жизни Марии, и рассказать историю о корове, которую рассказал мне мой отец - родной брат Марии - Яков Бассалел. Эту историю я пересказываю не спроста. А потому что эта история окажет прямое влияние на судьбу Марии в её будущем. Произошла эта история в 1924 году, когда моему отцу было 11 лет, а Марии 4 года. Огромная семья Шошаны и Ханы содержала огромное подсобное хозяйство. Этим хозяйством обычно занималось подрастающее поколение семьи. И в те годы, основная ответственность за хозяйство пало на братьев Марии Якова и Лёву. Однажды случилось так что одна отелившаяся корова, заболела, и у неё стало портиться молоко. Телята отказались пить материнское молоко и поэтому Якову и Лёве пришлось поить телят молоком чужих коров. Однако один телёнок закапризничал и не стал пить чужое молоко. Он постоянно жалобно мычал прижимаясь к своей обессилившей от болезни матери. Бабушка Марии - Шошана была знахаркой. Она знала секреты приготовления лечебных отваров из трав, корней и цветов, и лечила ими местных евреев, а так же принимала роды. Узнав от внуков о заболевшей корове, она пошла в коровник, осмотрела корову и голодного телёнка, а потом сказала внукам: "Вы должны срочно отвести пастись эту корову за тот дальний холм у речки где находятся луга диких трав и цветов, откуда я обычно собираю лечебные травы для приготовления снадобья. Корова знает какие из тех диких трав являются лечебными для неё. Когда она поест те травы, она выздоровеет и её молоко станет снова хорошим. И надо поторопится, иначе её дитя не сегодня-завтра погибнет от голода." Ранним утром следующего дня Яков навьючил осла, погрузил на него еду и воду, накинул на шею больной коровы верёвку, привязал другой конец верёвки к седлу осла и все трое направились к "бабушкиному" лугу. Они дошли до туда до полудня. Корова бродила по лугу раскинувшемуся в низине холма, не спеша пережёвывая отборные дикие травы. Однако после полудня Яков заметил, что с коровой что-то случилось. Вид у неё стал встревоженный. А чуть погодя она торопливо заковыляла к холму. Наверное наелась лечебными травами и теперь торопится домой накормить своего телёнка, подумал Яков. Он торопливо оседлал своего осла и тронулся в путь за коровой. Перегнув холм, корова однако пошла не по той тропинке которая вела к дому, а по другой. Яков опередил корову и преградив ей путь стал направлять её на верную тропинку. Однако как Яков не старался направить корову на верную тропинку, у него ничего не получалось. Непослушная корова увёртывалась и упрямо шла в ту сторону которую она сама избрала. 11ти летнему Якову ничего не оставалось делать как сдаться и смиренно следовать за коровой. Корова остановилась у старого карагача, возле бугорка со свежо засыпанной землёй на поверхности, и стала громко, протяжно и жалобно мычать. Глаза её налились кровью и с них ручьём сочилась влага. Якову показалось что корова взбесилась. Взволнованный, он верхом на осле торопливо поехал домой. Дома, возбуждённый, он рассказал своей матери и бабушке о поведении коровы на лугу, о её странном поведении после полудня, и о её не нормальном поведении у старого карагача. После его сообщения, неожиданно для него, его мать и бабушка стали горько рыдать и охать. Ты видишь, протирая свои слёзы, сказала бабушка Шошана своей дочери. "Ты видишь Хана, какое чувствительное бывает сердце матери!". На что её дочь, Хана, охая сказала: "Да, мама, вижу. Корова даже на расстоянии почувствовала смерть своего дитя. Но не пойму, как она узнала где мой сын Лёвушка, похоронил её ребёнка?" На что Шошана ответила: "Я и сама не нахожу ответа. И поэтому ответ на твой вопрос может быть только один. Это сам господь указал путь матери к могиле её ребёнка". Да, верно - согласилась Хана и стала объяснять своему сыну Якову стоявшему в недоумении. "Ты видишь Яков, пока ты пасс корову, телёнок сдох, и чтобы его мать не увидела своего умершего ребёнка и не переживала, мы попросили твоего брата Лёвушку поскорее похоронить тело подальше от нашего дома. Когда Лёва вернулся, он сказал нам, что тело похоронено в километре от дома у старого карагача, как раз в том месте где по твоему рассказу корова остановилась и стала жалобно мычать. Она оплакивала своё любимое дитя. Ты видишь Яша каково сердце матери, подсказавшее ей кончину её ребёнка. И как велик и милостив наш господь, не оставляющий без внимания даже скотину. Сам Б-г указал путь корове!". Эти слова матери и бабушки, "Сам Б-г указал путь корове!", Яков и даже Мария которой в ту пору было 4 года, запомнили на всю жизнь. Итак, давайте возвратимся к тому моменту где мы оставили 17-ти летнюю Марию - студентку. Все её братья и сестра были беспредельно горды, что у них есть такая образованная сестрёнка-красавица, которая стала знаменитостью среди всех евреев Керки, а так же среди многих не евреев, которые на протяжении многих лет обучались у ней грамоте в школах ликбеза. Все в городе знали её как простую, честную, мудрую и весёлую девушку от которой просто сыпались острословные, бесконечные, "иранские" шутки. Она очень была довольна своей судьбой и её до глубины души радовало всё - и студенческая жизнь, и подруги, и заботливые братья, и её такие мудрые, милые, старенькие мама и бабушка, и её огромный дом с цветущими садами, расположенный вблизи весело журчащей речки - Аму-Дарьи, и солнечный туркменский город Керки, который подарил ей всё это счастье и который она нежно называла своей родиной, и страну - такую приветливую и родную, которую она с гордостью называла своим отечеством. Однако, к сожалению, не долго длилось её счастье. К концу 1937 года призрачный мир счастливой Марии был разрушен до основания. К разочарованию преданной и патриотичной Марии, столь благодарной новой системе, подарившей ей счастливую и "свободную" жизнь, декабрь 1937 года неожиданно и полностью открыл ей доселе скрытую от неё, нагую сущность советского строя. Не буду описывать все ужасы и лишения, которые претерпела семья Бессалел после издания советским правительством указа о выселении не коренных жителей страны с пограничных зон, ибо эта ужасная история их жизни описана не раз во многих главах этой книги. Скажу только то, что мечта Марии о продолжении учёбы и о получении в будущем высшего образования осталось только мечтою. Их семья получала удар за ударом: сперва позорное изгнание со своих земель, потом тюремное заключение её четырёх братьев-кормильцев - которые являлись основной частью её души, затем закономерно последовавшая за этим нищета и голод. Все голубые краски в душе Марии за короткий период приобрели серые тона или были перекрашены в чёрный цвет. Бескрайнее горе, ужас и страх поселились в сердцах всех родных за судьбу Исахара, Ёсефа, Мусы и Якова - братьев Марии. Страх и ужас охватил не только их родных, но и всю страну. Миллионы невинных людей становились мишенями клеветы, с которыми безжалостно расправлялись власти, терзая их в тюремных застенках и уничтожая их. В течении 1937 и 1938 года были уничтожены миллионы невинных людей. Вся семья Бессалелей в составе 36 человек поселившаяся в махале по улице худжумская в доме номер 14, беспрестанно молилась и жила одной только надеждой на чудо, надеждой на скорейшее освобождение своих родных. И видимо их молитвы в эти хищнические времена сталинщины и ежовщины были не напрасны. Молитвы святых Бассали из древнего рода Бецалелей дошли до Б-га. Все заключённые того же статуса, до едина были безжалостно истреблены в Самаркандской тюрьме. И только четырём братьям Марии чудом удалось избежать гибели. Все четыре брата после года тюремного заключения - в 1939 году, вернулись в родную семью Шошаны и Ханы. Это событие настолько озарило Марию, что остальные всё ещё продолжающиеся невзгоды, образовавшиеся под влиянием их выселения, показались ей не существенными, и это помогло ей снять "траур" с души и призадуматься о своём личном семейном счастье. В свои 18 лет красавица-Мария достигла совершенства. Не было отбоя женихам. Почти каждый день мать и бабушка Марии принимали у себя в доме сватов с женихами. Однако ни один из сватавшихся не пришёлся Марии по душе. Трудно сейчас разгадать и раскрыть секреты её души, но мне кажется, что Мария просто не находила ни в одном из них подобного её братьям, в ком она привыкла видеть не только внешнюю красоту и физическую силу, но и прямоту, честность, порядочность, благородство, сердечность, понимание, бескорыстность, сострадание и любовь. И наверное несравненная Мария ещё бы долгое время выбирала своего принца, если бы не случай с коровой заплутавшейся в узких лабиринтных улочках махали. Эта корова боднув калитку дома 14 по улице худжумской, открыла дверь, зашла во двор, и стала мычать под окном спальни Марии. Мария выбежала во двор и стала выгонять со двора чужую скотину. Однако корова не хотела выходить со двора. Мария вышла на улицу и стала спрашивать у проходящих - не потерял ли кто корову. Однако получала отрицательные ответы. Вдруг вдалеке она увидела высокого красивого молодого человека с верёвкой в руках, идущего в её сторону торопливой и широкой походкой. На голову выше низких пахсальных махалинских заборов, он шёл по худжумской, и беспокойно заглядывал через заборы во все дворы, словно чего то хотел там найти. Он приблизился к Марии. Мария взглянула в его глаза вблизи, и сердце её ёкнуло. Это был человек совершенно непохожий на всех остальных обитателей махали. Его глаза как зеркало души отражали его простоту, и достоинство, и справедливость, и благородство, и озорство и даже риск - все те качества которые имели её братья. Она заметила что молодой парень тоже залюбовался ею. Они стояли так довольно продолжительное время, словно потеряли дар речи. Тишину нарушило мычание коровы. Парень глянул через забор и увидел то что искал. Так вот где моя корова - с радостью воскликнул он. Теперь я знаю чего она искала, весело продолжал он. "Чего же искала ваша корова?" - спросила Мария, сделав вид что не поняла намёка. Она искала самую красивую девушку махали, чтобы показать её своему хозяину. Только я никак не могу понять, как это она смогла найти вас в таких запутанных похожих друг на друга улицах? Мария вспомнила слова матери и бабушки которые она слышала в свои четыре года и ответила их словами: "Может быть сам Б-г указал путь корове!". Воодушевлённый таким неожиданным ответом парень протянул Марии свою руку и представился - "Рафаель". Мария застенчиво протянула свою руку и тоже представилась. В это время в калитке показалась морда коровы выходившей со двора. Она замычала и остановилась между двумя молодыми. Ну вот, и виновница нашего знакомства тоже представилась, -её зовут Му-у-у-у. Мария и Рафаель рассмеялись. Рафаель накинул верёвку на шею коровы. Он такой же острослов и шутник как и мои братья, и такой же простой и сильный, думала про себя Мария, глядя на Рафаэля, пока он завязывал узел верёвки. Когда они простились и Мария вошла в дом, бабушка и мать сразу заметили её одухотворённый вид. "Нашёлся хозяин коровы?" - спросила бабушка. Мария утвердительно кивнула головой. "И кто же был этот растяпа?" - спросила мать. Один молодой парень - коротко ответила Мария. "Холостой? Красивый?" - спросили наперебой бабушка и мама. Не знаю, залившись румянцем ответила Мария, и забежала в свою

спальню. Прошёл день и другой, а с головы Марии не выходил образ Рафаэля. На третий день, в калитку постучались сваты. У Марии чуть не выпрыгнуло сердце с груди, когда через окно своей спальни она увидела среди них Рафаэля. Сваты зашли в дом и за столом стали вести беседу с Шошаной и Ханой. Мария прихорашивалась у зеркала в своей спальне. Из непослушных рук валились расчёски, губная помада и украшения. За дверью с гостиницы до неё доносились голоса сватов, и наконец она услышала голос Рафаэля. Он говорил обращаясь к сватам: " А почему вы только расхваливаете меня. Разве не честно будет рассказать обо мне всю правду. О том что с детства лишился отца, и чтобы прокормить семью - вынужден был заниматься спекуляцией, и что отсидел за это несколько лет. Опешившие сваты умолкли, а в спальню Марии забежала её мать и сказала Марии - смотри не выходи из комнаты. Мы с твоей бабушкой планируем отказать им. "Но мама!" - чуть не плача вскрикнула Мария. Ведь это же тот молодой парень - хозяин заблудшей коровы! В комнату зашла бабушка. Она услышала обрывки слов Марии, и удивлённо спросила - что же ты внученька сразу нам об этом не сказала?. Это значит что сам бог указал путь корове. Мне нравится этот парень - добавила она, обращаясь к своей дочери Хане. Он храбрый и прямой. А то что он отсидел в тюрьме..., разве не отсидели в тюрьме твои дети? Отсидели, и всё равно вернулись людьми!
Мария вышла замуж за Рафаэля Матаева в 1939 году в 19 лет. После свадьбы он предложил Марии

обосноваться в Сталинобаде, где жили его родственники. Не смотря на то что ей было трудно расстаться со своими любимыми братьями, бабушкой и мамой, она ни словом, ни намёком не противоречит мужу и беспрекословно соглашается поехать и жить в любом месте где бы муж не решил обосноваться. Такое правильное еврейское воспитание получила Мария в своей семье. Они переезжают в Таджикистан. Первое время они живут у родственников - Сорои пахам Матаевой. Немного тесновато. Но Мария не чувствует неудобств. Ведь она жила в многодетной семье, и их дом всегда был полон родственниками и друзьями до отказа. Её муж находит работу и устраивается на работу в торговой промышленности. В 1940 году у них рождается дочь Роза, а через год вторая дочь Люба. В 1941 началась война. Рафаеля отправляют на фронт, а Мария лишившаяся кормильца семьи, вынуждена с двумя детьми вернуться в дом матери, бабушки и братьев. Там она живёт и растит своих двух девочек Розу и Любу. Братья поддерживают семью своей любимой сестры - и духовно, и материально. Дочери - копии Марии. Все братья относятся к ним как к собственным детям. Мать и бабушка Марии беспредельно рады своим внучкам и правнучкам. Такое отношение родных к себе и её детям, убавляло переживания Марии о муже, и давало ей силы ждать и надеяться увидеть его живым. Однако вести с фронта были не утешительными. А что ещё более беспокоило Марию это то, что её муж был определён в отряд пулемётчиков и постоянно находился на передовой, и воевал в самых горячих точках фронта: в Севастополе, Керчи, Нальчике, Бахчисарае. Он не раз получал лёгкие ранения, но никогда не писал об этом своей жене, чтобы не расстраивать её. Но Мария знала этот его сердобольный характер. И поэтому она всегда прислушивалась к своему собственному сердцу, которое безошибочно подсказывало ей любые события происходящие с её мужем на фронте, и молилась Б-гу чтобы Он сберёг его душу. Мария верила что Господь указавший Рафаэлю через корову путь в её дом сохранит его жизнь. Ведь их счастливая звезда была предначертана Им заранее. И на этот раз Господь услышал молитву потомка прославленного Бецалеля - Марии. Он сберёг лишь душу мужа Марии. Самая тяжёлая битва в военной жизни Рафаэля произошла под Севастополем. Отряду Рафаэля Матаева был дан приказ захватить стратегически важный объект на Сапун-горе. Героическое сражение на сапун-горе произошедшее весной 1944 года, длилось в течении девяти часов. Были убиты десятки тысяч бойцов. Эта битва явилась одним из самых показательных сражений в истории 2й мировой войны. Молитвы Марии помогли Рафаэлю остаться в этой битве живым. Весь его отряд был уничтожен. Тяжело раненный в левое колено, он продолжал бой - сам подносил снаряды, сам заряжал пушечные и пулемётные орудия, и палил с них во врага до тех пор пока не потерял сознание от потери крови. Стратегический объект был захвачен. После сражения, Рафаэля Матаева без сознания, полумёртвого доставили в госпиталь. Чудом его удалось воскресить. Но колено было тяжело повреждено и начиналась гноиться рана. Поэтому чтобы сохранить герою жизнь врачи решили срочно ампутировать ногу. Они бы обязательно лишили его ноги если бы не уступчивый и воинственный характер Рафаеля. Лучше уж убейте меня, неистово орал он на врачей. Зачем я нужен безногий своей семье. Кто будет кормить моих детей? Не ампутировать ногу - это был огромный риск, на который под натиском умирающего бойца, пошли врачи. Рафаэль выжил чудом. В 1944 году на двух костылях герой войны вернулся в Самарканд. По поводу возвращения с фронта Рафаэля братья Марии устраивали торжества почти каждый день на протяжении нескольких недель. Поистине это были самые счастливые дни в огромной семье Бецалелей и семье Матаевых. Спустя нескольких месяцев, в том же году, когда нога мужа стала поправляться счастливая семья Марии возвращается в Сталинабад. Герою войны - мужу Марии -предлагают работу в самом престижном месте по меркам того голодного времени - заведующим хлебным магазином. С 1944 года по 1947 год, когда хлеб отпускался по карточкам и люди голодали, семья Марии не чувствовали голода. Благородный муж Марии в те годы сделал бессметное множество добрых дел, спасая от голода людей потерявших хлебные карточки, или вообще не имеющих по каким то причинам их. Только за эти три года Рафаэль доказал что Б-г не напрасно вырвал его из лап смерти и даровал ему жизнь. Ведь спасший даже одну жизнь, сам достоин жизни. А муж Марии спас от голодной смерти несчитанное множество душ. Как жаль что такого человека как Рафаэль не оказалось в Самарканде где в то время училась в медицинском институте моя мать. У неё украли хлебную карточку и она была обречена на голодную смерть. Со слёзной горечью она поведала мне тот эпизод в её жизни. Бюрократическая советская машина была устроена так, что на восстановление карточки уходило много времени. И никому не было дела выживет человек или нет.Чтобы не помереть с голоду моя мать - София Рубинова - решила продать своё хозяйственное мыло, и на вырученные деньги купить хлеба. На базаре за кусок мыла она тут же была арестована. Ей грозила статья за спекулянтство. Её заперли в камере предварительного заключения, где держали её без воды и хлеба целые сутки. И только тогда когда она упала в камере без сознания от голода, ей дали воды и хлеба. К счастью попался хороший следователь, который сжалился над голодной студенткой проживающей в общежитии, и не стал возбуждать уголовного дела. В течении шести лет семья Марии не имела средств для приобретения собственного жилья. 9 мая 1945 года был объявлен днём победы над фашистской Германией. Для семьи Марии как и для всего народа перенёсшего годы лишений, этот день стал самым знаменательным днём. Мария и Рафаэль решили определить этот год рождением их новой жизни. В честь этого начинания, в 1945 году они покупают дом для своей семьи по улице Шарк 19, где они прожили всю свою молодость, где они приобрели ещё шестерых детей: Рошеля, Авнера, Розу, Илью, Тамару и Мордехая. Все дети Марии и Рафаэля получили от своих родителей самые бесценные качества - они были воспитаны честными и благородными. 45 лет прожила Мария в этом доме счастья, который не раз в течении этого времени отстраивался методом хашара всеми членами семьи, родственниками и соседями. Несмотря на то, что у Марии семья была многодетной, и практически не хватало сил и времени на внесемейные дела, однако Мария, воспитанная в духе Бецалелей, считала любого - своего или мужа родственника, членом своей собственной семьи. Семья Марии оказала огромную поддержку своей племяннице Соне - дочери Леви, которая училась на стоматолога в Душанбе, и племяннику мужа - Борису Матаеву, который учился в зооветтехникуме и прожил четыре года в доме Марии. Все они остались на всю жизнь благодарными Марии. После ухода Марии в высший мир, благодарные Борис и Соня посвящают Марии и Рафаэлю памятные стихи и главы книг. Борис, удостоившись ученного звания "почетный профессор" Таджикского агроуниверситета, посвящает эту награду тем кого он поистине имеет право назвать священными для него словами - отец и мать. Борис в своей книге "Валентина", в шестой главе с огромным трепетом описывает историю с Марией и Рафаэлем, которые не смотря на задержку рейса самолёта, в котором его жена должна была прибыть в Душанбе, приходили с цветами в аэропорт, и каждый день ожидали её прибытия с раннего утра и до поздней ночи, в течении трёх дней. А Соня которая однажды призналась Марии - что она очень сожалеет что её мать не такая как её тётя, посвящает своей тёте такие памятные стихи:

Я до сих пор ещё не верю
Что нашей тёти больше нет
Уж очень тяжела потеря
В глазах померкнул белый свет.
Она была мне всех дороже
Её считала я за мать
Мы друг на друга так похожи
Что я могу ещё сказать?
Для нас была тётя Мария
Как образец во всех делах,
Семя - была её стихия,
Ждёт рай её на небесах.
Детей хороших воспитала,
Родными я считаю их
И чтоб сейчас я не сказала,
Мне не излить всех чувств моих.
Пусть память светлая о тёте
Скрепляет братский наш союз
В святой земле где вы живёте
Нет крепче наших братских уз.

Мария - дочь Ханы и Элияху прожила на святой, своей настоящей исторической родине 5 лет. В 1995 году она покинула этот мир и воссоединилась в мире света со своими святыми прародителями,

родителями, братьями, двумя её детьми Розой и Рошелем, и мужем. Марии была подарена Б-гом не лёгкая, но счастливая жизнь - полная смысла и содержания. Господь подарил ей то, о чём она Его всегда просила, и чего она больше всего желала: доброго мужа и добрых детей - её кровинок - потомков Бецалелей, в которых продолжается её жизнь и поныне. И пока бьются сердца потомков Хано и Элияху, каждый в нашем роду Бецалелей помнит и будет помнить ангела нашей единой огромной семьи - Марию.

Меир Ильясов бен Иссахар Бецалель.

Каждый человек избирает свой личный путь в своей жизни. Некоторые считают, что раз жизнь на этом свете дана человеку только один раз, то нужно от нее взять для себя самые сливки, и "кайфовать" каждый божий день, пока хватит здоровья. Другие, которые хотят тоже жить сладко, но долго, понимают что постоянный кайф укорачивает жизнь. Они не утруждают себя ни чем. Ведут размеренный образ жизни. Стараются ко всему относиться хладнокровно. Некоторые из них не желают даже обзаводиться потомством. Такие люди так же как и первые - эгоисты. Действительно некоторым из них удаётся прожить очень длинную жизнь, но на этом их век и кончается. Очень скоро, после их смерти, о них забывают. И некому о них вспомнить. Есть и другая категория людей. Таких людей которые не чувствуют радости в своей жизни если они не делают добра окружающим. Вот как раз к такой категории людей относился Меир бен Иссахар Бецалель. Если бы существовали такие весы на которых бы можно было измерить добрые и недобрые дела человека, то несомненно, чаша не добрых дел Меира оказалась бы пустой, а в чаше добрых дел не хватило бы места. Столько добрых дел за свою недолгую жизнь успел сделать Меир. Прошло уже несколько лет, как нет с нами Меира, но помню как вчера, ту трогательную сцену на его поминках, как горько рыдали дети Меира, называя себя сиротами. А что еще было более трогательно, как горько рыдали внучки Меира, рассказывая свои воспоминания о своем деде. В тот момент, слушая их, я глядел на лица присутствующих, и видел как слёзная горечь внучек Меира, проникала в души сидящих, и пробуждала в них огромную боль сострадания. Я видел как ни один из присутствующих не смог сдержать слёз своих, внимая словам внучек Меира. А я все глядел на эту картину и рассуждал - "Не каждые дети, а тем более внуки, так убиваются по утери своих родителей или прародителей. Видимо Меир при жизни успел дать им столько душевной любви и сделать для них столько добра, что его прямым потомкам действительно было до глубины души больно осознавать безнадёжную невозвратность, и ощущать физическое отдаление от него.

Каждый знает что в лексиконе сефардских евреев бытует на вид простой вопрос - "Бачи ки миши?". В сущности этот "простой" вопрос кроет за собой глубокую жизненную историческую восточную мудрость. Потому что на востоке русская пословица "Скажи мне кто твой дуг, тогда я скажу кто ты" звучала бы так: "Скажи мне к какому роду относятся твои родители, тогда я скажу кто ты". Ибо твои предки - это корни в древе твоего рода, а ты являешься плодом этого семейного дерева. Здоров корень - здоров и плод. Эта мудрость - одна из бесчисленного множества премудростей сефардов, хранится тысячелетиями и передаётся из поколения в поколение, и не исчезает потому, что основана на жизненном опыте многих поколений. Родители Меира - Исахар из рода Бецалель и Рохель из рода Моор были необыкновенными людьми. Исахар Бассали родился в Афганистане в городе Герат в 1984 году. Рохель родилась там же в 1900 году. Они оба были дети великих купцов, чьи благородные имена были известны во всем персидском регионе среди элитных купцов многих стран. Несмотря на свое элитное происхождение, их обоих воспитали предельно скромными в разрезе законов иудаизма.

Рохель обвенчалась с Исахаром сразу же после ее бат-мицвы в 12 лет, вышла замуж в 14 лет, а в 16 лет она уже забеременела. Из девяти детей Исахара и Рохель, Меир по счёту был шестым ребёнком. Меир родился 18 января 1927 года в городе Керки Туркменской ССР. Меир получил прекрасное воспитание. Главными его качествами которые он перенял от обоих родителей - это были скромность, справедливость, благородство, честность и трудолюбие. Но фактически воспитание Меир получил не только от своих родителей. Огромный род Бассали был единой семьёй. Каждый взрослый член этого рода участвовал в воспитании своих младших братьев и сестер, а так же племянников и племянниц. Большое влияние на становление личности Меира как труженика, сыграл брат его отца - Леви Бассали. В 1937 году все евреи были изгнаны из пограничного города Керки в течении 48 часов. Исахару и Рохель не удалось продать ничего из своего добра, и фактически они приехали в Самарканд с восемью детьми нищими. В Самарканде невозможно было прокормить восемь детей честно работая на государство, а обманывать, "делая деньги" как это делали другие самаркандцы, Исахар не хотел, так как это он считал основным грехом. Не имея образования и не зная русского языка, он устроился рабочим на трикотажную фабрику, зарабатывая гроши. Видя такую ситуацию, его брат Леви, который работал начальником в этой же отрасли тут же предложил свою помощь. Он не только устроил Меира подсобным рабочим на свои склады, но и обувал, одевал, кормил его. Леви и его бабушка Шошана, которая жила со своим внуком Лёвой в одном доме, и Рохель Бассали - жена Леви, воспитывали Меира и ухаживали за ним как за собственным сыном. Поэтому Меир, имея воспитание со стороны сразу нескольких семей, вобрал в себя самые ценные качества рода Бассали, которые помогли ему стать, настоящим Бецалелем, тем человеком с большой буквы каким он стал. Знания, которым Меира научил его дядя Лёва, дали ему возможность быстро и высоко подняться в карьере. С 1942 года - с 15 лет без отрыва от учёбы Меир стал зарабатывать на жизнь, при этом материально помогать семье своих родителей. Он работал грузчиком и сортировщиком по кожсырью на Ургутских складах своего дяди Лёвы, а также занимался сельхоз работами на частном подсобном хозяйстве на земельных участках своего дяди. Каждое воскресенье в течении военного времени с 1942-го по 1945-й год, Меир привозил домой в Самарканд полуголодным родителям, братьям и сёстрам продукты, выращенные его собственными руками. Его упорный труд, огромная любовь к семье и доброе сердце спасли жизни его младших братьев и сестёр в эти голодные военные годы. Официально Меир начал свою профессиональную деятельность с 1946 года, работая агентом по заготовкам животного сырья (шерсть, кожсырьё, пушномеховое сырьё и каракуль) при Ургутском Заготживсырье. В 1948 году он был переведён в Булунгурский Заготжив сырьё, где проработал 3 года. С 1951 по 1954 годы работал в Галляаралском, Паярыкском и Иштыханском райзаготживсырье. В 1954 году Меир был переведён в Министерство заготовок при УзГИК, где он работал госинспектором по качеству шерсти, а в 1956 году был переведён в Нарпайский райпотребсоюз, и работал там сырьевщиком приёмщиком живсырья. В 1962 году Меир был переведён в Самаркандский кожсырьевой завод, и в этом же году был переведён в Самаркандский облпотребсоюз, где работал начальником отдела заготовок облпотребсоюза по заготовкам животноводческого сырья вплоть до выхода на пенсию в 1990 году. За период трудовой деятельности Меир без отрыва от производства заочно учился и успешно окончил Самаркандский техникум товароведов живсырья, где учился с 1957-го по 1961-й год, а также Самаркандский сельскохозяйственный институт, где учился с 1966-го по 1971-й год. По окончании института Меир получил звание учённого зоотехника. Меир так же один год очно учился в Семипалатинске в школе товароведов живсырья, а кроме того окончил 3-х месячные курсы по повышении квалификации начальников отделов по заготовкам облпотребсоюзов при Львовском торговоэкономическом институте центрсоюза. В течении своей трудовой деятельности Меир показал себя безукоризненным, талантливым и творческим работником, отдающим всю свою душу и энергию делу. За долголетний и добросовестный труд, а также за достижения в деле развития и улучшения

деятельности по заготовкам сельхозпродуктов и сырья в системе потребительской кооперации, Меир не раз был награждён почётными грамотами, знаками отличия советской потребительской кооперации, а также от имени президиума верховного совета СССР медалями ветерана труда.
 Редкие люди работая начальниками на советских предприятиях и учреждениях, где происходили огромные финансовые операции, к примеру как в торговле, меховой и кожевенной промышленности, автотранспорте и других, могли остаться добропорядочными людьми. Социалистическая система в первую очередь поразила всю советскую промышленность, в которой процветала коррупция. На основе этой уродливой системы люди занимающие ответственные места становились нелюдями. Чтобы удержаться в своих креслах, маленькое начальство должно было подкармливать большое начальство. И если им это удавалось делать они чувствовали себя надёжно на своем месте, так как верхушка была зависима от них, и всегда покрывала их. Эти начальники, почувствовав безопасность и вседозволенность, как правило по скотски относились к рабочим, не считая их за людей. Особенно такие ненормальные отношения между начальниками и подчинёнными были развиты в странах средней Азии. Это моё заявление - не голословно. Работая первым заместителем директора - главным инженером в автомобильной промышленности, я не однажды являлся свидетелем проявления диких антагонистических отношений

среди начальства и подчинённых. Осознавая что эта уродливая система может втянуть и меня самого, я каждое утро, перед выходом на работу, подходил к зеркалу, как к "иконе" и глядя на своё отражение, произносил как "отче наш", такие слова: " Роман. Ты идёшь на работу и будешь общаться сегодня с тысячами. Ты будешь ко всем своим подчинённым справедлив. Ты будешь сдержан по отношению своего неразумного начальника. Ты не будешь вести себя как другие. Помни что ты сын своего отца, и должен во всех случаях поступать так, как повёл бы себя на моём месте мой отец." Рабочие, видя моё доброе отношение к ним, полюбили меня. Мне удавалось как-то обходить острые углы при контакте со своим начальством. Но всё таки работая на последнем авто предприятии, я не смог вытерпеть начальника со сталинскими замашками, который по одному только подозрению мог жестоко расправиться руками своих заместителей с неугодными. Я ушел из автотранспорта в спорт, и работал там два года, вплоть до выезда в Америку, обучая ребятишек самозащите без оружия, и борьбе дзю-до, в училище олимпийского резерва. Меир, как и его двоюродные братья Давид, Бенсион и Эфраим, в этом отношении оказались устойчивее меня. Они всю жизнь работали в гиблых и рискованных организациях, и умудрились работая с нелюдями остаться людьми с большой буквой. Видимо их неординарное воспитание и ранняя учёба жизни полученная от моего дяди - Леви Бассали, пошла им на пользу.

Весь наш род гордился, гордится и будет гордиться, что в нашем роду был такой необыкновенный человек как Меир. Если лично меня спрашивали - какого я рода, то наряду с именами своего отца и всех моих дядей и тётей, я обязательно с гордостью называл имя своего двоюродного брата Меира. Потому что знал, что за всю свою сознательную жизнь, он никогда не опорочил своего имени, а значит и имени нашего рода.

Бенсион Ильясов бен Леви Бецалель

Бенсион (Борис) родился в 1932 году в городе Кирки в Туркмении. Его родители Леви Бассали и Рохель Бассали были кровными родственниками. Рохель являлась племянницей Леви и с шести месячного возраста, после смерти своей матери Юхевет, которая являлась родной сестрой Леви, воспитывалась в семье дедушки Элиаху из древнего рода Бецалель и бабушки Ханы - родителей Леви . Когда Борису исполнилось шесть лет, вышел жестокий нечеловеческий указ советского правительства о переселении не коренных жителей из пограничных зон. Борис с раннего возраста ощущает на себе бремя тяжести того времени. С перва он с родителями переезжает в Узбекистан, потом в Таджикистан, где начинает свою учебу, а потом снова возвращается в Узбекистан, где продолжает учится и заканчивает своё среднее школьное образование. Родители Бориса так же как и родители его родителей были уникальными, высококультурными людьми, и поэтому понятно, какое воспитание получал от Рохель и Леви их первенец.

Борис с детства был очень шустрым, старательным и смышлёным мальчиком. У него была особенная тяга к познаниям. Он был одним из самых успевающих в классе. Был очень наблюдательным и самокритичным. Обладал необычайно высокой культурой поведения с раннего возраста, и постоянно само-усовершенствовался в этом направлении. Будучи очень прогрессивным и современным во взглядах и непрестанно занимаясь

самовоспитанием, Борис к зрелому возрасту достиг несравненных высот в понимании культуры, и поражал окружающих этим отличием.
После окончания школы встал вопрос - на кого учится? Однако Борису, постоянно совмещающему свою учебу в школе с работой по хозяйству в огромном доме и предприятиях своего отца, а так же воспитанному на примерах своего отца, не пришлось долго думать. Он решил посвятить себя торговому делу. Получив в наследие все благородные качества через своего отца от своих прародителей - известных купцов персидского региона, Борис прославил свое имя за короткий срок, после окончания Самаркандского торгового института.
Когда возник вопрос о его женитьбе, то это оказался одним из самых сложных вопросов в его жизни. Потому что было очень трудно найти себе равную по культуре, достойную пару. Этим и объясняется его поздняя женитьба в 29 лет. Борис в душе своей был творцом-художником и дизайнером жизни, мечтающим создать свою семейную жизнь такой красивой, чтобы она просто казалась неземной. Не легко было ему, вознёсшемуся над дремучим бескультурьем и духовной низостью основной массы людей того времени, заметить ту, чья душа была предназначена для него. Ему, однако, повезло. Чудом, он встретил девушку прекрасную собой и возвышенную душой. Белла была как раз для него той половиной которая могла оценить его высокую культуру, глубоко понять его пламенную душу, и беспрерывно поддерживать этот пламень в течении

всей совместной жизни. Они дружно начали создавать прекрасную новую жизнь, и очень скоро, у всех на глазах, это плодоносное дерево жизни дало то, к чему они стремились.

Одно из главных родовых отличий Бецалелей - огромная ответственность за доверенное дело. Борис работал по 16 часов в сутки, т.е за двоих, чтобы поднять производство до должного уровня. Понятно, что основное семейное хозяйство и воспитание детей пало на его супругу. Посадить дерево не трудно - трудно за ним ухаживать и вырастить так, чтобы оно принесло хорошие плоды. Вторая половина Бенсиона справилась с этой задачей успешно. Есть такая народная истинна - что посеешь то и пожнёшь. Гена, Игорь и Лена - плоды которые создали и взрастили Борис и Белла. Борис получил такую отдачу от своих детей, какую посеял в них. Особенно это стало очевидно к концу его жизни. Все люди нашего рода явились свидетелями как до самой последней минуты жизни Бориса, его дети, не жалея своего здоровья, ухаживали за ним. Весь наш род гордиться ими.

Увлекающимся и занимающимся растениеводством известно, что если посадить два растения рядом то можно получить различные результаты. В одном случае одно растение может пагубно влиять на другое. В этом случае одно растение будет процветать, а другое болеть или умереть. В другом случае оба растения пагубно могут влиять друг на друга, и растут хуже чем если бы они росли порознь, или оба умирают. И наконец последний, редкий случай - оба растения растут намного лучше, чем если бы они росли порознь. Они зависят друг от друга и помогают друг другу. Такие же явления происходят в среде людей. Горько осознавать то, что последний случай в наших общинах является в наше время тоже редкостью. Аромат семейной духовной чистоты не только одухотворяет обладателей, но распространяется вокруг, поражая окружающих. Такая духовность позволяет людям вершить то, что считается самой главной человеческой обязанностью, а именно - полностью отдать окружающим дар полученный творцом. Многие великие, знаменитые люди громогласно заявляли, что не смогли бы стать тем кем они стали, если бы они не чувствовали постоянной духовной поддержки своей второй половины. И действительно, анализируя, почти что в каждом роду мы можем увидеть падение чистых людей связавших свою судьбу с низким человеком, и наоборот, увидеть много примеров, когда человек, даже на первый взгляд ничем не примечательный, связывает свою судьбу с достойной половиной и одухотворённо возвышается до величия. Нужно выразить огромную благодарность всем тем половинкам, которые связали свою судьбу с потомками Бецалелй, и подняли их духовность на надлежащий уровень. А в частности, от всего нашего рода, большое спасибо Белле, сумевшей воплотить в жизнь все идеалы Бенсиона бэн Леви Бецалеля. Жене Бориса, не сдавшейся до самой его последней минуты, и вынесшей на своих плечах тяжесть его болезни, так скоро унёсшей гордость нашего рода в безвременную вечность.

Свою деятельность в торговой отрасли Борис начал в Карши, несколько лет проработав там начальником военторга. Потом переехал в Гулистан и работал там начальником горторга. Работал в Крыму - в Феодосии, заведуя гастрономами. И наконец, возвратился в Самарканд, и устроился в республиканскую торговую спортивную базу, где проработал до самой пенсии. Где бы не находился Борис, и с кем бы не работал он показывал себя благородным, открытым, щедрым, доброжелательным, учтивым, сочувствующим человеком и неутомимым, талантливым, деловым работником. Все то добро которое он делал для людей, строило славу его имени. Я не раз был свидетелем этому. Десятки тысяч людей, которые когда то работали с ним или просто его знали, с восхищением говорили мне о нем как при его жизни так и после его ухода, когда я представлялся его двоюродным братом. По роду своей профессии, имея огромные и добрые связи с влиятельными людьми Узбекистана, Борис решал казалось бы не разрешимые вопросы в любых делах, помогая таким образом своим друзьям, знакомым и родственникам. А его обаятельности не было предела. Он всегда справлялся состоянием дел у родственников, и при этом всегда сам предлагал свою помощь, даже если они не просили о ней.

Борис как истинный потомок Бецалелей был очень скромен и мудр. Хотя его скромность зачастую скрывала его мудрость от не проницательных. Чем же отличается мудрый человек от умного? Мудрый человек это совокупность ума и правильного отношения к окружающим. Умный человек может иметь много завистников и врагов. Мудрый их имеет намного меньше. Можно сделать такое определение: "Скажи мне сколько у тебя врагов, и я скажу на сколько ты мудр". У Бориса были настолько добрые человеческие отношения ко всем окружающим, что этим он всегда обезоруживал любых врагов. А такое качество очень было важно иметь, работая на чужбине среди потенциальных и активных врагов еврейского народа. Скажу большее. Он смог добиться не только огромного уважения к себе среди них, но даже и любовь. На становление личности Бориса огромное влияние оказал его отец - Лев Бассали. Борис всегда гордился своим отцом готовым в 1938 году отдать свою жизнь за свободу своих четырёх братьев (об этом упоминалось в главе "Леви Бассали"). На личных, не считанных примерах своего отца, Борис становился ему подобным. На становление личности Бориса повлияло так же то, что в родительском доме до конца своих дней жила его мудрая, добрая бабушка Хана. Из её историй, он узнал многое о своём старинном роде и всегда старался подражать своим предкам. Известно, что любые люди выросшие в одном доме со своими добрыми прародителями становятся морально и духовно богаче тех кто, увы, не жил со своими бабушками или дедушками. Я лично сам очень жалею, что мне не повезло в этом отношении.

Как упоминалось ранее, последние годы до переезда в Америку, Борис работал и жил в Самарканде. И если его семейную жизнь, которую он создал, можно назвать внеземной, райской жизнью, то дом который он построил можно назвать самим раем. Это был мир в другом мире. Это была маленькая Европа в центре Азии. Как то раз, когда я делился своими впечатлениями о жизни Бориса в Самарканде среди родственников, я рассказал следующее: "Как то в знойный жаркий день шёл я по приглашению к Борису домой. Дорога шла через место где стоял огромный мусорный ящик. На перекрёстке улиц Новая и Заводская. Но люди вываливали свой мусор не в него, а вокруг него, так как близко к этому ящику, пропитанному ужасной вонью, подойти было невозможно. Перепрыгивая через одну из грязных луж на дороге, которые не были редкостью в нашем городе, я с бранью выругался, подскользнувшись и чуть не упав, наступив на что-то скользкое и мерзкое. Это был вонючий сопливый плевок с примесью узбекского насвая. Такие плевки на Самаркандских дорогах не являлись редкостью так же. Какой ад вокруг, подумал я, брезгливо оглядываясь по сторонам и полоща подошву сандала в луже. Через несколько минут я оказался у двери дома Бориса, где меня уже поджидал приглашённый на званный обед мой отец. Переступив за порог я словно оказался в другом мире, попав из ада в рай, попав из зноя в прохладу. Двор был чист и полит, и обсажен цветами, виноградником и деревьями хурма. Когда я зашёл в дом, то мне показалось, что я попал в будущее. Первые кондиционеры я увидел в доме Бориса. А мебель! Такой я никогда не видывал. Она была изысканной и фантастически прекрасна. Столы были накрыты в современнейшем европейском стиле так, как будто хозяева готовились принять высокопоставленных лиц. А во время обеда они обслуживали нас так, словно мы были цари для них ". Вот таким запомнился мне тот божественный день на всю мою жизнь. Этот день явился началом моего духовного прозрения по отношению к моему старшему двоюродному брату Бенсиону, а так же началом подражания в создании моей личной духовной жизни.

ЗИЛЬПО ДОЧЬ ХАНО И ЭЛИЯХУ БЕЦАЛЕЛЬ

О тебе ещё песнь недопета
Ну и что, что тебя с нами нет
Твоего лучезарного света
Хватит нам на тысяча лет

Жизнь несчастная и счастливая
Промелькнула как утро весны
Спи спокойно Зильпо наша милая
И пусть снятся вам райские сны

29 января 2013 года наш род Бецалелей лишился последней дочери Иссахара и Рахель - Зильпо Иссахаровны Ильясовой прожившей 81 год.
В книге Сокровищница рода Бецалель, в главе - Иссахар сын Хано и Элияху Бецалель, уже была описана частичка детства Зинаиды, которая показала себя мужественной девочкой, и которая в военное время, в голодные годы сделала для семьи своих родителей невозможное, рискуя собой. Уже тогда в 12ти - 14ти летнем возрасте, в ней проявился настоящий "иранский" характер, выраженный в огромной и преданной любви к своим братьям, сёстрам и родителям, ради которых она шла на любые жертвы. Тяжёлое время и безмерная любовь выковали из хрупкой и скромной девочки, имеющую некогда застенчивую и нежную душу - волевого, сильного, мужественного человека с огромной душой, вершившую дела непосильные обычному, даже взрослому человеку. На примере своего старшего брата Меира, который с 15ти летнего возраста начал оказывать материальную помощь семье своих родителей, с раннего утра и до поздней ночи работая на подсобных участках и мехозаготовительных складах Ургута, Зиночка начала зарабатывать на хлеб насущный уже с 12ти лет. На примере своего старшего брата Шимъона пожертвовавшего самим собой, который ради того

чтобы не быть лишним ртом в семье, в 17 лет добровольцем ушёл на фронт, Зиночка жертвовала безопасностью, здоровьем и даже свободой, занимаясь нелегальными заработками с раннего возраста на протяжении многих лет. На примере своего самого старшего брата, достойно нёсшего до конца своей короткой жизни имя своего деда, и проявлявшего неслыханное мужество, не присущее основной массе самаркандских евреев, которые жили среди жестоких и малокультурных народов местных национальностей; на примере этого своего справедливого брата, который в начале войны при введении карточной системы на хлеб и другие продукты, один наводил порядок среди озверелой голодной, необузданной толпы, без очереди ломившейся через головы стариков и женщин к хлебным кассам, применяя свою, богом данную, нечеловеческую силу, как детей раскидывая из толпища хулиганов в стороны; на примере этого справедливого, храброго и сильного Элияху, при одном только появлении которого среди беспомощной милиции восстанавливался порядок в очередях, Зина становилась ему подобной. После гибели Элияху на полях сражений с фашистскими захватчиками, она продолжила его дело, храбростью и напористостью наводя порядок в очередях за хлебом. Не только дети на её улице, но и на соседних улицах, не только дети младшего возраста, но и старшего, не только девочки, но даже и мальчики обращались к справедливой и мужественной Зине за помощью - навести порядок и справедливость. Зина пыталась наводить порядок применяя убеждения, но если это не помогало - в дело вступали её кулаки, которые не щадили даже взрослых мальчуганов. Её родной младший брат Шумель, родственники, друзья и подруги, всегда чувствовали себя в безопасности рядом с Зиной. За исключением Элияху и Шимъона отдавшим свои жизни ради счастливого будущего своей семьи и своего народа, все остальные дети Иссахара выжили в самые трудные военные и послевоенные годы, когда люди умирали от голода с хлебными карточками на руках, за счёт правильного воспитания, которые они получили от своих родителей. Многодетная семья Иссахара сумела преодолеть тяжёлое время и выжить не только благодаря его личному труду, помощи его братьев, но и помощи его уникальных детей пожертвовавших не только своим детством, но жизнью. Каждый из них прошёл все испытания посланные им свыше.

После окончания войны и отмены карточной системы, у Зины наконец появилась возможность учиться и получить профессиональное образование. Она выбрала профессию медицинской сестры, поступила в самаркандский медицинский техникум, успешно окончила его, и стала работать в городских госпиталях и поликлиниках, и наконец поступила в престижное место - 1ю самаркандскую городскую больницу. Работая медицинским работником Зинаида Иссахаровна преобразилась в полном смысле этого слова. Никто из её знакомых кто раньше знал Зину не смог даже представить, что из боевой, мужественной девочки может получится славная заботливая нежная и ласковая медсестра, с добрым сердцем, волшебные руки и чуткое сердце которой, ежедневно делали чудеса, исцеляя больных людей.

Несравнимый расцвет женской красоты Зина достигла к 20 годам. На протяжении нескольких лет сотни воздыхателей с разбитыми сердцами остались вне её внимания. И наконец к 26 годам она повстречала парня непохожего на других. Это был Меир - сын раввина из Коканда и родной брат жены её любимого дяди Яши. После коротких встреч последовал еврейский брак, и очень скоро Зина родила прекрасную дочь, которую стали растить в доме родителей Зины . У Рахель - бабушки Эммы, возникли две обязанности стать для своей внучке не только бабушкой, но второй мамой. Но ей, ранее воспитавшей уйму детей и внуков, было не привыкать. Она проводила с Эммой ежедневно все дневное время, пока её дочь Зина находилась на работе. А отец Зины Иссахар стал для Эммы вторым отцом. Вот так, общими усилиями они втроём подняли Эмму и сделали из неё человека которой гордится весь наш род. Не раз беседуя с дочерью Зины я не раз убеждался на сколько духовно высоко воспитана она, и как глубоко благодарна всем тем кто окружал её в детстве своей заботой и вниманием: своей маме, дедушке и бабушке, брату матери - Меиру, с кем они жили в одном дворе, а также другим родственникам, с которыми она никогда не чувствовала себя одинокой.

15 ноября 1973 Зина иммигрировала со своей большой семьёй и близкими родственниками в Израиль. Современная, передовая, деловая, умная, образованная и целеустремлённая, она одна из первых с отличием завершила ульпан - еврейскую школу для новых иммигрантов, сдала экзамены на получение лицензии на медицинскую сестру, и сразу же после получения лайсенса начала свою карьеру в качестве старшей медсестры в Тель-Авиве - Яффо - в медицинской клиники во Флорентинском филиале. Зина с первых же дней показала себя знающим и добросовестным медицинским работником. Ежегодно за добросовестный труд она получает премии и другие награды. Чтобы заинтересовать

такого ценного работника материально, администрация определяет ей самую высокую заработанную плату. В 1987 году она получает самую высокую награду страны: "Лучшая медсестра центральной части Израиля". В 80х годах она стала довольно обеспеченной женщиной. В 80-х и 90-х годах с неслыханной мощью разразился новый поток имиграции в Израиль. Уже к тому времени материально состоявшаяся Зинаида с радостью встречала и принимала своих родственников приезжающих семьями из Советского Союза. Она не только поддерживала их морально, но и материально, обеспечивая их собственными накопленными деньгами для покупки домов или бизнесов. Родственники были ошеломлены её приветливостью и щедростью. Она не раз доказала всем своим восхищённым родственникам, что она так же как и её родители, дяди и тёти поистине имеет душу ирони, готовую пожертвовать всем ради своих ближних. В 1991-ом, когда ей исполнилось 60 лет она вышла на пенсию. А в 1992-ом году она иммигрирует в Канаду, чтобы провести остаток жизни со своей любимой, единственной дочерью Эммой, тремя внучками и уважаемым зятем Амнуном. В Канаде она сразу начала вести активную деятельность, всячески помогая семье своей дочери, а также еврейской общине, где она за короткое время стала самой популярной. Как только она очутилась в английской Канаде - Торонто, она тут же стала посещать уроки английского языка. Учителя поражались этой шестидесяти летней женщине, с невообразимым энтузиазмом обучающей новый язык, и делающей успехи в этом направлении намного быстрее молодых студентов. После короткого курса обучения языка, она уже была способна сдать экзамен на английском по вождению и обновить свои водительские права. Приобретя машину она оказалась очень полезной семье своей дочери и бухарской общине. Зильпо всегда хотела быть полезной тем кому она очень была нужной, и желала быть всегда во время там где она была необходима. Эти желания были её основным принципом и смыслом жизни. И ей всегда удавалось воплощать свои намерения, и поэтому она всегда чувствовала себя счастливой. Зина родилась в городе Керки в Туркменистане 7-го ноября 1931 года. Там она имела счастливое беззаботное детство 6 лет. В декабре 1937 года, когда её семья была выселена из Керки, кончилось её беззаботное детство, так как в их семью год за годом подкрадывались нищета и голод, сопровождающиеся постоянными бедами, такими как тюремное заключение её отца, война, потеря на фронте братьев, и в результате, исходящие от всего этого, прочие беды. Но не смотря на это,

сильная и волевая Зина смогла быть счастливой и дарить счастье окружающим.
29 января 2013 года в два часа утра она спокойно ушла из жизни. Она уходила счастливой и спокойной потому, что понимала - она сделала всё зависящее от неё, чтобы оставить после себя добрую и долгую память, а также выполнила своё предназначение, взрастив на нашей земле, семена которые продолжат её жизнь и её добрые дела.
Зильпо умерла в Канаде, находясь под беспрестанной заботой своей дочери и всей её семьи, но покоиться после жизни она пожелала на своей исторической родине. Несмотря на непогоду между Канадой и Нью Йорком, из Нью Йорка, на двух до отказа забитых машинах, выехали проводить в последний путь свою тётю и двоюродную сестру, половина Нью Йоркских родственников. На прощальном собрании в похоронном доме Торонто собрались не только её родственники, но люди из еврейской общины, а также многие её канадские друзья и знакомые. Все митингующие вспоминали о ней возвышено и с вдохновением, ведь каждый их них безмерно был благодарен этой святой женщине, которая была способна жертвовать своим счастьем ради счастья других. После панихиды её тело в сопровождении её семьи было отправлено самолётом в Израиль, куда уже слетелись её многочисленные

родственники со всех концов мира. Как и завещала Зина при жизни, её похоронили в Иерусалиме на Гиват Шаулском кладбище расположенном на горе Упокоения, на том же кладбище где покоятся её святые родители Иссахар и Рахель, её брат Шумель и сестра Юхевед, её любимые тёти Рахель и Эстер, а также другие родственники.

И в заключение хочу обратить ваше внимание на даты её прихода в этот мир и ухода: the Hebrew date of her passing is "יה" of the month of Sh-vat, ironically, the reverse of "חי"(alive).

It is also significant to mention that she was born in 19**31** and died in 20**13**.

Пусть каждый из вас растолкует судьбоносное значение этих дат предначертанных свыше для Зильпо Иссахаровны из рода Бецалель.

МАТАТИЯХУ БАССАЛИ-НИЯЗОВ

За несколько дней до смерти Мататияху, вместе с его детьми и женой я стоял над его изголовьем у его койки, смотрел в его мудрые глаза которые передали душе моей такие несказанные им вслух слова:

***

Прости жена, простите дети
Что не осталось больше сил
За то что в роковые сети
Не знаю сам как угодил

Я не боюсь уйти из жизни
Когда то будем там мы все
Я не ропщу коли всевышний
Решил что лишний я в семье

Он мудр наш бог, он точно знает
Кому, когда и почему...
Он создает, он забирает
Как он решит, так быть тому

Не плачь жена, не плачьте дети
Лишь тело превратится в прах
Не знаю попаду в Ган Эден
Но в ваших любящих сердцах

Я знаю буду жить бессмертно
Так не терзайте ж вы себя
Душа не тленна и безмерна
Я с вами милая семья.

(Р. Я. Ильясов – 2011)

***

У каждого свой век на этом свете.
У каждого из нас судьба своя.
Мечтают долго жить все божьи дети,
Но скоротечна времени струя.

Путь жизни никогда ты не отмеришь –
Всегда застанет смерть тебя врасплох.
Не веришь в скорый час, но ты поверишь,
Когда, увы, совсем уж будешь плох.

Болезнь, подкравшись, словно змей, украдкой,
Вдруг пустит яд в тебя смертельный свой.
Тогда со смертью не сыграешь в прятки,
Тогда поймёшь – за жизнь проигран бой,

Тогда, прикованный к своей постели,
Еще поймешь, как мало ты успел,
Как быстро твои годы пролетели –
Ты ими насладиться не сумел.

Проигран бой... Но ум не умирает
В желанье снова жизнь свою начать.
И вот тогда душа твоя взрыдает:
Ведь мозг твой жив – а ты не можешь встать.

Ты смотришь на родных и им прощанье
Лишь грустным взглядом,
без напутствий, шлёшь.

Как тяжек и жесток миг расставанья!
Как жалко, что так скоро ты уйдёшь!..

И ты ушел – не стал нас долго ранить,
Ушел, с собой страданье унеся,
Ушел, оставив всем родным на память
Свой образ брата, мужа и отца...

Ты жив! И даже твой могильный камень,
С которого сейчас на нас глядишь,
Вдруг ожил. И не камень это – пламень:
Звездою, не сгорая, в нем горишь!

Пока мы живы, Мерик, твоё имя
В устах родных не смолкнет никогда.
Ты был живее всех. Ты жив поныне
И будешь жив у нас в сердцах всегда!

(Р. Я. Ильясов – 2012)

С глубокой скорбью и печалью извещаем, что 7 мая (3 ияр) 2011 года, на 54 году жизни, после продолжительной, коварной болезни, ушел от нас навсегда наш любимый муж, отец, брат и сын

НИЯЗОВ МЕРИК (МАТИТИЯХУ)

1957 - 2011

Наш папа родился 13 декабря 1957 года в Самарканде в семье Бахор и Ципоры Ниязовых. Закончив учебу в школе №26, в 1975 году был призван в Армию.

В 1979 году он иммигрировал в Израиль, чтобы воссоединиться со всеми родственниками. В 1984 году папа создал красивую семью, женившись на замечательной и доброй девушке, нашей маме, Ирине Кариевой, проявившей беспримерную преданность и любовь мужу. Они прожили вместе 27 лет. Здесь в Америке, наряду с тяжелыми начинаниями в строительстве новой жизни, у них родились трое детей - Ариель, Давид и Мишель.

Открыв семейный бизнес с братом, он достигает всего, о чем мечтал, уезжая в Америку. Но коварная болезнь, которую он победил 10 лет тому назад, опять вернулась к нему. Делалось все, чтобы спасти его, но все было напрасно.

Папа был необычным, уникальным человеком с постоянно улыбающимися глазами. Обладал необыкновенным чувством юмора, был душой компании, всегда мог дать правильный совет, поддержать в трудные и радостные дни.

Очень и очень жаль, что так рано прервался его жизненный путь. Никто и никогда не восполнит эту тяжелую утрату, мы низко склоняем голову перед его светлой памятью.

Ушел от нас ты слишком рано, никто не смог тебя спасти.
Навеки в нашем сердце рана, пока мы живы, с нами ты.
Скорбь и печаль большой утраты, остались с нами навсегда.
Что может быть страшней и горше, потери мужа и отца.

Менухато бе Ган Эден

Глубоко скорбящие: отец Бахор, жена Ирина, дети: Ариель, Давид и Мишель, братья Юра и Додик с семьей, сестры Нина и Зоя с семьями, друзья, родные, близкие.
Нью-Йорк, Израиль, Канада, Вена.

30-дневные поминки состоятся 5 июня 2011 года в 7 час. вечера в ресторане "L'Amour" (бывший "Ган-Эден").
Контактные телефоны: 718-454-3949, 718-551-4820, 917-450-3756

7 мая 2011 года наш не малочисленный род Ниязовых – Илясовых - Бассали, понес огромную утрату, потеряв одного из самых прекрасных людей нашего рода - Мататияху. Многим известны люди славного рода, которому принадлежала его мать Сипора - дочь Исахара, который являлся старшим сыном Элияху Бассали жившим в Герате и Кирки. Каждый человек в этом старинном роде, корни которого исходят от Мешхедских евреев - рода Бецалель, славящихся неподражаемым религиозным фанатизмом,- это просто сокровище и неповторимое создание. И поэтому когда мы теряем человека нашего рода, то нет предела нашей горечи, а особенно если мы теряем людей в том возрасте, в котором ушел от нас Мататияху - в возрасте 54 года. Мерик родился 13 декабря 1957 года в Самарканде. Его отец Ниязов Бахор 1927 года, работал на Самаркандском винзаводе. Живет в Израиле со своим старшим сыном Додиком и дочерью Ниной и поныне. Мать Сипора Илясова 1924 года, родилась в Кирки. Мать Мерика умерла в 2003 году в Израиле. Братья и сестра Мерика - Юра и Зоя живут в Америке. Мерик начал учебу в 11й школе города Самарканда, и закончил 26ю. После школы получил профессионально-техническое образование. В 1975 году был призван в Армию, и в училище в г.Чирчике, был подготовлен на радиста. Командованием было запланировано переслать его на Китайскую границу, где в то время назревала опасная обстановка. Страх матери у которой без вести пропали два брата - Элияу и Шимон, на отечественной войне, и

огромная любовь и забота отца к своему любимому сыну, помешали осуществить это. Мудрый отец осознавал что не для того он растил своего любимца чтобы пролилась его кровь за чужую родину. Он подкупил советский продажный военкомат, и его сын закончил свою службу в 1976 в Джуме. После Армии несмотря на свое профессиональное техническое образование, он решил освоить более доходную профессию, и с 1978 года работал на Самаркандской обувной фабрике. Там, за короткое время он показал себя наиталантливейшим работником и познакомился со многими евреями впоследствии отзывавшимися о нем с огромным восхищением как о наичестнейшем, чистом и рассудительном человеке, который всегда готов был протянуть руку помощи любому товарищу по работе. В 1979 году семья Ниязовых воссоединяется со своими родственниками на земле обетованной. Сразу же после Ульпана в 1980 году Мерик идет работать на автомобильную фабрику резиновых изделий и в этом же году переходит на молочный комбинат в Тель-Авиве и управляет там отделом до 1986 года. В 1984 году он женился на красивой доброй девушке родом из Душанбе - Кариевой Ирине доказавшую беспримерную преданность и любовь своему мужу. Здесь в Америке наряду с тяжелыми начинаниями в строительстве новой жизни у них рождается первенец - Ариель - которому сейчас 25 лет, потом Давид - ему 24 года, и красавица Мишель - ей 17 лет. В Нью Йорке на 47й, он начинает работать как даймонд сеттер. Любовь к семье требует от него мобилизации всех сил. За непостижимо короткое время он овладевает этим искусством. Усидчивость и талант дали возможность зарабатывать ему хорошие деньги, но он не останавливается на достигнутом. С 1991 года он открывает семейный ювелирный бизнес в апстэйте Нью Йорка и десять лет работает в нем. В субботу 7 мая в день его ухода все его Нью Йоркские родственники собрались в больнице откуда он был выписан две недели назад до его кончины. Тогда, хотя врачи и объявили что он абсолютно безнадежен, и не поддается лечению, однако никто не смог примериться с мыслью что Мерика скоро не будет. Каждый в душе молился за его выздоровление, надеясь на чудо. Однако как говориться - человек полагает, а бог располагает. И господь призвал к себе человека за короткое время выполнившего свою миссию в мире испытаний. Мерика хоронили в воскресение 8 мая. В Шварц Бразер, в Нью Йоркском похоронном зале был установлен его портрет. Когда я взглянул на него, то невольно вспомнил историю с портретом его деда - Илясова Исахара, который поистине являлся наисвятейшей личностью. Мне вспомнился рассказ его внучки Эммы проживающей в Канаде. Однажды она вошла в Еврейское комюнити Нью Йорка и увидела в одном из отделов, на стене, над головой управляющей отдела, портрет своего деда Исахара. Вы можете представить что она ощутила в тот момент. Оказалось что управляющая отделом повесила портрет человека о котором она ничего не знала только потому что ей казалось что от человека на портрете исходил невидимый божественный свет который она ощущала, и который она верила приносил ей удачу. Сидя в зале я ощутил что с портрета Мерика льется такой же божественный свет. И это не случайность. Ведь Мерик не только получил генеалогическую наследственность от наших святых предков корни которых исходили из Мешхеда - Ирана, где была обоснована прорелигиозная диаспора, но он к тому же с детства без чьей либо помощи стал заниматься над собой, изучая еврейскую письменность и религию. Видимо на него оказывало очень сильное влияние притягательная чистота его деда. Позже, когда его дед, и дядя - Шоломхай Ниязов узнали о наклонностях Мерика, они стали прилагать огромные усилия в его обучении. Свет этих учений освятил его в полном смысле этого слова. Каждый стал ощущать в нем отличительные черты глубокого уважения к людям , глубокой порядочности и рассудительности и безмерной доброты. В субботу вечером были извещены все родственники и знакомые Мерика об его уходе. И тут же со всех краев света - Самарканда, Австрии, Израиля, Канады и других стран и континентов стали звонить пораженные этим горем близкие родственники выражая искреннее сочувствия его семье и родным. Каждый из них до глубины души, искренне любил Мерика и считал его самым близким родственником. Нам передали что дом 84х летнего отца Мерика, в Израиле был так полон людьми пришедших поддержать его и выразить свои соболезнования, что даже не всем удавалось пробраться к его постели сквозь толпы. Нельзя не упомянуть как героически переносила последние месяцы его жизни супруга Мерика. Такую стойкую, мужественную, редкую женщину, которая только внутри себя переживала постигшую ее жестокую безысходность, я видел впервые. Ее любовь и забота несомненно продлили дни жизни ее супругу и позволили сохранить необходимое спокойствие среди детей. В доме похорон я стоял на трибуне, говорил, и смотрел на несчастных детей Мерика. И тогда вспомнил я слова моего деда - раввина из Коканда, - переданные мне одним из его учеников. Он говорил, что жизнь людей подобна жизни горящих свечек. Чем ярче горит свеча, тем быстрее она тухнет. Но зато такая свеча за короткое время успевает выделить больше тепла и света чем те свечи которые имеют слабое пламя. Но сгорев, свеча не исчезает бесследно. Потому что существует в мире закон сохранения энергии. Тепловая и световая энергия свечи переходят в другие виды энергии. В этом плане, отличие свечи и человека лишь в том, что свеча выделяет физическое тепло и испускает физический свет. Человек же послан в этот мир для того, чтобы давать душевное тепло окружающим и проливать духовный свет вокруг. Наш Мерик имел яркий душевный пламень. За свою короткую жизнь он успел сделать столько добра и подарить столько любви окружающим, что он даже и после ухода не может исчезнуть бесследно. Я смотрел в глаза его детей и чувствовал что он успел зажечь их души духовным пламенем, а значит он прожил не зря. Я уверен что его энергия распространиться не только на его детей, но так же и внуков, которых к сожалению он так и не увидел, на правнуков, и на многие будущие поколения нашего славного рода.

(Апрель 2012)

Великий раввин-чародей Йгуда Леви бен Бецалел.

(Предание первое - Создатель Голема)

Существует мистическая древнееврейская книга - Каббала. Много тайн зашифровано в ней. Переставляя и по-разному комбинируя еврейские буквы в именах Бога, можно добиться поразительных результатов, даже сотворить чудо. Одну из удивительных формул Каббалы открыл пражский раввин Иегуда Леви бен Бецалель. Однако впоследствии она была утеряна…

Рабби Иегуда Леви бен Бецалель, внесший свой вклад в умозрительную (абстрактную) каббалу, философию и теологию, владел и магией, которая относится к прикладной части каббалы.

В самом сердце Праги притаилось Старое Место. Раньше здесь находился еврейский квартал. Атмосфера Старого Места издавна пронизана мистикой и романтикой Средневековья. Вокруг еврейского квартала в Праге всегда ходило множество слухов, домыслов и мифов. Здесь жили каббалисты - люди, пытающиеся постичь божественные тайны Вселенной с помощью древнего текста Каббалы. Больше всех прославился раввин Староновой синагоги Иегуди Леви бен

Бецалель, ведь ему удалось проникнуть за врата Неведомого.

Раввин Леви бен Бецалель жил в середине XVI - начале XVII веков (1520-1609), при короле Рудольфе II. Он был высокого роста, и потому ещё с молодости его прозвали «великим рабби». Леви бен Бецалель был главным раввином еврейской общины в Праге. Он написал 15 произведений философско-религиозного характера. Многие таинства природы, скрытые от простых смертных, ему были известны. Известно было ему и нечто высшее, так что люди дивились силе его волхвования. Даже Карл IV не раз обращался к мудрому еврею за советом. Однако после 1600 г. Леви бен Бецалель отошел от дел и полностью посвятил себя разгадке тайн Каббалы… Больше всего Льва привлекали библейские строки о том, что Б-г слепил человека из глины и вдохнул в него жизнь. Он знал, что существует некая секретная каббалистическая формула, позволяющая повторить божественный эксперимент: оживить мертвую материю.

Имя Б-жие поистине творит чудеса: в это верили каббалисты, как и в то, что с Б-жьей помощью можно оживить кусок глины, проговорив над ним загадочное заклинание. Существовал также термин для обозначения оживленного с помощью каббалистической формулы глиняного человека - Голем. В переводе с еврейского означает "безжизненная, неоформленная материя" – говоря по-русски, "сырье".

Много лет Леви бен Бецалель посвятил восстановлению этой утраченной формулы. Как ему это удалось, никто теперь уже, наверное, не узнает. Как бы то ни было, легенда гласит, что в начале XVII века раввин Леви бен Бецалель повторил божественный опыт.

Семь дней готовились раввин Леви, его зять и ученик к удивительному свершению. На седьмой день, по обычаю предков, они выкупались в еврейской бане, оделись во все белое и с молитвой на устах пустились в путь за пределы города. Пробил четвертый час пополуночи, в эту пору тьма густа, как перед сотворением мира. За городом, на берегу Влтавы, они нашли место, где было много влажной глины, принесенной течением с гор и еще никем не тронутой. Раввин Леви бен Бецалель с зятем и учеником зажгли факел и долго молились, повторяя псалмы.

Из податливой глины слепили фигуру человека в три локтя длиной, положили ее наземь и осторожными движениями пальцев обозначили рот, нос, глаза и уши. Придали глине форму человеческих рук и ног, на руках вылепили кисти с пальцами. И вот, наконец, перед ними лежала фигура, сходная с человеческой.

- Ты представляешь стихию огня, - сказал раввин зятю. - Обойди вокруг лежачего Голема семь раз, повторяя изречение, которое я для тебя сочинил.

Зять раввина начал ходить вокруг Голема, звонким голосом повторяя изречение. Обошел первый круг – Голем обсох. А когда пошел третий раз, от Голема уже исходило тепло. Когда же он заканчивал

седьмой круг, от Голема исходил жар, он накалился докрасна, как железо на кузнечном горне.
Затем раввин велел своему ученику, который представлял стихию воды, тоже семь раз обойти вокруг лежащего Голема, повторяя изречение.
Ученик исполнил его волю. При первом же круге красный отсвет Големова тела погас, после третьего круга с его поверхности поднялось облачко пара, тело увлажнилось, во время последующих кругов на пальцах выросли ногти, голову покрыли волосы, кожа приобрела тускловатый оттенок. Фигурой и всем внешним видом Голем походил на тридцатилетнего мужчину.
Потом семь раз обошел вокруг Голема сам раввин Леви. После седьмого круга он раскрыл Голему рот и сунул ему под язык шем - пергаментный листок с той самой секретной каббалистической тетраграммой. На лбу Голема раввин начертал слово "эмет", что означает "истина".
Под конец раввин, его зять и ученик поклонились на все четыре стороны света и хором произнесли:
- Господь сотворил человека из земной глины и вдохнул в его лицо дыхание жизни.
После этих слов в глине, из которой был сотворен Голем, пробудилась жизнь: огонь, вода и воздух разбудили его. Он вздохнул, открыл глаза и с удивлением стал рассматривать тех, кто вызвал его к жизни.
- Встань! - приказал Леви.

И Голем поднялся с земли, как поднимаются люди после долгого сна, распрямился и встал перед своими создателями.
Раввин Леви бен Бецалель понимал, что полностью повторить божественный опыт сотворения человека он не может, ведь Голем – это существо без души, которое может лишь выполнять приказы своего создателя. Голем даже не способен говорить. Самостоятельно Голем не может ничего и оживает только за счет энергетической подпитки от мага, его создателя. В отсутствие мага Голем умирает. Время жизни Голема незначительно: он должен выполнить свою задачу, после чего либо происходит его саморазрушение, либо его уничтожают. Что касается цели его создания, то у каббалистов существовало на этот счет несколько вариантов. Во-первых, маг может создать такого Голема, который будет его двойником. Таким образом, враги примут Голема за самого создателя и уничтожат или причинят вред не человеку, а его копии. Во-вторых, можно обмануть противника своей смертью. Распознать в мертвом Големе было бы очень трудно. Можно также обмануть кого-то, выдав Голема за себя. Все поверят, что это реальный человек, ведь это не иллюзия. Однако раввину Льву бен Бецалелю не от кого было скрываться, и не было нужды кого-то обманывать, выдавая Голема за себя. Он решил использовать свое творение для того, чтобы оно помогало ему в хозяйстве. Каждое утро раввин вкладывал в рот Голема шем и таким образом оживлял его. Вечером

он вытаскивал волшебную формулу и отключал свое создание.

Ожившему с помощью божественного имени Голему раввин отдавал приказания: приготовить обед, зажечь субботние свечи...

Голем послушно выполнял их, а так как он не был в полном смысле человеком, то мог работать и в субботу, когда еврейский закон строго запрещал верующим иудеям какие-либо дела.

Однако раввин только по ему известным причинам не позволял его созданию выполнять работу в субботу. Каждую пятницу, вечером, накануне «шабеса» (богослужения в честь праздника субботы), раввин вынимал «шем» изо рта Голема, и тот снова превращался в глиняного истукана, застывая в углу. Однако, стоило миновать субботе, Бецалель вновь «оживлял» робота с помощью «шема». Слухи о необычайном эксперименте раввина быстро распространились по городу, целые толпы собирались у Староновской синагоги. Однако Леви бен Бецалель ревниво охранял свое создание от посторонних глаз: Голем никогда не выходил за пределы синагоги, к тому же раввин специальным приказом запретил Голему показываться перед кем-то, кроме своей семьи...

Однажды, в пятницу, уставший раввин велел Голему подготовиться к еженедельному еврейскому празднеству - наступлению Царицы-субботы. Голем послушно выполнил все приказания: приготовил ритуальную еду, накрыл на стол, зажег свечи, принес из комнаты молитвенник...

Леви бен Бецалель и его семья помолились по древнему обычаю, восславляя Господа и канун святой Субботы, и сели за стол… А так как раввин очень устал и неважно себя чувствовал, то вскоре отправился спать, совершенно забыв вытащить «шем» изо рта своего глиняного слуги.
Ночью Леви бен Бецалель проснулся из-за странного шума на улице: там раздавались совершенно дикие крики. Он выглянул в окно и увидел, что по темной улице бежит пылающая фигура человека, сметая все на своем пути. Раввин с ужасом вспомнил, что забыл отключить Голема. Часы показывали полночь: это означало, что наступила святая Суббота, и Голем взбунтовался, пробужденный некими мистическими силами.
Мгновенно Бецалель оделся и выбежал из своей спальни в гостиную комнату. Там он застал полный разгром: битую посуду, поломанную мебель, вещи и книги, валявшиеся на полу. Во дворе раввин обнаружил убитых домашних животных и птицу, с корнем вырванные из земли деревья…
Выбежав на улицу, раввин понесся за своим обезумевшим созданием, ведь только он знал секрет его уничтожения. По дороге раввин увидел, что на земле лежат несколько изувеченных трупов. Это были поздние прохожие, встретившиеся Голему на пути. Поравнявшись с Големом, Леви бен Бецалель протянул к нему руку и в один миг стер у слова "эмет", начертанного на его лбу, первую букву. Осталось "мет", то есть "смерть". Красное зарево тела Голема стало угасать, он упал… И раввин

увидел, что перед ним в темноте лежит всего лишь небольшая глиняная фигурка...

После смерти Голема раввин понял, что его творение было бунтом против Б-га и что знание, полученное Големом с помощью Каббалы, оказалось губительным. Больше раввин не оживлял этого монстра. Леви бен Бецалель уничтожил каббалистическую формулу, не оставив от нее следа, чтобы потомки не воспользовались ею себе во вред. Многие пытались повторить опыт раввина Льва бен Бецалеля, но безрезультатно: божественное имя, оживлявшее мертвую материю, было навсегда утрачено.

А от Голема осталась лишь жалкая глиняная фигурка, которую до сих пор показывают всем гостям в пражской Староновой синагоге.

(Предание второе)

Однажды бен Бецалелю довелось познакомиться с самим королем Чехии Рудольфом. Произошло это при следующих обстоятельствах.

Слухи о бен Бецалеле шли широкою волною и дошли до града святого Вацлава, ко двору короля Рудольфа. Его придворный астролог, замечательный датский ученый Тихо де Браге очень уважал своего ученого собрата Иегуду Льва бен Бецалель. Сам монарх познакомился с ним странным образом. Король в то время издал указ о выселении всех евреев из Праги. Раввин пытался просить за них, но его даже не пустили во дворец. Тогда бен Бецалель вышел на середину Каменного моста, по которому должен был вскоре проехать в карете, сопровождаемый конной свитой придворных король, направлявшийся из Градчан в Старый Город, и встал там как вкопанный.

Когда показалась королевская карета, бен Бецалелю закричали, чтобы он убрался с дороги. Но он продолжал стоять. Люди принялись кидать в него камнями и грязью, но, вместо этого, на одежду и к ногам раввина падали цветы. Достигнув того места, где стоял ученый муж, королевские кони застыли на месте, хотя кучер их не осаживал. Раввин, одежда которого была вся усыпана цветами, опустился перед каретой на колени и стал молить короля о милости для своих единоверцев. Тот, изумленный всем виденным, пригласил его в замок. Решение об изгнании евреев было отменено. С тех пор бен

Бецалель не раз посещал короля Рудольфа. Иногда он демонстрировал тому свое магическое искусство. Как-то король пожелал, чтобы раввин показал ему и его придворным библейских патриархов Авраама, Исаака и Иакова с сыновьями. Поколебавшись, Бецалель все же согласился. Однако предупредил, чтобы никто не смеялся, когда появятся священные тени. Король и придворные собрались в отдельной зале и в волнении ждали. В оконном углублении стояла высокая величавая фигура рабби Иегуды. Вдруг он исчез как бы в тумане, из которого ясно выступила фигура старца, превышавшая обычный человеческий рост. Величавая фигура плавно пронеслась мимо присутствующих и словно растаяла во мраке. За Авраамом появились Исаак, Иаков и один за другим сыновья его, Иуда, Рубен, Симеон и Иссахар. Присутствующие с благоговейным страхом смотрели на праотцев еврейского народа. Вдруг из мрака словно вынырнул Невфалим, сын Иакова, рыжий и в веснушках. Он шагал так поспешно, так мало величественного было в его фигуре, что король не мог удержаться от смеха. Но едва улыбка появилась на лице, как исчез Невфалим, исчез туман, из которого возникали фигуры, и в палате раздались крики ужаса: расписной потолок залы вдруг прогнулся и начал оседать. Придворные поднялись с мест и дрожащими руками указывали на расписной потолок. Бледные от страха придворные хотели броситься к выходу, но не могли двинуться с места. Они стояли, как прикованные, и в отчаянии звали Бецалеля. Звал его и король. Рабби выступил из оконного углубления и воздел руки. Потолок остановился и перестал опускаться. Король бросился вон, уже не думая о видениях, а за ним и свита его. Потолок на свое место не встал; как опустился, так и остался. Король никогда больше не входил в эту залу и велел запереть ее...

Рабби Иегуда не впал, однако, в немилость. Напротив, он дождался великой чести: сам король Рудольф навестил его. Такой чести еще не видывал Еврейский Город. Рабби Иегуда умел быть благодарным и из благодарности преподнес своему королю и его двору немало сюрпризов.

Дом его был непривлекательный: старый и неотделанный. Но едва король и его свита вступили низкими дверьми в горницу, как с первого же шага начали удивляться, и удивлению их конца не было. Они очутились не в обыкновенной горнице простого обывательского дома, а в палате, достойной дворца, с куполом, роскошно разрисованным.

Лестница, ведущая в верхний этаж, в парадную комнату, была не из дерева, как в других домах, а из мрамора и блестела, как зеркало, в тех местах, где не была покрыта ковром. По ней посетители взошли в прекрасную комнату, обитую дорогими обоями и украшенную картинами. Отсюда в широко растворенные двери виднелся целый ряд богато отделанных комнат и в конце их выход на изящную галерею в итальянском вкусе.

Почтительно сопровождая короля, рабби Леви ввел его в обширную палату, где был накрыт стол, и просил его со свитою откушать его хлеба-соли.

Король принял приглашение, и рабби угостил своих гостей такою трапезою, которая сделала бы честь королевскому столу. Король, озадаченный чудодейственною мощью, благодаря которой рабби Иегуда превратил в роскошный дворец свой скромный дом, оставался здесь долго и ушел очень довольный.

Не раз потом он являл ученому раввину свою приязнь и милость, и тот, чтобы увековечить память о королевском посещении, велел над дверью своего дома изваять льва вместе с гроздьями винограда.

***

Хотелось бы более обстоятельно рассказать читателям о жизни и деятельности великого раввина Бе
Праге под псевдонимом "ל, Махараль ми-Праг. Он был крупнейший раввин и галахический авторитет, мыслитель и ученый в XVI веке. Обладал обширными познаниями не только в области раввинистической литературы, но и в области многих светских наук, в особенности в математике. Дружил со знаменитым астрономом Тихо Браге. Родился в семье выходцев из Вормса, давшей еврейству немало известных талмудистов. С 1553 г. по 1573 г. был окружным раввином в Моравии, затем переехал в Прагу, где основал иешиву и общество изучения Мишны. В 1584-88 гг. был главным раввином Познани. В 1588 г. вернулся в Прагу, где

оставался до 1592 г. (в этом году был принят императором Рудольфом II). С 1592 г. до 1597 г. снова являлся главным раввином Познани, а с 1597 года до конца жизни — главным раввином Праги. Согласно легенде, Махараль, не испугавшись бушующего пламени, сумел во время большого пожара Праги спасти библиотеку императора Рудольфа II. Позднее, во время военного парада, он только одним словом остановил внезапно взбесившегося коня императора. После этих событий он стал личным другом императора.

Махараль широко известен благодаря своим трудам, в частности суперкомментариям к комментариям Раши на Тору, а также комментариям к апокалиптическим аггадот, работам по этике, философии и Каббале. Самый известный его труд «Нетивот олам» («Тропы мира») оказал большое влияние на последующее развитие еврейской этической мысли.

В своих многочисленных произведениях Махараль рассматривает проблему взаимоотношений Б-га с еврейским народом, а также проблему галута, его причины и пути к избавлению. Наиболее подробно эти вопросы рассматриваются в сочинениях «Тиф'ерет Исраэль» («Слава Израиля») и «Нецах Исраэль» («Вечность Израиля»). Махараль выступал за полную свободу выражения идей и мыслей и был идейным предшественником борцов за свободу слова в Европе. Философские идеи Иехуды Ливы заимствованы преимущественно из средневековых интерпретаций Платона и Аристотеля. К Платону, в

частности, восходит разделение людей на три класса: философов (талмудистов), стражей (соблюдающих предписания) и кормильцев (торговцев).
Метафизика Иехуды Ливы основана на учении о двух мирах — естественном и высшем. В природе господствует физическая закономерность, однако причинно-следственная цепь может быть разорвана чудодейственным вмешательством свыше. Сама естественная закономерность основана, в конечном счете, на воле Б-га. Чудо не отменяет естественной закономерности, но подчиняет ее закономерности высшей. Эти мысли Иехуды Ливы предвосхищают многие плодотворные идеи в философии нового времени.
Махараль внёс важный вклад в теорию познания. Согласно его взглядам, есть два вида знания, которые должны быть чётко разделены: религиозное знание и научное знание. Первое абсолютно и приходит от Б-га, а второе относительно. В качестве яркого примера Махараль приводит только что появившуюся в 1543 году систему Коперника, не называя его по имени. По мысли Махараля, появление «мастера новой астрономии» показывает шаткость научных знаний: ведь даже астрономия оказалась сомнительной (из книги Махараля «Беэр ха-Гола», которая вышла в 1598 году; это первое известное упоминание коперниканской революции в еврейской литературе). Полагают, что чёткое разделение науки и теологии подготовило почву для занятий науками у евреев без давления теологических догм, и, наоборот, предотвратило

нападки на верования на научной базе. Полемизируя с утверждением христиан, согласно которому изгнание еврейского народа с его родины свидетельствует о том, что Б-г оставил некогда избранный им народ, Махараль утверждает, что богоизбранность Израиля является безусловной. Она не зависит ни от заслуг патриархов, ни от исполнения Израилем воли Вс-вышнего. Избрание еврейского народа Б-гом вечно и не может быть отменено, ибо оно вытекает из самой природы Израиля.

В исследованиях, посвященных богатейшему духовному наследию Махараля, поражает разнообразие и противоречивость взглядов на место Махараля в еврейской культуре. Его рассматривают как предтечу хасидизма и популяризатора каббалы; в нем видят гуманиста, но также — наследника средневекового аскетизма и благочестия. Махараль оказал большое влияние на рава Авраама Кука и стал одним из источников религиозного сионизма. Но он же с небывалой прежде силой связал состояние изгнания (галут) с самой сущностью народа Израиля. Согласно его трактовке, галут есть нарушение естественного порядка, тройная аномалия: Израиль отторгнут от своего естественного местопребывания (Эрец-Исраэль), подчинен чужеземцам и рассеян. Подчинение одного народа другому противоречит естественному порядку, ибо каждый народ имеет право быть свободным. Рассеяние, отсутствие территориального центра влечет за собой утрату народом своего единства, полноты и цельности бытия. Однако всякое нарушение естественной закономерности преходяще: приход Мессии восстановит естественный порядок и положит конец галуту. Относясь отрицательно к попыткам искусственно приблизить избавление, Иехуда Лива призывал к покорности Б-жьей воле, которая установила естественный порядок и все его последствия. Избавление придет в назначенное время. Ему будут предшествовать небывалые страдания Израиля. В аллегорических толкованиях Иехуды Ливы апокалиптических аггадот образ Мессии в известной мере утрачивает личные черты и сближается с абстрактной потенцией избавления, заложенной в мире.

Иехуда Лива далек от полного отрицания галута. Хотя он говорит, что стране Израиля принадлежит среди других стран та же роль, что и народу Израиля среди других народов, он видит и положительную сторону галута. Ссылаясь на аггаду, согласно которой Шхина сопровождает еврейский народ в его изгнании, Иехуда Лива подчеркивает большую близость Шхины к Израилю в галуте, чем на родине. Народ Израиля, пребывающий в рассеянии, должен бороться за свою жизнь; он должен жить обособленно от других народов, изучать Тору и соблюдать ее предписания.

Обычно исследователь (или последователь) Махараля выбирает, в зависимости от собственных интересов, лишь одну из сторон его учения. Махараля некоторые считают непоследовательным и эклектичным мыслителем, однако эта характеристика относится скорее не к самому Махаралю, а к современному восприятию его наследия. Учение самого Махараля отличается своей последовательностью, и той или иной фразе можно найти почти идентичное толкование в различных его книгах (к примеру, в «Гур арье», «Хидушей аггадот» и «Нетивот олам»). Это дает возможность разъяснять мысли Махараля, исходя из его же книг.

Махараль был одиноким мыслителем, многие идеи которого далеко опередили свое время и до сих пор звучат современно. Прямых учеников у Махараля не было, но практически каждое движение в иудаизме считает его одним из своих предшественников. В памяти поколений сохранились многочисленные легенды об Махарале, свидетельствующие о том удивлении и преклонении, которые вызывала его личность, но также и о непонимании современниками глубины и оригинальности его мысли. Свои труды начал публиковать в весьма преклонном возрасте. В 1578 году, в возрасте 66 лет, опубликовал свой первый труд — «Гур арье» («Молодой лев») — суперкомментарий к комментарию Раши на Пятикнижие и значительное его расширение. В 1582 — анонимно опубликовал книгу «Гвурот Ашем» («Мужество Всевышнего»), посвящённую Песаху. В предисловии к этой книге Махараль описал свои планы выпустить целую серию книг, которые охватят все сферы еврейской философии. В эту серию он планировал включить: толкования Агады, фундаментальные труды о вере иудаизма и о качествах души, а также семь книг о значении каждого из еврейских праздников. В 1595 году был опубликован труд «Нетивот олам» («Тропы мира») о наилучших душевных качествах в двух томах. Эти книги считаются наиболее простыми для понимания, и обычно рекомендуется начинать изучение Махараля именно с них. В 1598 году, в возрасте 86 лет, он опубликовал «Тиф'ерет Исраэль» («Слава Израиля»), посвящённый Дарованию Торы (Шавуот). В течение двух последующих лет были опубликованы: «Беэр ха-Гола» («Колодец изгнания»), «Нэр мицва» («Свеча заповеди») и «Ор хадаш» («Новый свет»). Вследствие своего преклонного возраста, Махараль не смог завершить свои планы, и книги «Ха-Гдола» о Шаббат, «Сэфер ха-Ход» о Суккот и «Шамаим ва-Арец» о Рош ха-Шана и Йом Киппур так и не были написаны. Другие книги, которые были написаны, но не опубликованы (главным образом, галахические труды) погибли в пожаре, во время погрома в 1689 году. Тем не менее, в трудах Махараля содержится немало его высказываний на тему Шаббата и праздников, которые дают возможность получить представление о его воззрениях в этой области. Как правило, труды Махараля посвящены тем или иным еврейским праздникам. «Гвурот Ашем» (ивр. «גבורות ה», «Мужество Всевышнего») – о Песахе; «Тиф'ерет Исраэль» (ивр. «תפארת ישראל», «Слава Израиля») – о Даровании Торы (Шавуот) ; «Нецах Исраэль» (ивр. «נצח ישראל», «Вечность Израиля») – о Девятом Ава и избавлении (геуле) ; «Нэр мицва» (ивр. «נר מצוה»,

«Свеча заповеди») – о Хануке; «Ор хадаш» (ивр. «אור חדש , «Новый свет») – о Пуриме.

«Хидушей аггадот» (ивр. «חידושי אגדות , «Новые толкования Агады») — серия книг, посвященных философским толкованиям Агады в Талмуде.

«Нетивот олам» (ивр. «נתיבות עולם , «Тропы мира») – о наилучших душевных качествах (в двух томах).

«Диврей негидим» (ивр. «דברי נגידים , «Слова учителей») – комментарии к Пасхальной Хаггаде.

«Гур арье» (ивр. «גור אריה , «Молодой лев») — пояснения к комментарию РАШИ на Пятикнижие и его расширение (в пяти томах).

«Дерех ха-Хаим» (ивр. «דרך החיים , «Жизненный путь») — толкование трактата Мишны «Авот» («Поучение отцов»).

«Беэр ха-Гола» (ивр. «באר הגולה , «Колодец изгнания») — сборник статей в защиту иудаизма от нападок церкви.

«Драшот ха-Мааралъ» (ивр. «דרשות המהר"ל , «Толкования Торы Мааралъя») — сборник статей, посвященных Торе, Субботе Раскаяния (Шаббат Тшува) и Великой Субботе (Шаббат ха-Гадоль).

17 июня 2009 года Национальный банк Чехии ввел в обращение серебряную памятную монету номиналом 200 крон в честь 400-летия со дня смерти выдающегося еврейского ученого, раввина Иегуды Леба Бен Бецалеля. Памятная монета отчеканена из серебра 900 пробы. На аверсе монеты расположена композиция из четырех Звезд Давида, вложенных одна в другую, на которых размещены даты

погромов еврейского населения в Чехии. Внизу полукругом – название страны: "ČESKÁ REPUBLIKA". Справа вверху, на луче самой крупной Звезды Давида – номинал монеты "200 Kč". В центре реверса монеты размещен силуэт голема, пространство между краем монеты и силуэтом занято строками еврейских текстов из Талмуда. На фигуре голема надпись: "RABI JEHUDA LÖW BEN BECALEL" и годы "1609 – 2009".

Синагога и могила Махараля на Старом еврейском кладбище в Праге до сих пор служат местом паломничества. К надгробию бен Бецалеля приходят паломники со всего мира, люди разных вер и национальностей. Бытует поверье о том, что, если, по древнему еврейскому обычаю, загадав желание, положить на могилу камешек, это желание исполнится. Иногда свои мечты и надежды люди записывают на бумажке и кладут под камешек либо засовывают в трещину надгробия. Но каждый желающий изменить судьбу, должен помнить, что прошения исполняются со своеобразной справедливостью: одни получат буквально то, что загадывали, а не к чему действительно стремилось сердце; другим многое дастся, но и многое у них отнимется; третьим придется осознать, что счастье было лишь в погоне за счастьем, а теперь осталось только в воспоминаниях.

Чешская памятная монета в честь Леви Бен Бецалеля

Памятник Бен Бецалелю в Праге

Могила рабби на Старом еврейском кладбище в Праге

Старонова синагога в Праге

Семейное дерево Бецалель(Bezalel)

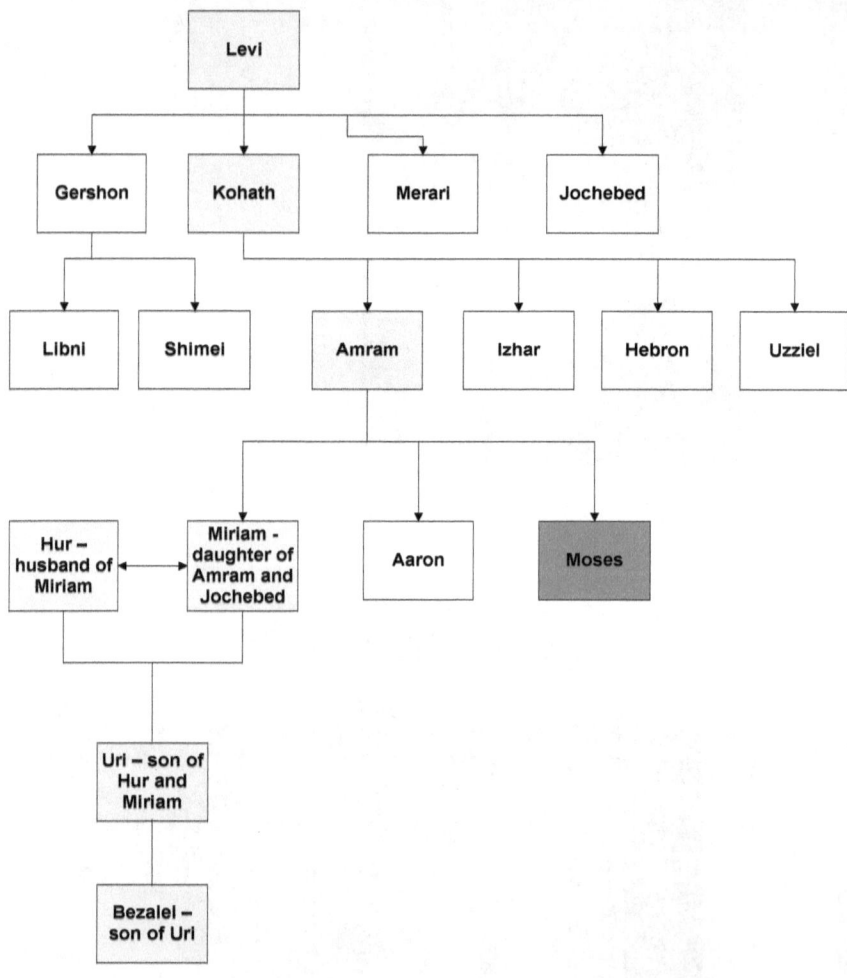

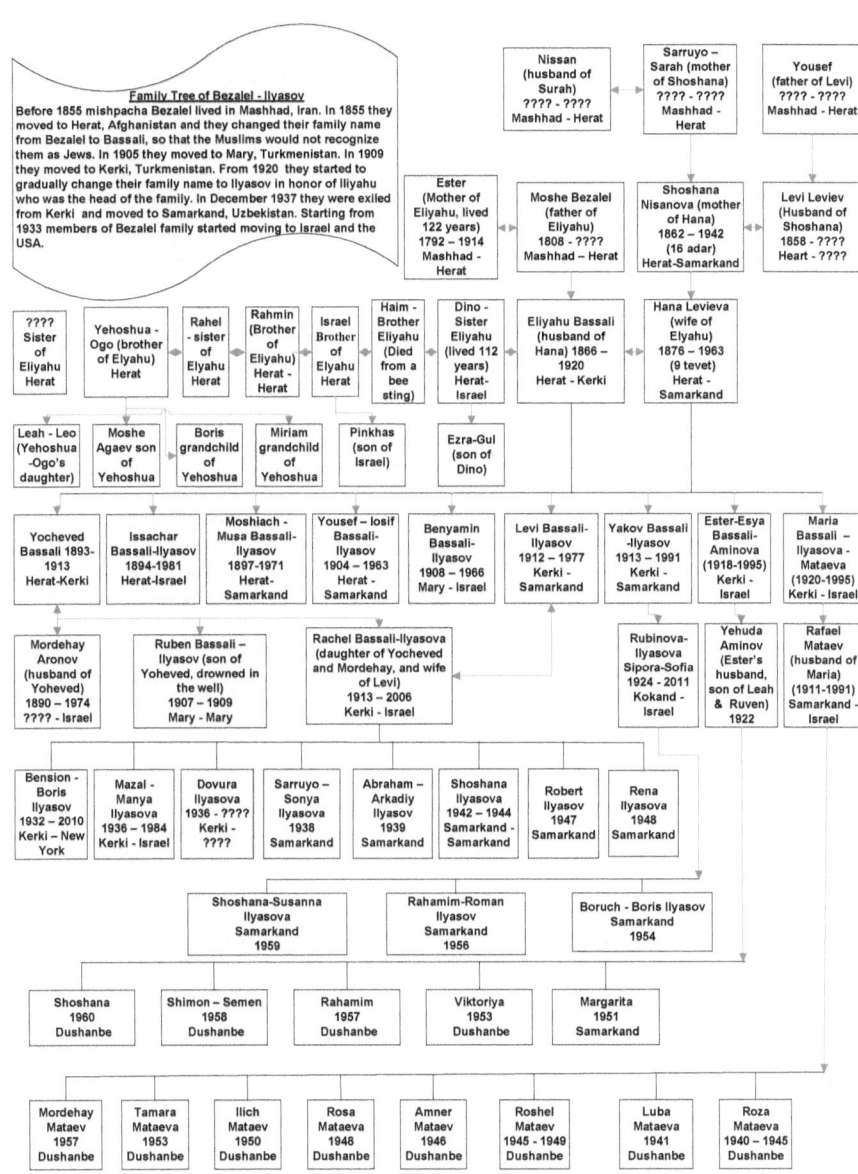

276

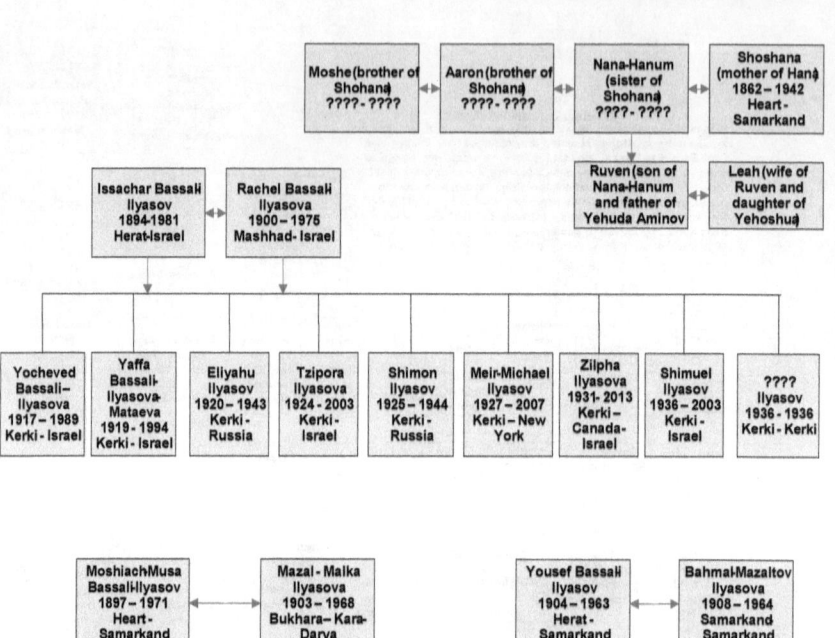
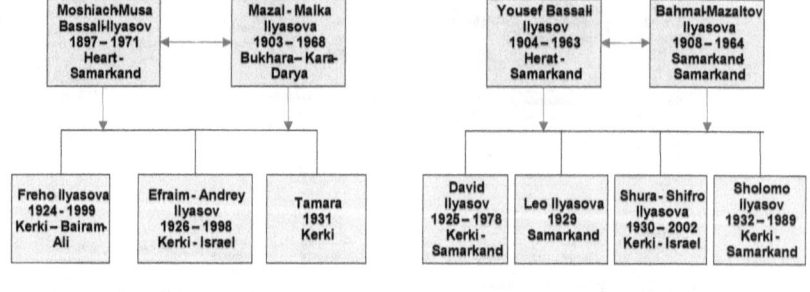
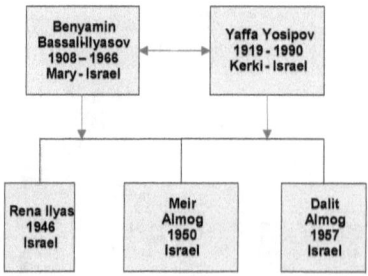

РОДОВЫЕ ФОТОГРАФИИ

Shoshana 1862 - 1942 (16 adar) Herat-Samarkand

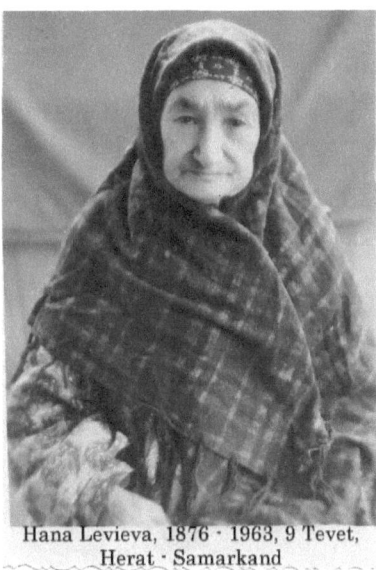

Hana Levieva, 1876 - 1963, 9 Tevet, Herat - Samarkand

HANAH LEVIEVA – WIFE OF ELIYAHU WITH HER GRANDDAUGHTER SONYA ILYASOVA

Levi Bassali, Yakov Bassali,
Muso Bassali, Yosef Bassali,
Muso Agaev
1933 Kerki

Yosef-torchi Bessalel, 1932   Yakov Bassalel and Ruben
This photo was gifted to Yosef's friend – Ruben in Kerki, and 50 years later it was
handed to Toma Mataev in Israel, who brought it to Dushanbe, and later to New York

Yakov Bessalel, 1937

Сфотографирован в г. Керчи в 1936 г.

Сидящие: с торой Ильясов Юсуф, рядом его сын Ильясов Давид. С бубином Ильясова Юхевед, рядом с ней Рахель (жена Ильяева) и ее дети Борис и Моня. Леви.

Стоящие: I Над головой Бориса, дочер.
II Фрехо дочь Ильясова Муса.
III Яфа дочь Ильясова Исахара.
IV Сипора дочь Ильясова Исахара.
V Ильясова Мириам.

1936г

Сфотографирован в г. Керчи в 1937 г.
Сидящий по средние с торой Ильясов Юсуф, с левой стороны с команчой его сын Давид, с правой с бубином его племянница Юхевед.
Стоящие: с право Мириам, вторай Аронов Хаим (муж Юхеведа), третая Эстер, четвертая Яфа (сестра Юсуфа).
(Мириам и Эстер сестры Ильясова Юсуф)

Yakov Bessalel with his friend

Engagement of Zina Ilyasova and Meir Rubinov

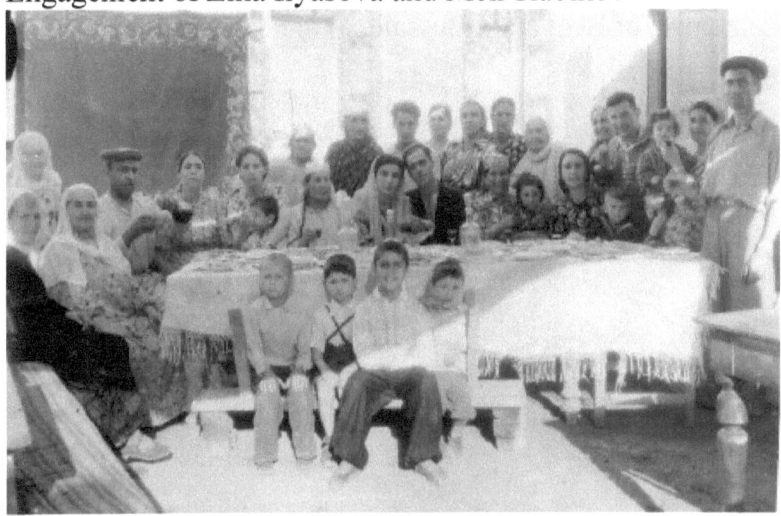

Family of Isahar Bessalel.

Family of Benyamin Bessalel: Yafa,Meir,Rina.

Luba Mataeva – daughter of Mariya Bessalel with her husband Yakov

David and Sholomo sons of Yosef Bessalel

Beniamin Bessalel and his wife Yafa

Isahar Bessalel and his wife Rachel

Engagement of Yakov Bessalel with Sipora Rubinova

Mariya Bessalel – daughter of Hanah and Eliyahu, Bension Ilyasov – son of Levi Bessalel, Avner Mataev - son of Mariya Bessalel

Yakov Bessalel and his wife Sipora Rubinova

Esya – daughter of Leah and Yafa David's daughter

Yakov Bezalel , Sipora, Baruch, Rahamim, Shoshana

Meir Ilyasov, Zina Ilyasova, Sonya Ilyasova, Sarruyo, Rubinova, Luda,Ura, Rafik,Ema, Nelya Ilyasov

Matatiyahu and Ura Niyazov, Uriel and Rafael Ilyasov grandchildren of Isahar Bessalel

FAMILY OF BESSALEL-ILYASOV

Shumel, Zina, Sonya, David, Rahamim, Uriel Ilyasov

Meir and Zina Ilyasov, Clara - wife of Meir & her sister

Levi Bessalel, Sofia wife of Yakov Bessalel, Sveta granddaughter of Muso Bessalel, Luba daughter of Maria Bessalel, Emma granddaughter of Isahar Bessalel, Susana daughter of Yakov Bessalel, Berta granddaughter of Muso Bessalel.

Children of Levi Bessalel: Sonya, Boris and Manya

In the low row from left to right are Muso Bessalel and Zina Ilyasova with her mother Rachel. On the 2nd row on the right Rachel Bessalel - daughter of Yoheved Bessalel who is also the wife of Levi Bessalel. Next to her is Shumel Ilyasov – son of Isahar Bessalel with his wife Nina. Iliya Mataev – son of Mariya Bessalel. Upper row – Abraham Ilyasov – son of Levi Bessalel. Emma and Luda Ilyasov grandchildren of Isahar.

Left photo: Iliya, Rachel, Abraham, Luda, Zina, Emma, Nina, Shumel

Right photo: Isahar Bessalel, Zina & Yoheved – daughters of Isahar Bessalel, Levi Bessalel

Grisha, Isahar, Shumel, Levi, David, Yakov, Andrey, Zina Bezalel Ilyasov

Family Bessalel - Ilyasov

Grandchildren of Yosef Bessalel Moshiach, Yafa, Yanik son of Yosef – David with his wife Asya Rubinova.

Robert, Abraham, Bension – sons of Levi Bessalel.
Yakov Bessalel – son of Hanah and Eliyahu Bessalel.

Meir son of Isahar, Efraim son of Muso, Sporo wife of Yakov, Tzipora daughter of Isahar

Asya – wife of David Ilyasov, Sonya and Manya daughters of Levi Bessalel

Rachel – wife of Levi

Levi Bessalel

Mariya Bessalel-Mataeva with her husband Rafael

Mariya Bessalel,Toma,Roza,Monik,Ilich

Children of Mariya Bessalel: Luba, Roshel, Alik

Mariya Bessalel,Rafael,Baruh,Zoya,Boris,Yafa,Roza

Mariya and Rafael with children – Lyuba and Roshel

Monik, Ilich, Alik, Toma, Luba, Roza, Sasha & Roza, 2002

Mariya Bessalel-Mataeva with her daughter

Mariya Bessalel and her family.

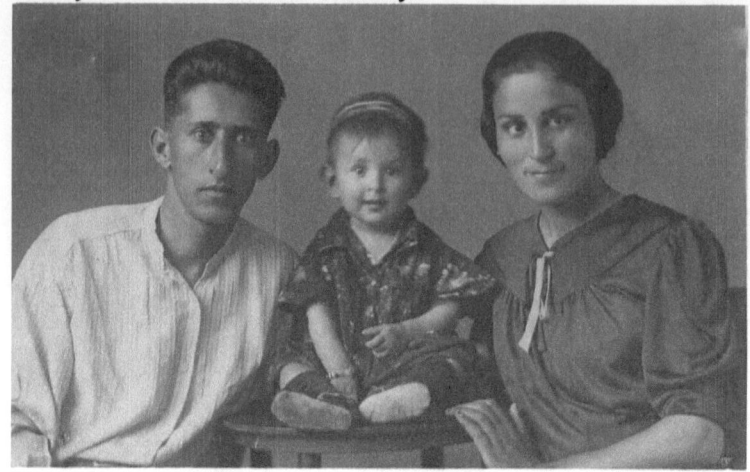

Yosef-torchi Ilyasov Bessalel with his wife Mazal-Tov (Bachmal) Ilyasova-Leviyeva

Sholomo Ilyasov (son of Yosef-torchi) with his wife
Yocheved Ilyasova-Sezanayeva

Children of Shlomo Ilyasov: (sitting left to right) - Simkho with his wife Shushana; (standing left to right) - Yosef, Yehuda

Baruch, Uriel, Rahamim Bezalel Ilyasov

Family of Yakov Bessalel and Sofia Rubinova: Roman with his wife Mira and his daughters Hanah and Yoheved

Baruch and Rahamim – sons of Yakov

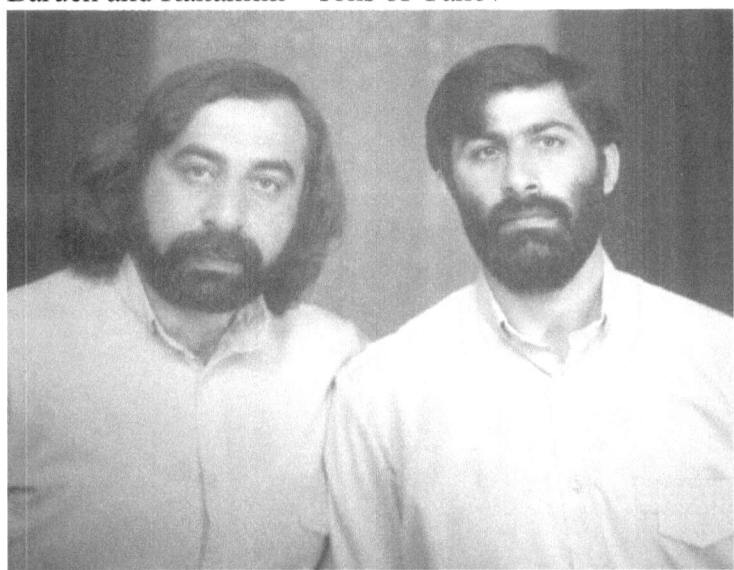

Rahamim Ilyasov and his wife Mira Nektalova

Matatiyahu and Ira

Merik, Zoya, Ura

Matatiyahu, Zoya and Ira

Haim and Merik   Merik with his children

Children of Tzipora – daughter of Isahar Bassali

Tzipora – Isahar Bessalel's daughter

Dodik,Merik,Ura – grandchildren of Isahar Bassalel

Rafael,Roma,Nelya,Merik,Sonya,Zina,Ira,Borya,Mira,
Rahamim,Monik,Yura,Zoya,Dodik,Luda,Ira,Boris

Yura,Matatiyahu,Rafael,Rafik,Meir,Sonya,Ira,Nelya

Merik with his sons, Dodik, Yura, Zina

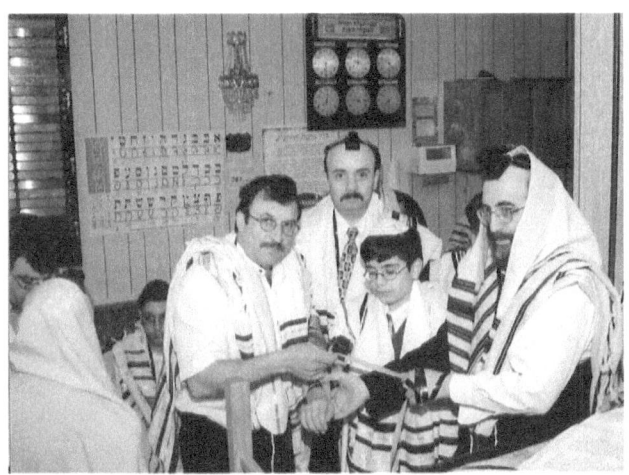

Merik, Nina and Yura

Children and grandchildren of Isahar Bessalel

Dodik and Merik with their father

Dodik, Boris - Merik's father, Frida – Merik's father's sister, Zoya, and Maria – wife of Merik's uncle Rafael

Nina - Merik's sister with her children Diana and Yehuda.

Merik with his family

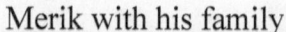

Yakov Bezalel with her wife Sofia and daughter Susana.

Wedding of Yaffa daughter of David who was son of Yosef

Manya daughter of Levi Bezalel with Eli. 1984

Sonya daughter of Levi Bezalel at 23 years old

Sonya – daughter Levi Bassali at 63 years old, Avner

Yoheved and Hanah – daugters of Rahamim Bezalel

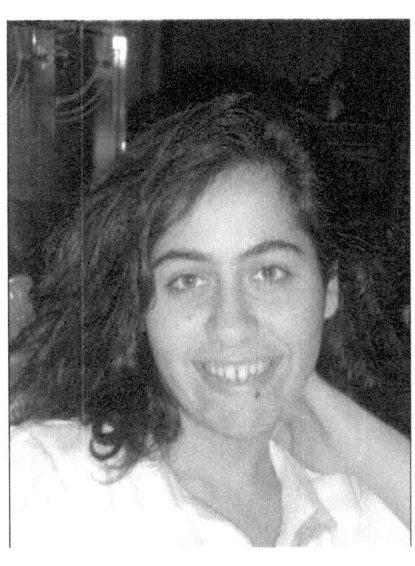

Emma (Zina's daughter), Hanah (Shmuel's daughter), Aaron Bezalel an artist and a sculpturer who is a distant relative of our family. He was teaching arts in the Bezalel Art school in Jerusalem. He is 86 years old now and his story is very similar to ours. He was born in Herat, Afganistan and his father is from Mashhad, Iran. Their original family name was Bezalel then they left Iran because they were forced to accept Islam. In Afghanistan they changed their name to Bassali because they did not want people to recognize them as Jews. From Afghanistan they moved to Israel.

Left to right: Hanah (Shmuel's daughter) with her husband Yehuda, Emma, Aaron Bezalel, Amnon (Emma's husband).

Bension Bezalel, his wife Bella, his daughter Lena, his son Igor with wife, his grandchildren David and Anna with spouses.

Bension Bezalel Ilyasov ben Levi Bassali with his wife Bella

Shoshana daughter of Yaakov Bezalel and Sipora Rubinova

Igor,Stella,Nikol

Stella,Nikol,Mary and Elan

Elena Borisovna grandchild of Levi Bezalel and Anna

Igor Borisovich Ilyasov and his wife Alla

Dima Genadevich Ilyasov and his wife Irina

Boris ben Levi Bezalel, Igor Borisovich, Bella, Alla

Boris and his daughter Elena

Boris and his grandchild Dima

Boris and his wife Bella

Boris,Lena,Bella,Alla,Dima,Irina

Elena and Jeff, Ariel and Daniel

Genadiy Borisovich – grandchild of Levi, Stella, Nikol

Yakov Bessalel with his wife Rubinova Sipora, 1988

Luba and Amner-Alik Bezalel Mataev

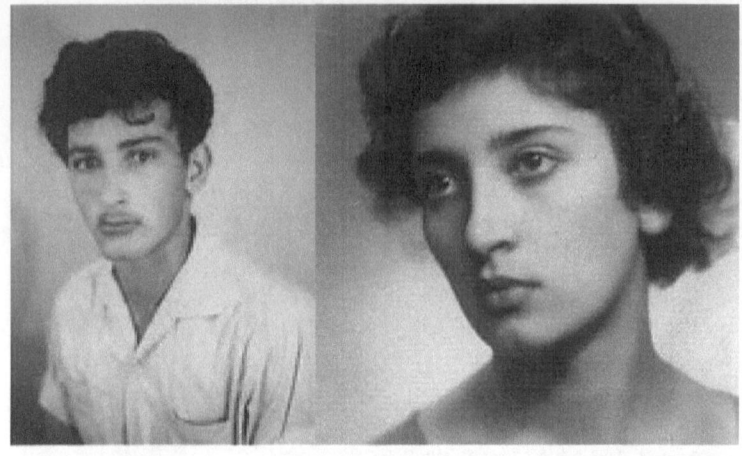

Roza and Iliya Bezalel Mataev

Toma and Monik Bezalel Mataev

Mariya Bezalel Mataeva and her family 1979 Dushanbe

Rafael Mataev and Mariya Bassali   Rafael in 1941

Mariya, Luba, Roza and Toma, Dushanbe 1969

Mariya, Abraam Bassali and Rafael Mataev, Dushanbe

Levi, Luba, Yakov Fuzailov, Amner 1965, Dushanbe

Mariya with her grandchildren, Dushanbe, 1980

Maria, Rafael and Luba 1985, Dushanbe

Mariya & her family in Memorial day May 9, 1985, Dushanbe

Party after the wedding of Natali Fuzailova, 1989 Dushanbe

Birthday of Iliya in his 60 years

Mariya and her family in Israel

Bar mitzva of Baruh Mataev– grandchild of Maria,1993 Israel

Family of Maria in Dushanbe

Luba, Roza, Rena, Toma, 1965 Dushanbe

Mariya and her grandchildren Natasha, Susanna, Anjela, Ira

Roza, Luba and Tamara

Mariya Bassali – daughter of Hanah and Eliyahu

Maria and her family, Israel 1992

Meir ben Isahar,Ura and Rafael ben Meir,Grisha and Shumel

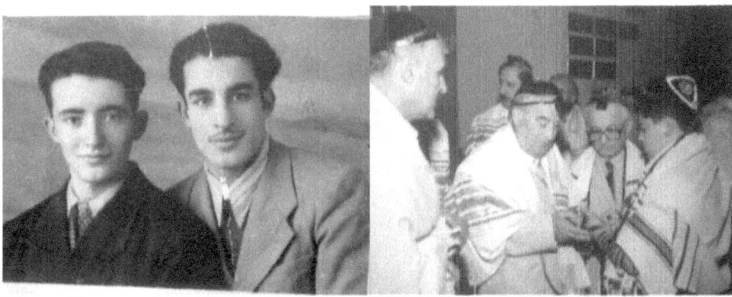

Meir Ilyasov ben Isahar   Rafael ben Meir

Isahar Bassalel ben Hahah & Eliyahu.   Meir ben Isahar, 2006

Meir and Shumel ben Isahar Zina daughter of Isahar Bassali

Meir ben Isahar and Bela, 2006 USA   Meir 1955, Tashkent

Rachel and her children Yoheved, Shumel, Zina and Grisha

Meir ben Isahar.   Zina, Emma and Luda, 1971

Family of Meir ben Isahar.   Family of Shumel ben Isahar 1979

Nelya – daughter of Meir, 1985.   Meir ben Isahar Bassalel.

Family of Isahar ben Hanah and Eliyahu Bezalel

Tzipora, Meir - children of Isahar Bassali

Family of Isahar ben Hanah and Eliyahu Bezalel

Luba Mataeva and Zina, 1955

Meir ben Isahar Bezalel

Zina Ilyasova.

Meir and Klara, Albert's wedding, 2000

Meir with his wife Klara

Meir,Baruh,Rahamim Bezalel Ilyasov

Meir Bezalel & Klara with Lyuda,Ura,Rafael,Nelya,1985

Meir ben Isahar Bassali and Klara

Meir Bassali with his daughter Luda and granddaughter Ira

Roman Bezalel Ilyasov, 2011

David ben Yosef, 1970

Roman, Mira, Yoheved Ilyasov-Bessalel, 2012 New York

Mariya and Rafael, Samarkand, 1939

Rafael Nektalov, Mira Nektalova-Ilyasova, Hanna Romanovna Ilyasova, Yoheved Romanovna Ilyasova, 2012 New York

Ester and Miriam Bessalel – daughters of Hano and Eliyahu, Samarkand, 1942

Luba with her husband Yakov, 1965

Luba bat Mariya

Mariya Bassali, Dushanbe, 1950   Shimon ben Isahar, 1943

Elyahu ben Isahar, 1943.   Iliya, Monik, Amner and his son,
    Rafael, 1976, hashar time

Mariya bat Hano with her grand daughters: Mariya bat Monik, Mariya bat Toma, Mariya bat Roza   1983 Dushanbe

Monik, Meir Almog – son of Beniamin Bassali, Roza, Toma, Luba, Boris Mataev, Iliya, Raya, Yoshor

Rahamim Bezalel and his family - Miriam, Hana, Yoheved
2012, New York

Mariya, Rafael, Alik, Roshel, Luba, 1947 - Dushanbe

On the left: Mariya bat Hano and Eliyahu, Dushanbe 1949

Elan's bar mitzvah, 2007, New York

Luda - grandchild of Issahar with Boris and their son Albert.

Issahar Bassali son of Hano & Eliyahu Bezalel

Meir Bassali   Luda – daughter of Meir Bassali

Wedding of Albert and Rita. Irina, Arkadiy and Albert - grandchildren of Meir Bassali with their mother Luda.

Rena – daughter of Benyamin   Benyamin Bassali

Dalit and Meir Almog children of Benyamin Bassali

Shoshana daughter of Yakov Bassali with her husband Sasha.

Wedding of Gabriel son of Shoshana. From right to left: Sasha, Gabriel with his wife, Mazal, Shoshana, Stella.   2012

Shoshana Bezalel and Sasha with their grandchildren.

Mazal daughter of Shoshana Bezalel-Yakubov

Shoshana and Sasha Yakubov with their daughter Mazal

Stella - daughter of Shoshana with her children and husband and Natali - daughter of Shoshana at the wedding of Gabriel.

Zina bat Issahar Bezalel and Iliya ben Maria Bassali

Luba bat Maria Bezalel and Zilpa bat Issahar Bassali

Zina,Luba,Iliya,Monik,Toma Bezalel

Zina, Susanna and Igor

Zina bat Issahar, Luba bat Mariya, Zoya bat Sipora Bassali

Ester bat Hano & Eliyahu

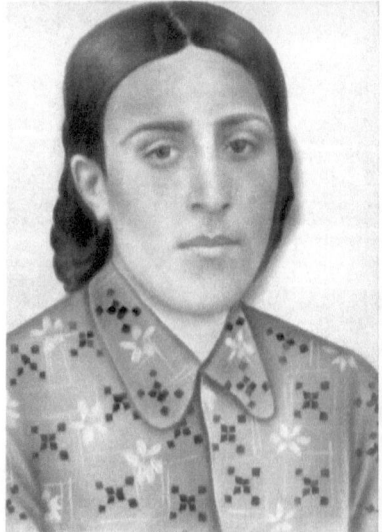

Ester & Yehuda Aminov

Ester Bezalel bat Hano & Eliyahu

Ester Bezalel with her husband Udo

On the left Mariya and Ester Bezalel bat Hano & Eliyahu

Esef "torchi" Bezalel with his mother Hano

Muso Bezalel ben Hano and Udo with his mother and his children Vika, Rita and Shoshana

Esefi torchi Bezalel ben Hano and Eliyahu

David Bezalel ben Esefi torchi

Sara bat Yoheved, Boris 'kolbasnik' brother Udo, Burho,
Luba bat Mariya, Udo, Rita, Vika and Ester Bezalel

Rachel bat Yoheved Bezalel with her daughter Rena

Yoheved bat Issahar and Rachel wife of Issahar Bezalel

Esefi – torchi ben Hano & Eliyahu Bezalel

Ester bat Hano, Bahmal wife of Esef torchi and Shura bat Esef

371

Shumel ben Issahar, with his family and sister Yoheved.

Sofiya wife of Yakov, Rita, Rena, Volodya

Udo and Rita bat Ester Bezalel with her family

Udo – husband of Ester Bezalel

Rita bat Ester Bezalel

Viktoriya bat Ester Bezalel

Margorita bat Ester

Malko and Rita bat Ester Bezalel

Family of Ester Bezalel: Viktoriya, Slavik, Udo, Rita, Semion

Sipora, Boris, Asya, Sarra, Yakov Bassali, Riva, Yaffa,
Arkadiy, Maya, Misha, Bella

Yakov Bezalel and his wife Sipora with doughter Shoshana and with her sisters Riva, Sarra and Asya and her nephews Yasha, Maya, and Arkadiy. 1970

Wedding of Arkadiy ben Levi Bezalel with Margo

Zilpa daughter of Issahar Bezalel & Rachel Moor

Descendants of Bezalel

(English translation of the book "СОКРОВИЩНИЦА РОДА БЕЦАЛЕЛЬ')

Table of Contents

Acknowledgements 379

Chapter 1 Under the Shadow of the Lord 381

Chapter 2 Grandmother Sevancha ...393

Chapter 3 Eliyahu Bezalel 420

Chapter 4 Yaakov Bezalel 433

Chapter 5 The golden belt 447

Chapter 6 Brothers in jail 472

Chapter 7 Issahar, Son of Hannah and Eliyahu Bezalel 513

Chapter 8 Levi Bezalel 567

Chapter 9 Miriam, Daughter of Hannah and Eliyahu.........585

Chapter 10 The great wizard, Rabbi Yehuda Levi ben Bezalel..605

Endnotes 628

Acknowledgements

This book is not only a chronicle about my family, but also a look at the events that have shaped the members of the tribe of Bezalel. This book describes the life of the first Bezalel, the man from whom we are all descended. It also mentions the great Rabbi Bezalel, who is also a descendant of the first Bezalel.

The reason I wrote this book was because I realized that my relatives have the same qualities as the Bezalel from ancient times. They are excellent designers and musicians, as well as extremely creative in other endeavors in which they engage. They also possess the same character.

I started to investigate our ancient last name a couple years ago. Over the millennia, our last name has changed from Bezalel to Bassali and then Bassali to Ilyasov. But our ancestors kept the original last name, Bezalel, throughout the generations.

I would like to express my gratitude to all the people who have helped me with the research for this book. They are Bezalels who came straight from Iran to the United States and my distant relatives. Aaron Bezalel, who worked at the Bezalel Art School in Jerusalem until 2012, and died the same year. One month before his death, however, he told me a lot about our tribe. I want to thank my late father and his brothers and sisters. They told me many interesting stories and valuable information about our family. I would also like to thank my cousins, Grisha, Zina, Luba, as well as so many others. Finally, I am grateful to my wife, Miriam Nektalova-Ilyasova, who provides me with much support every time I write a book.

In addition, I would like to thank proofreader Elizabeth Cooper and translators Hannah Bezalel-Ilyasov, Yoheved Bezalel-Ilyasov and Miriam Nektalova-Ilyasov.

Chapter 1

Under the Shadow of the Lord

(The history of the Bassali family)

I have often asked myself if it is possible for a man, who possesses creativity and talent, to do something special, and proudly claim that the works he created are of his merit alone.

By studying my family's history, I realized that the answer to this question is "no." A talent is a gift your family receives. We must thank our ancestors for our talent rather than being proud that we have them. You should only be proud that you were able to use it and cultivate it into something exceptional. And, your great reward should be that you were able to discover your latent talent. This is not done by chance, but by studying your ancestry. After all, every person is a potential inventor.

Personally, it is while I did "phenotypic research"[1] on my family, and went back almost to the beginning of my family, that I made a stunning discovery.

My family is descended from Bezalel, the great-nephew of Moses.

From the most ancient Jewish history, over millennia, it came to us in immutable form. The majority of people who my parents told me about, as well as others I knew personally, all had potential talents. Unfortunately, because of life circumstances, only a few were able to discover them and let them blossom. They were professionals and celebrities.

One example was Yosef Torchi Bassali. Not only was he an unparalleled virtuoso on the tar^2 who could create the most magical sounds on strings, but he was also one of the first to develop a school for Bukharian Jews to learn to play this instrument in Samarkand.

In fact, every member of our family had outstanding musical talent. Each could play at least one or two instruments. However, their skills were only showcased at family celebrations.

The gift of music was only a small example of the talents that everyone inherited. The most important, yet always forgotten, gift is multidimensional thinking. This invaluable gift given to us by God is the basis for any work. It is the reason that those who have it are able to see and hear what may not be obvious to everyone else. It is also why almost everyone could learn to play musical instruments easily.

    I began my observations with members of my immediate family. My daughter, Anna, has perfect pitch. She taught herself to play the piano and write music, poetry and songs. She is also a remarkable psychologist and philosopher. My brother, Boris, who did not go to college, showed an unexpected ability as a designer/architect. In Samarkand, he assembled a team of designers, architects and builders that created custom houses. In a short time, he became well known in the city, and even underground millionaires offered him any amount of money he wanted for his work, and were willing to wait until he had an opening in his schedule. His son, Andrew, is also multi-talented. He became fascinated with the design and construction of cars, and, in a very short time, became a car designer with a New York company.

    There are others. Rafael, my cousin, Meir's son, invented a musical alarm clock when he was about 11 years old. In addition to being an inventor, he was also a musician. And, he designed creative jewelry as well. Gennady and Igor, my Uncle Levi's grandchildren, successfully managed their two businesses, CA Diamonds, which specializes in jewelry, and a design center for granite and marble in New York. My father, who only had a third-grade education, was an amazing artist. He loved to draw. He was also a very entertaining storyteller. The audience was so captivated by his stories. It seemed as if he were a skilled linguist, historian and philosopher instead of someone with only a third-grade education.

My writing cannot be compared with his oral presentations. Many people have emphasized the style of my writing, which I think I have partially adopted from my father. For example, one reader wrote this, and I quote: "For me, it's like a window into a very different and unknown world, and a very interesting one as well. Your writing style just puts the reader inside this world. And, after reading your story, I have a strong feeling that I didn't read anything at all, but watched a movie. The story is so vivid. I think this is a rare quality among writers." When it comes to my father's stories, I had the same feeling as this reader. I felt as if I had just watched a fascinating motion picture.

When I met a number of Jews from the Bezalel and Bassali families, who were originally from Iran, Afghanistan and Turkmenistan, I discovered through their stories that all these family names have the same root and come from the same ancient name – Bezalel (in ancient Hebrew   ), which literally means "in the shadow of the Lord." The English spelling of the word, Betzalel, or, more precisely, Bez al'el, means "In the shadow [protection] of God." This name was first given to the son of Uri, who was the son of Hur, of the tribe of Judah, and Miriam from the tribe of the Levites.

Bezalel, "Son of Uri," was a skilled carver, and metal, stone and woodworker, as well as a master in the modeling of various decorations on precious stones. According to the Book of Exodus, he also served as the main builder of the Tabernacle. During the time the Israelites wandered through the desert after their exodus from Egypt, Moses was appointed the head of Bezalel artists who created the Tabernacle, Ark of the Covenant, menorah, holy things and made clothes for the priests. Everything that was needed to decorate the sanctuary, specifically any precious metals and stones, wood carvings or artistic weaving, was performed directly by, or under the authority of, Bezalel.

But, he was not just an unsurpassed and talented designer. He was multi-talented, and exceptionally wise. For example, it is known that Bezalel possessed such great wisdom that he could combine the letters of the alphabet with which heaven and Earth were created. "And the Lord spoke to Moses, 'See, I have called Bezalel, the son of Uri, the son of Hur, of the tribe of Judah, and filled him with the divine spirit, wisdom, and understanding, and knowledge, and talent to any craft: making plans and making drawings, work on gold, and silver, and copper ... "(Ki Tisa, Ch. 31, art. 1-4).

According to haggadic (Jewish) legend, God appointed Bezalel to build the Tabernacle and asked Moses whether he was satisfied with that choice. Moses said, "Lord, if it pleases you, it pleases me." By God's command, Moses was to submit this choice for the people's approval, and the people said the same thing as Moses did. Ordering Bezalel to work on the Tabernacle, the ark and the sacred utensils, Moses listed them in reverse order, placing the Tabernacle last.

However, Bezalel wisely reminded Moses that people usually build a house first and then decorate it, and if Moses wanted the Tabernacle to be built last, there had to be a misunderstanding. Thus, God's commandment would not be followed as it was supposed to be.

Moses loved Bezalel's insight, and said to him: "You must have stayed in the shadow of the Lord (an allusion to the meaning of his name), and because of that, you know what God ordered." The menorah design was so complicated that even Moses himself was not able to fully understand the exact construction despite God revealing its design to him twice. When Moses described it to Bezalel, he immediately understood what God wanted and built it. Moses again expressed his surprise at Bezalel's profound wisdom, saying again that "he must have resided in the shadow of the Lord."

According to the Haggadah, the book that recounts the Jews exodus from Egypt, Bezalel was only 12 when he was chosen by God to work on the Tabernacle. Bezalel's wisdom was his holy ancestors' merit. His grandfather was Hur, and his grandmother was Miriam, Moses' older sister. So, it turns out that Moses' mother, Yocheved, and his father, Amram, were Bezalel's great-grandparents. Bezalel was Moses' great-nephew.

It is striking that the basic qualities that characterize Moses, Bezalel and the older generation of the Levites, are similar to the qualities of the modern Bezalel family. The genealogical inheritance has not been lost across the millennia. For example, Moses was not very talkative, and suffered from glossophobia, a fear of public speaking. Almost all members of this generation have the same fear. It is also well known that the Levites were skilled musicians. Almost everyone in this generation has an innate ability to understand and play music. This generation of Bezalels says little, but does a lot. They approach every task with exceptional knowledge and creativity. They are people of honor and always keep their word. These are the people who never swear, and will not tolerate injustice. They are obsessed with spiritual ideals.

Bezalel was the first true artist in Israel. The Bezalel Academy of Art and Design was founded in 1906 in Jerusalem in his honor. It was once managed by Aaron Bassali. An artist and sculptor, he was a descendant of Bezalel and a distant relative of mine. He continued to teach and create masterpieces until his death in 2012. Aaron also wrote a book, "To leave a blessing." About himself, he wrote: "I was born in Herat, Afghanistan, and my father is from Mashad, Iran. My original family name was Bezalel. In 1839, they left Iran because they were forced to accept Islam. Once in Afghanistan, they changed their name from Bezalel to Bassali because they did not want people to recognize them as Jews. Some Jews were forced to accept Islam, but some chose to stay and faked their identities. Two hundred families moved to Herat. Bezalel families were among the Jews who moved from Mashad to Herat."

Bezalel, our first ancestor, was also truly the first and greatest artist during the first thousand years of the history of Israel. His name appears many times in the Torah because of all the work he was asked to do.

The most remarkable piece of work he did was the menorah, which was made of pure gold (Exodus 37:17). Its main stem branched out into six extensions, three on each side, and all of it was covered in a very fine embossing. After the destruction of the First Temple by the Babylonian king Nebuchadnezzar in 586 BC and the return of the Jews from captivity, the menorah was rebuilt according to Bezalel's model, and was placed in the Second Temple. After the temple was also destroyed, this time by the Roman general Titus in 70 AD, it was taken to Rome. There it disappeared, but was eventually reproduced in a bas-relief contained on a triumphal arch. It was erected in the Roman Forum to commemorate Titus' victory over the Jews, and that is where it remains today.

The menorah was made long before the "Star of David," or six-pointed star, became the symbol of Judaism. It decorated synagogues in Israel between the 2nd and 3rd centuries. We even see it in very ancient Jewish graves, particularly in the Roman catacombs. Now, the menorah is the emblem of the State of Israel. At the beginning of the 20th century, the name Bezalel took on a new meaning.

In 1906, artist Boris Schatz (1867-1932) left Bulgaria, where he was the court sculptor of King Ferdinand I, and moved to Jerusalem. He wanted to create a Jewish town center, where the younger generation could learn all kinds of fine and applied arts. Inspired by the Torah, he named the new school after Bezalel.

Schatz did not want to be limited to just that, however. He believed that Jerusalem needed to have a museum as well. Thanks to financial support from German Zionists, the museum was built next to the school. In 1965, the state built the Israel Museum in Jerusalem and it merged with the Bezalel museum. Religious art in the Israel Museum is presented as a collection of the Bezalel museum.

Schatz was a dreamer. Art and nature were intertwined in his dreams in a rather utopian way. However, he was an impractical man. At one point, he was refused financial support, and was unable to find money in the United States. On one trip in 1932 to try and raise money, he died; and the school was forced to close. A year later, Jewish artists fleeing Hitler's Germany came to Israel. Because of Mordecai Narkiss (1898-1957), curator and art historian, and his longtime collaboration with Palestinian artist Boris Shatsem, the New Bezalel School was opened in 1935 and the Bezalel museum restored.

The cities of Jerusalem, Tel Aviv, Haifa and Beersheba all have Bezalel streets. In Jerusalem, near the Bezalel school and museum, there is also a Boris Schatz street and Mordechai Narkiss Street. Originally the Bezalel school was in an old stone house surrounded by crenellated walls, and was one of the attractions of the city. The school has since moved from this building. It now sits on Mount Scopus in Jerusalem. Its annual enrollment is 1,500 students.

Today, its "House of Artists" allows young talent to exhibit their works annually. Now, in Israel, the name "Bezalel" is a symbol of unification, and so characterizes the art of the country.

Chapter 2
Grandmother Sevancha

The traditions and ceremonies of Iranian Jews have formed over many millennia.

In addition to the ancient traditions that strive to retain the primeval beauty, depth and wisdom of the Jewish people, many traditions have been adopted from local cultures. However, although they were influenced by many countries, the basic root of the Jewish tradition has been hardy enough to endure into the present day unchanged. If I were to compare the different Jewish cultures and traditions, I would say this: The rather staid traditions of the Ashkenazi Jews were influenced by Western Europe, while the traditions of the Eastern Jews — Sephardic, Iranian and Bukharian — have such a wealth of Eastern eccentricity that nearly every family's jewelry box has one or more life stories that will make a person roll on the floor laughing.

Because of these priceless and timeless stories, artists in free countries preserve the full beauty of the old traditions by producing books, writing plays, etc. We have the utmost respect for those who help to preserve our history.

Today, as a descendant of the Bezalel, an ancient race of Afghan Jews, I would like to present one of our most entertaining stories. This happened about 136 years ago. It is the story of my grandmother, Hana, who was also known as Grandma Sevancha, and my grandfather, Eliyahu.

At this time, my grandfather was 10 years old. His father, Moshiach, of the Bezalel family, and his mother, Esther, a supercentenarian, who was 122 when she died, lived in a house in the center of the Jewish quarter of Herat, Afghanistan, about 1.5 miles from the main shopping district and its large bazaar. In those days, the shopping district contained countless rows of stalls populated mainly by Jewish merchants. Goods came from many countries, and most of the people in charge of importing the goods were also Jews.

Since the beginning of time, Jewish people from all corners of the globe established international merchant connections. This not only brought them great benefits, but also stabilized the economic health of the culturally lagged East. Now, we might be able to assume, that, at one point or another, many of these countries would have faced economic collapse had it not been for those bold Jews.

Eliyahu's father, Moshiah Bezalel, was born in 1808 in Mashhad, Iran. He was one of those elite merchants – a merchant of the first guild -- who organized the importing and exporting of goods through secure family connections between the countries of Iran, Afghanistan, Turkmenistan and Uzbekistan. Goods were transported by land, sea and rivers. For example, if something had to be sent through the desert, it was transported by camels. If it had to go down a river, a boat was used. Moshiah's older sons also had shops in Herat's trade center. Their father bought almost all the foreign goods there. Eliyahu, who was 10, helped his father and his older brothers when he wasn't studying.

In the evenings, after the noise in the bazaar had quieted down, the Jewish world was still as lively. After a day of trading, the entire Jewish quarter literally revived right in front of your eyes. Typically, most were children. Every Jewish family had at least 10. Sometimes, it was almost impossible to meander through the narrow streets because of the many children playing on them. Their cheerful, sonorous cries of laughter were so loud that often the elderly could not bear it, and would try to drive the children away from their low fences by dangerously shaking them with crooked sticks.

On his street, Eliyahu was considered the ringleader of his little "gang." He was the strongest, most robust and most mischievous of all the boys. He always knew what the latest gossip was because his friends, schoolmates and neighbors always shared their secrets and news with him first.

Yes, Eliyahu was first in all things. Except for one: – sevancha, news about the birth of a child. Parents or relatives of the baby give a gift to the first person who brings the good news to the family. Persian, Afghan and Bukharian Jews still adhere to this tradition. Almost all of his friends at one point or another had the chance to participate in this pleasurable, fascinating and unforgettable tradition. In all of his 10 years, however, Eliyahu never had the chance to be the first to deliver someone the best message of all, and receive, as a token of gratitude, a gift of sevancha.

At night, Eliyahu's friends would tell their fascinating stories about the first time they announced the arrival of a baby and the amazing gifts they received for performing such a wonderful task. He was green with envy.

It was not in Eliyahu's nature to sit patiently and wait for his dream to come true. He decided to facilitate the process. Like a man possessed, he went around the Jewish quarter, asking, not only friends, but everyone he met, whether they knew a woman who was to give birth soon. He finally got the information he was seeking. So, every morning before school and after going to the market, he would investigate. He would peer through the bars of the gate, hoping to see anything that might indicate the baby was coming.

Finally, the long-awaited day arrived. He saw two midwives rushing to the house of a man named Levy, a wealthy merchant. The maid quickly swung open the heavy gate, which was adorned with oriental carvings, for the midwives. Before the gate completely closed, however, Eliyahu quickly asked the maid if Mister Levy was home. When he heard the merchant was still at the market, his heart skipped a beat. Here was his chance to bring the good news to the expectant father.

The fence was high, so Eliyahu had to climb the trunk of a mulberry tree to watch from the street. And while he sat on a branch, he saw what was happening in the yard and house. One midwife was bustling with white bed sheets on the verandah. The other shouted to a maid from a bedroom window to fetch some well water and warm up it as soon as possible.

The pregnant woman was a known beauty. Her name was Shoshanna. Eliyahu, still on the branch, crept closer to the fence. He held his breath and listened ecstatically to the loud cries coming from the bedroom. This meant a promised first sevancha for him. Suddenly, all noise had ceased, and, shortly after, he heard a newborn baby crying.

"What happiness! What happiness!" Eliyahu heard the maids exclaim. "Shoshanna gave birth to a healthy, beautiful child!"

"Well, I waited, and, finally, my first sevancha!" Eliyahu thought happily, and climbed fast down the tree. "I must run quickly to the market so someone does not beat me with this message."

He jumped down from the tree and ran as fast as he could to the market.

Running 1.5 miles was a mere trifle for Eliyahu's strong legs. And, he knew the market inside out. He soon found Levy's shop, which was between the booths of Muso and Iso, his classmates' parents. "Sevancha! Sevancha!" Eliyahu shouted breathlessly, running up to Levy's bench. "Mister Levy, your wife just had a baby! Sevancha! Sevancha!"

"A child?!" Levy asked, somewhat surprised. "How can this be? This morning there was no indication that my wife would deliver. Boy, are you sure? Are you sure that it was my wife who gave birth?"

"Yes!" Eliyahu said. "I know for sure because I just came from there. Your wife, Madame Shoshanna, just gave birth to a healthy beautiful baby! There are two midwifes in your yard now and many other women as well. Sevancha! Sevancha!"

"A healthy, beautiful baby!" said Levy very emotionally, almost crying from happiness. He shouted in the direction of the neighboring shops. "Muso-oh, Iso-oh! Have you heard the news?"

"Was it a boy or girl?" they asked Levy.

"Yes, really, was it a boy or a girl?" Levy asked Eliyahu.

Levy, Muso and Iso all looked at Eliyahu at the same time, expecting an answer. Eliyahu froze, trying to recall what he had heard from the yard and whether he could identify the child's gender.

"Hey, boy, are you deaf," asked Levy. "Tell me what it is!"

"I do not know," Eliyahu said apologetically. "As soon as I heard the baby was born healthy, I ran to tell you the good news immediately, and, in my haste, forgot to even find out if it was a boy or a girl"

Muso and Iso grinned mischievously at this answer. Levy said: "Well, then, if you want to get a good sevancha, go back and find out. Then come and tell me because, as you know, according to our tradition, good news should come with a comprehensive answer. For the nice message you just brought me, I will give you the most precious gift in the world. The sevancha will be such that you have never seen before or will ever see again."

"Well, Mister Levy, I'll bring you good news," Eliyahu said enthusiastically and immediately began to run back to the house. Meanwhile, a very happy Levy earnestly and carefully began to sort through jewelry on the shelves and place pieces in a silver box. These were the gifts for Eliyahu.

Seeing what Levy was doing, Muso and Iso made fun of him. Muso went first: "Levy? Hey Levy? Who are the gifts for, a boy or girl?"

"They are to celebrate my beautiful and healthy firstborn child," Levy said proudly. "I will name the baby Josef, in honor of my father."

"Huh? Are you sure that it is a boy?" Iso asked with a sneer.

"Of course, I'm sure," Levy protested. "My wife went to a fortune teller who said that our first baby will be a boy. Isn't it obvious that the fortune teller was correct? During her pregnancy, Shoshanna's belly was narrow, and she carried it high. That's a sure sign that it would be a boy! Besides, my wife loves me so much that she dare not fail. She promised me that she would do everything she could to give me a beautiful and smart son who resembles me."

"While we believe that your wife tried very hard, not everything depends on her," Muso continued with his banter.

"If it turns out to be a girl, it was your fault. You were the culprit."

"Not the culprit, more like a bungler," Iso said.

"What," Levy asked indignantly. "What do you mean the bungler? Yes, only you would think of something like this? As a rule, the firstborn in the Levy family has always been a boy. My parent's first child was a boy. My brothers and my sister had boys first, and so did my aunts and uncles. And you think me a bungler? Are you not ashamed to think that? You can see how many expensive gifts I have prepared for the boy who will soon bring the good news!"

With exaggerated pride, Levy took down a gold chain and gold bracelet covered with stones and placed them in the silver box. He said to Muso and Iso: "Look at the sevancha I prepared. Such a gift even the shah of Persia would not bestow on someone. But, I do not mind. Let this boy remember his entire life from whom and for what he received such an extraordinary first sevancha. And he'll tell all of Herat about it."

Levy looked at the envious eyes of Muso and Iso, whose jaw was drooping and mouth watering at the sight of the precious jewelry. He grinned smugly. He finally was able to render Muso and Iso speechless. Levy was constantly and impatiently looking between the market aisles for Eliyahu to return. After about an hour, he could see Eliyahu running towards him.

It was evident that the boy was very tired. This is understandable considering he just ran a total of 5 miles in one day. But, while Eliyahu was completely exhausted, Levy was beaming with happiness. "Look, look, Muso, Iso, look," Levy shouted triumphantly, pointing to the running Eliyahu. "Look at this angelic boy. Do you see? His face says it all." Sensing the pleasant news that was to come, Levy picked up the box to earnestly hand it over. He said to Muso and Iso, boasting: "Well, are you ready? Now, you can hear what the sex is."

They all heard the announcement. "It's a girl! It's a girl!" Eliyahu shouted joyfully as he approached. "Mister Levy, you have a beautiful, healthy baby girl!"

Levy sat down on the spot. Muso and Iso were laughing loudly. "Mister Levy, you have a beautiful, healthy baby girl! Sevancha! Sevancha!"

Eliyahu mistook Muso and Iso's laughter as a sign of joy and started to laugh with them. "It's a girl! It's a girl! Sevancha! Sevancha!" Eliyahu looked at the three men. Levy was jumping and stomping with frustration, but Muso and Iso were choking with laughter.

"You have got to be kidding me!" Levy suddenly cried out in anger. "Get out of here, you scoundrel! And get out of my sight!" He furiously threw the box into the far corner of his shop, grabbed a wooden stick lying behind the counter and took a swing, trying to hit Eliyahu.

Eliyahu had to jump back to a safe distance, and, not knowing what was happening, plaintively squeaked: "A sevancha? Mister Levy, you promised you would give me the most expensive gift in the world.

"Where is the sevancha that I had dreamed of all my life and honestly earned?" Eliyahu still did not believe what he had just witnessed and heard. Wiping the sweat from his face and tears from his eyes, he looked at the now quiet Muso and Iso and the savagely angry Levy. Confused, he stammered. "Mister Levy, you promised me sevancha for good and pleasant news. Answer me. Where is your merchant's word?"

"I always keep my merchant's word. And I always will!" Levy shouted, looking at the crowd that had gathered around the booths. "I promised a nice gift for the good news, but you just brought me bad news. You have disgraced me in front of the entire market. Because of you, everyone will be laughing at me behind my back.

"A girl! A girl!" Levy continued in disgust, mimicking Eliyahu's words. "Get out of here, you scoundrel! You'll remember this little girl for as long as you live -- this girl for whom you would like to receive sevancha from me. Get out! And let her be your sevancha!"

After hearing these words, Eliyahu's tears immediately dried up. He shook with anger and said: "OK, Mister Levy, I shall leave. But, remember what I say to you now. You said this girl is my sevancha! There will come a time when you will be held accountable for what you have just said and done to me. My name is Eliyahu! Remember that. And, remember also that it was your merchant's word that you will honor in the future."

"Oh, you insolent boy!" Levy yelled as Eliyahu departed, violently throwing his stick after him. "You dare threaten me? I will remember that. I will never forget the boy who ruined my special day and shamed me." To the crowd, he said: "You know I always keep my word!"

When Eliyahu was out of sight, and the crowd dispersed, Levy indignantly asked Muso and Iso: "Have you ever seen such a disrespectful boy? I've been disgraced in front of the whole market and he demands a gift? And he threatens me as well! Such impertinence, yet his eyes had a dangerous spark like those of a fearless warrior. Who is he? I was so excited that I even forgot to ask to which family he belongs."

"I do not know," Muso said. "These boys are daring and bold, which is rare in Jewish families."

"True, it is a rarity," Iso agreed, adding: "except for Bezalel family."

"Oh, yes, you're right," Muso supported. "The Jewish family of Bezalel is different from other Jewish families. They are known for their stubbornness, toughness, determination and courage."

"And honesty," Iso added.

"Oh, yes, you're right," Muso agreed. "Especially honesty! I would say honest to the bone. God forbid anyone deceive them. They are volatile and react so suddenly to even an assumed lie that the person who deceived them will be their number one enemy for life. And they will seek vengeance, even if it takes half their lives. They are notorious for their speeches, which lack bad and improper words. They are also wonderful and merry pranksters, and each of them knows how to play a musical instrument."

"Yes, all of that is true," Iso said, nodding in agreement. "But, their main traits are that they are all very hotheaded and always keep their word. Once, for example, a boy from their family bet his friends that he would not be afraid to fill a cup of honey from a hollow in a tree where the wild bees stored it. As he said, so he did. He climbed a tree, and gathered the honey. He was stung all over his body. He died a few hours later, but he kept his word!"

"I heard that one of them volunteered to participate in the horse racing that only the Afghans attended," Muso said. "What was surprising about this was he somehow managed to surpass all of the Afghan monsters. However, someone pushed him off the horse out of jealousy. He was crushed by another rider's horse, and was crippled for the rest of his life. Is this a Jewish thing – to ride a horse? The entire Bezalel family is restless and fearless. Even the Afghans are afraid of them. You better be careful, Levy and pray to God that this boy is not from that family. As you have heard, they are very vindictive, and hold onto their grudges until the grave."

"So what," Levy said angrily. "I keep my words for a lifetime as well! I can see that both of you want to completely ruin my mood today."

Dissatisfied, and grumbling something under his breath, Levy began to close his shop.

The years passed. Levy dreamed and hoped that sooner or later he would be rewarded with another child – a boy. He regularly visited the synagogue and prayed to God for a son. But, his fate never changed. Not only did he never have a son, he and his wife never had any more children. He often wondered what grievous sin he had committed after the birth of his daughter that God forbid him from having a large Jewish family. Sometimes, he wondered whether it was because he showed such disdain for his daughter's birth and offended the innocent boy who had brought him the news. He thought about trying to find him even after all the time that went by, give him sevancha and receive redemption. But, apparently, his pride would not allow him to be humiliated in front of a boy, so the thought vanished quickly.

Over time, his only consolation was his daughter, Hana, who became more beautiful every year. Finally, when she turned 12, she was striking. All the spiritual wealth and fatherly love that he could give to a child, he gave to her. At 12, Hana celebrated her bat mitzvah. Now, her parents had an urgent task to do – give their daughter away in marriage.

In those days, the Afghans often stole beautiful Jewish girls who reached the marrying age of 12. They forced them to accept the Muslim faith, and then either married them or sold them as concubines to rich and noble Muslims. These practices began in the Persian Empire during the Babylonian captivity of the

Jews in the 6th century BC, and we know from history that many beautiful Jewish women became concubines or wives of these men, even kings.

For example, we know about the miraculous rescue of the Jews by Esther, Jewish queen of the Persian king during the Babylonian exile and the story of Purim[3.] These barbaric customs still exist in some form in some Muslim countries.

So, a rumor about Hana's beauty, which was comparable only with the beauty of the Queen Esther, instantly spread around the neighborhood after she had her bat mitzvah. Because there was the unwanted possibility that she might have to marry a wealthy Muslim, Levy had made it known to a certain someone, immediately following the bat mitzvah, that his daughter was of marrying age. Since then, not a day went by that a suitor's relative came to Levy's house to ask for her hand in marriage. The candidates for grooms were not only local Jews, but Jews from other cities and countries, as well.

But Levy and Shoshana did not want to give their only daughter to Jewish outsiders. They dreamed of marrying her off to someone local, especially within a Kohen family, or, at least, to someone in genus Levy. The groom's family had to be at least as rich as they were.

With time, the number of prospective and suitable candidates narrowed. This made the task of picking the appropriate groom-to-be all the more difficult. Eventually, this rumor reached Eliyahu. He was 22 years old now, and was distinguished among all the local young people as the most handsome and of high spiritual culture. Any young girl in the Jewish quarter would have been happy to marry him. Knowing this, his parents, Esther and Moshiach, repeatedly started discussions about marriage, offering beautiful daughters to marry off their acquaintances, neighbors, friends or girlfriends.

But, stubborn Eliyahu could not be persuaded. He always found some reason to frustrate his parents. They could only moan and gasp, watching as the most beautiful girls left their household, knowing they would never become their daughter-in-law.

Then, one day, when they had all but lost hope of seeing a beautiful aruz[4] in their home, Eliyahu announced to his parents, to their great surprise, that he was ready to get married.

"On the eastern side of the quarter, there is a family. The man is of the family Levy, and his wife, Shoshana, is of the Nissan family," he said. "They have a daughter of marriageable age, and her name is Hana. That is where I want you to send your matchmakers."

The next day, the happy parents tried to connect with the best and most influential matchmakers in the area, but were flatly refused. "This is a dead-end job, and we are not going to even try," they would reply. "Levy is as stubborn as your family. We've tried to bring suitors from other families, but he denies everyone. There is a rumor that he will only give his daughter to members of the Kohen or Levy families."

After failing to persuade the matchmakers, Eliyahu's discouraged parents tried to dissuade him from undertaking such a match. But, Eliyahu was adamant. "Nothing can be done, Esther. Eliyahu is my son," Moshiach said, referring to the genetic stubbornness. So, they agreed to go to Levy, knowing in advance that a refusal would most likely disgrace their family.

"Be sure to invite the matchmakers Muso and Iso," Eliyahu told his parents. "They have recently become a part of our extended family, but, more importantly, they know Levy. Their shops at the market are near each other. Maybe they will somehow help us persuade Levy."

"Great idea," Moshiach agreed. "Maybe this will work, and they will be able to break through Levy's stubbornness. After all, shouldn't relatives, even distant ones, help each other?"

So, they followed their plan and brought Muso and Iso along.

The next night, as Levy and his wife were resting in their yard under a pergola covered with vines, they heard a knock at the gate. The maid opened the gate, and first in the doorway appeared Muso and Iso, followed by about 20 more people.

"You must be here to propose a marriage," Levy guessed.

"Ah, yes, but I see that these are people from the family of Bezalel," Shoshana whispered to her husband, recognizing some of the people in the crowd.

"Bezalel family?" Levy said sheepishly, and then remarked smugly: "Oh, well. They will leave here as they arrived, with nothing."

He slowly began to climb down from a huge carved wooden ottoman to meet the guests. But, Shoshana quickly instructed the servants to set the table with a variety of dried and fresh fruits, oriental sweets, prepared watermelons and fresh melons. The guests sat on the couch. First, according to tradition, there was a lot of small talk, which lasted for a long time. After all, in Eastern traditions, the main discussion is usually postponed until the end. And, when the time came, Muso and Iso spoke.

They vied with each other to praise their new extended family, emphasizing their honesty, bravery, wealth, modesty and culture – even in their everyday conversations. There are never any obscene words and expressions used. They are classically beautiful. "What amazing and merry jokesters they are, and don't forget their musical abilities. Almost every one of them plays an instrument."

Finally, Muso said: "But, there is a handsome young Bezalel man named Eliyahu. He is the embodiment of all the qualities that we have mentioned."

"And, you, honorable Levy," Iso pitched in, "have a lovely daughter. The news of her beauty has spread, not only throughout Herat and Afghanistan, but also outside the country."

Everyone looked at Levy's eyes. They could see there was not even the slightest sign of interest in what was being said. There was a momentary silence. Then, Muso spoke again: "However, honorable Levy, what extraordinary green tea you have! It has a special bitter taste, thirst-quenching in this sultry weather."

"But, now there is no heat," Iso said, continuing his idea. "Why then should we not sweeten it with sugar kand-hori[5]?"

"No," said Levy, blocking Moshiach from reaching for a bag of sugar. "I am a lover of bitter tea, even on cool days.

"It was a pleasure to meet your family, my dear friends, Muso and Iso," Levy continued. "I would like to have more time to enjoy their company, but I am not feeling well today."

Everyone got the hint. Eliyahu's parents lowered their heads so as not to show their faces, which were now full of frustration and shame. Just as Levy was about to read the last toast in the traditional prayer, Eliyahu suddenly spoke.

"Mister Levy," he said respectfully. "Allow me to say a few words."

It is rude to refuse a guest. Levy nodded wearily, while not looking at him.

"You know, Mister Levy, we've actually known each other for a long time," Eliyahu said.

"Really," Levy asked, looking at him. "I do not remember you, young man."

"It was a very long time ago, dear Mister Levy and you forgot about me. But, if you allow me, I can remind you."

"Well, remind me."

"Remember, 12 years ago you had a daughter? You did not know about it because you were at the market that day."

"Well, how could I not remember such a happy and memorable day," Levy asked with a wide smile. "Exactly 12 years ago, the almighty gave me a priceless gift, an angelic daughter."

"And remember, dear Mister Levy, that you did not give a sevancha for it because your child was a girl?"

"Ha!" Levy grinned. "I was young and foolish then and did not know that a daughter is the soul of her parents, and all the more so, my Hana." He looked reproachfully at Muso and Iso, and wagging at finger at them, he continued: "They threw me off that day, calling me a bungler. Because of them, I hurt a poor boy who had brought me the good news of my daughter's birth, and angrily stripped him of his childhood joy. He did not get his first sevancha."

Muso and Iso hung their heads in guilt because they had nothing to say for themselves.

"Do you remember, dear Mister Levy, the boy's name?" Eliyahu asked.

"Yes, I remember," Levy answered. "Why are you asking me? And how do you know this story? Did Muso and Iso tell you?"

"No, no," Muso and Iso said in unison, trying to defend themselves. "Honestly, honorable Levy, we never told anyone, as you requested."

"And remember, honorable Levy," Eliyahu said, "that day you were in front of Muso and Iso, who witnessed you saying you would give your honest merchant word to the boy, telling him 'let my daughter be your sevancha!'"

Levy carefully looked at Eliyahu. He wanted to have something to ask or tell, but his chin was quivering, and his lips and tongue would not obey him. He mumbled something unintelligible. He did not want to believe his conjecture, and, miserably, all pale and shrunken, he was waiting with a defiant gaze for the young man to utter the words he has been scared to hear for the past 12 years.

"So, Mister Levy, if you do not remember this, then I can remind you. The unfortunate boy that you promised to remember for a lifetime, named Eliyahu, is me! And, today, I did not come to beg for your daughter's hand, as the other suitors have done. I have come to take what is rightfully mine! It's your time to do your duty, and give me what I was promised."

Eliyahu fell silent. Everyone sat around in astonishment, staring at him, and then at Levy. Eliyahu's eyes sparkled as if they were hit by lightning. Frozen and speechless, Levy thought that, at the moment, here sat, not a mere human, but a threatening deity that had come to punish him for his sins. The first to break the silence were Muso and Iso.

"Our dear friend, Levy!" Muso said "The youth is right. You promised and are now obliged to give him your daughter."

"Yes, yes, yes. Now, you must keep your word Levy," Iso said, handing a now deathly pale Levy a cool bowl of green tea. "You now have no other choice."

Levy took the bowl with trembling hands, took a sip, and, feeling better, replied: "You know what? You're right, Muso and Iso. The tea indeed has a very bitter taste. Why not sweeten it a bit?"

Chapter 3
Eliyahu Bezalel

In 1917, before the Russian Revolution had begun, my grandfather, Eliyahu Bezalel, the first guild merchant in the countries of the Russian Empire, planned to make an international sale that would not only bring him considerable income, but also to the two states to which he had been paying the appropriate fees.
It took only a few months to make sure he had collected the correct Turkmen goods that were in high demand in Afghanistan. Some he bought with his own money; the rest he borrowed with interest from other merchants or without interest from his merchant relatives. These were not peaceful times. The merchant caravans were often attacked by robbers. So, Eliyahu began protecting his caravan with reliable people, or conductors, many of whom had repeatedly proven their loyalty to him.

It was forbidden to cross the border with guns, swords or sabers. However, individuals were allowed to carry knives and daggers across the border. Caravanserai, or roadside inns, lined the caravan routes. The caravanserai owners knew and trusted Eliyahu. Right at the border, Eliyahu left his firearms with an owner on the Turkmenistan side for safekeeping. Then, after he crossed into Afghanistan, he rented rifles from the owner there. However, the rifle was a good weapon only for long-range combat. In close combat, it was not very effective because it took a long time to reload. For close combat, sabers, swords and daggers were better weapons of choice. Each of the guards Eliyahu hired was a decent shot with the firearms, but they were all masters with daggers.

Each guard owned two or three homemade daggers with blades of pretty impressive lengths. Although the size of these daggers was a third of what a saber or sword was at the same time, if skillfully wielded, two daggers could overcome a sword or saber.

Eliyahu was also adept at fighting with two daggers, as well as throwing them. Since the age of 13, he had helped transport goods by caravan routes for his father and grandfather. During these trips, he had plenty of time to learn this martial art from the guards. In 1917, when he was 50, and with frequent dealings with robbers, he not only retained this skill, but had come to be a great leader and strategist. He used the art of combat tactics to withstand any highwayman attack.

So, Eliyahu loaded his merchandise on a few dozen camels, and the caravan set out across the desert. I have read a lot of books that describe the majestic nature of the desert. But, someone who has never seen it cannot imagine its overwhelming beauty. He has to see it for himself.

I realized this myself when, in 1991, I went to the Turkmen desert with my father. It was my first trip, and his last. We breathed the intoxicating desert air and saw the vast expanses of land near his childhood home. I was overwhelmed, standing for the first time on sand next to a camel, the mighty giants of the desert. It is amazing how they regally bear such harsh desert weather. While I looked at the bright sand reflecting the Sun's golden rays, I found myself overcome with conflicting feelings. There, among the desert expanse, I felt like the ultimate ruler. But, at the same time, I also felt like an insignificant speck of dirt in the creator's greatest masterpiece.

Let us return now to those days in 1917. Imagine Eliyahu and his team comfortably perched on the backs of Bactrian giants in the middle of the desert and the monotonous sound of bells dangling on the camels' long-arched necks. They moved slowly in a long line towards the Afghan border. Just as the waves of the sea wash away the footsteps on the shore, so, too, the sand erased all traces of their trek across the desert. Here, all of nature's mysteries were in full view. All that was far seemed near: The burning Sun, the indescribable beauty of sunrise and sunset, the cold and sad Moon, and the bright stars twinkling in the dark blue sky. You feel as if you are in a magical universe or on another planet.

Time seems otherworldly. It seems to be endless. Thoughts that pass through your mind are no longer about small everyday earthly concerns, but wise and grandiose ones of the universe and the meaning of life.

So, days followed nights, and nights followed days. Weeks passed. Eliyahu's caravan finally arrived in Afghanistan. One day, at sunset, Eliyahu saw in the distance a dust cloud heading in their direction. He ordered his men to stop the caravan and kept looking in the direction of the rising dust, which was getting thicker. It could only be formed by the hooves of horses running, he surmised. "It seems there are a couple hundred highwaymen heading in our direction," Eliyahu concluded. He ordered his men to quickly prepare for battle. He found himself in these dangerous situations often, and was now certain that, although the robbers outnumbered his men, they would win the fight.

He gave the command to create a barricade. Huge packs were unfastened from several camels and placed in a large circle on the ground. The camels were tethered together and placed in the center. The packs would serve as a barrier for the men and also prevent the camels from running away once the fighting began. Thus, both packs and camels became serious hindrances to the robbers, who were used to a surprise attack in the open. When everything was ready, Eliyahu ordered his team to the center of the "living fort," load their rifles and wait. Each took up a comfortable position -- some squatted, thrusting their rifles between the camels' legs; others stood, positioning their rifles over their packs.

Eventually, the figures of the approaching riders became visible. The attackers waved their swords and sabers above their heads, cheered and hooted. When they were within firing range, Eliyahu gave the command to shoot. He aimed at the leader who was galloping ahead of the horde. Immediately, after the first round of shooting occurred, several dozen robbers, including their leader, dropped to the ground. That did not stop the rest, however. As they got even closer, they slowed their horses. They did not expect to meet any obstacles. Affected by the absence of their leader, they circled aimlessly around Eliyahu's team, waving their swords. During this time, Eliyahu and his men were able to reload their rifles and fire again.

    Eventually, they stopped moving in a circle because they were interfering with each other's horses. One screamed for his associates to attack from inside and immediately jumped over one of the packs. Several others near the barricade followed his example. Firearms were useless at such a close range. Eliyahu did not hesitate, however. He ducked under a camel and threw his knife into one of the robbers who was attempting to jump inside the barricade. The rest of Eliyahu's men did the same, and hardly any of them missed their target. But, Eliyahu's men were still outnumbered. The number of dead bodies under the horses' hooves increased, as well as horses running without riders. This made it even more difficult to approach the barricade. Assessing the situation, Eliyahu shouted: "Attack!" Again, he emerged from under a camel, plunged his dagger into the back of an attacker trying to get off his horse, and then ducked back underneath. The rider did not have time to retaliate.

His men used a similar tactic. Shortly after the first attack of this type, the number of opponents was almost the same as Eliyahu's men. By this time, the thugs stopped circling the barricade. Their horses could now only turn in one area because of the bodies on the ground. In a flurry of fear, they reared, and their riders' backs became easy targets for Eliyahu's men. Normally, these bandits would use sabers and swords. But, this wasn't a typical situation. When they finally saw that their number had diminished to less than a third of the original group, they stopped cheering. Realizing their desperate situation, they looked fearful and horrified and tried to get away from what had become a bloodbath. Their bewildered horses stumbled over corpses and glided through puddles of blood. This caused them to fall, crushing some riders. Only a few managed to escape this hell. Scared to death, the surviving robbers rode away, leaving their wounded behind.

  Eliyahu's men cheered. They were victorious! They came out of their hiding spots and wanted to kill the enemy's wounded. But, Eliyahu stopped them, saying they were not to be touched. He said: "May the Lord forgive your murder if you are defending your life. But, the one who kills those who are no longer able to cause harm is sure to be severely punished by the Lord." He pointed to the wounded enemies, who were moaning in pain, and added: "Those who are destined to die will on their own. And those who do not die will have learned their lesson."

  All of Eliyahu's men were alive, but some were slightly injured. Eliyahu was wounded, too. He did not even notice the injury to his left ear until one of his men pointed it out to him. One of the robbers slashed his ear with his sword. It was not completely detached, however. The lower part remained intact. The upper part was dangling from the ear lobe. Eliyahu's men suggested they return to Turkmenistan once all the wounded were bandaged, but Eliyahu flatly refused the request. He ordered everyone to move forward.

Once they reached the first small Afghan village, Eliyahu left the wounded there to be treated and promised to return for them. The local healer, who was an old friend of Eliyahu, disinfected and bandaged his ear. Eliyahu left a deposit for him to treat the other wounded men while he and the rest of the team continued on the trek. The deal, the timing and the promise were very important to Eliyahu. He did not care so much about profit as he did his good reputation. Only his death would be an excuse for money not being paid at the promised time. Reaching the Afghan city of Herat, Eliyahu decided to hand over the goods in bulk. Although a bulk sale would be less profitable, it did not bother him. He also did not buy any Afghan goods. He had to do what was right, after all, and bring the wounded back to their hometowns as soon as possible.

Eliyahu returned to the village sooner than he had promised. All the injured had a little time to recover. The healer asked to look at Eliyahu's ear. After seeing it, he told him that it was infected and he needed an operation by a professional doctor urgently or he would die. He also suggested that Eliyahu return to Herat. It would take longer to return to Kerki, the town in which Eliyahu lived. "You will not make it to Kerki alive, the healer said with concern. But, Eliyahu said no.

"I will get there and return, and then we will go for a walk together," Eliyahu said. "I promise." He laughed, and gave the healer a warm hug goodbye.

The camels were moving much faster on the way back because they didn't have heavy bundles of merchandise on their backs. Soon, the caravan crossed the border. During the journey, Eliyahu did not feel well. He was dizzy and lost consciousness several times. On the way to Kerki, there were several hospitals. Eliyahu's men had planned to leave him at the first hospital they reached, but Eliyahu said he did not want to die in a hospital where doctors do not know how to treat anyone. He asked them to take him immediately to the Russian block once they reached Kerki. The Russian block was in the center of the city, and, in this affluent neighborhood, very influential people, such as bankers, doctors, officers of the tsar's army and other Russian officials, lived. Many of these people knew Eliyahu. By the time they arrived at the house of the most famous Russian doctor, a friend of Eliyahu, he was barely alive and unconscious.

The doctor examined the wound and said the infection had already spread into Eliyahu's bloodstream. He couldn't guarantee that he would recover. He also asked Eliyahu's men to run to Eliyahu's home and call his relatives so they could come and be close in case they needed to say goodbye. The doctor immediately began Eliyahu's treatment. He gave the maximum number of shots that he could to stave off the infection and treated the festering area. When Eliyahu was briefly conscious, his oldest son, Isahar, was by his bedside. The first thing he did was hand his son some IOUs, as well as the money to pay for the goods. He said: "Go my son and immediately pay back everyone on these lists."

The day soon came when Eliyahu's vital signs were very poor, practically undetectable. It was time for all the adult family members, friends and relatives to come to his bedside to say goodbye. His family wanted to take him home because he looked quite hopeless. But, the doctor would not allow it. He said that he does not understand how this lifeless body could still have a beating heart, but it does. He also said there is a sliver of a chance that a miracle might happen and Eliyahu might overcome death. But, he would have to be a superhuman to do so.

Eliyahu was in a coma for a few weeks. Because he was not eating, his body became so debilitated that, eventually, he was just skin and bones.

About a month later, a miracle happened. He opened his eyes and signaled to the nurse to bring him water. After a few days, he was able to eat. A few days after that, he was able to stand. It really was a miracle. None of his relatives expected him to survive. Only after he fully recovered did the Russian doctor resume his treatment. He performed the most complicated operation at that time: reattaching Eliyahu's barely viable piece of ear.

Two months later, Eliyahu came home. It was about the time of the October Revolution in Russia. Those were difficult years for everyone. Eliyahu continued with his trading business.

However, his last years were very difficult. Old wounds began to ache. The pain from the reattached ear spread all the way to his spine. He suffered from bad back pain.

In 1920, bandits broke into his house, held a knife to his neck and tortured him. They forced him to give up the location of a buried gold coins. However, during their forceful questioning, they injured his neck. Once again, he got a blood infection. Eliyahu grew weak and did not have the strength this time to fight for his life. Before he died, his last words were: "What a blessing to die knowing that you do not owe anything to anyone." But, then he added: "Although I do owe an apology to that Afghan village healer who hoped to see me again after being so badly wounded. I had promised him that we would meet again."

My grandfather, Eliyahu Bezalel, was born in Herat, Afghanistan, in 1866 and died in Kerki, Turkmenistan, in 1920. This immortal story of honor, bravery, heroism and valor has been passed down from generation to generation, and will never go away as long as his blood flows through the veins of his descendants.

Chapter 4

Yaakov Bezalel
(In honor of, and dedicated to, my father)

To my great regret and shame, I never showed any interest in my father's life when I was young. He lived in extraordinary times, and his nature was forged by wonderful and exceptional people, such as his brothers and sisters. There is no excuse for my indifference, even if my young age was to blame. My father passed away more than 20 years ago (April 1, 1991), and it was only after he was gone that I realized how much I had lost.

A few months before he died, we were fortunate enough to have some joyful moments. These allowed me to get a glimpse of the priceless items stored in our family's treasury; they impassioned me. Since my enlightenment, knowing my family's history is no longer a mere twinkle in my mind. It has, instead, become, and will forever remain, my passion. It now burns with a bright flame in both my heart and soul.

Today, to commemorate the anniversary of the death of one of the dearest individuals in my life, I want to share with you a fraction of that light.

In 1990, our family decided to return to our roots and move to the Holy Land -- the land of promise. We sold our house and decided to buy merchandise of the same value, items that could be transported to Israel. I quit my job, and my father and I went to Turkmenistan to purchase handmade Tekin rugs[6], which were very popular in Israel. We had planned for a quick round trip. However, once there, my father wasn't in a hurry to leave. He asked me if we could briefly visit some of our relatives. I agreed, but this "brief" visit dragged on for several months. It was a few months before his death, and I think he could sense it drawing near. The intoxicating Turkmen summer air and fabulous landscape of its sand dunes brought back memories of his childhood, which was adventurous and full of danger. That is when my father started to tell me about his past.

My father was born in 1913 in the city of Kerki, Turkmenistan. Many of his brothers were born in Herat, Afghanistan. His father was born in Afghanistan, and his parents and grandparents were born in

Iran. Many of my grandfather's closest relatives lived in Mashhad, Iran. We were part of the great Bezalel family, which was a famous family of international merchants. My grandfather's name was Eliyahu Bassali. His parents' names were Bezalel, and they were repeatedly subjected to persecution by the Muslims in Iran. After they moved to Afghanistan, they changed their surname to Bassali so it would resemble a Muslim name. By doing this, they hoped their lives would be more secure. Eliyahu's father's name was Moshiach, and when he was younger, he had stores in Iran and Afghanistan. Although trading in Iran was better, my grandfather did not want to stay there. Shiite Muslims composed the majority of Iran's population then, and they didn't tolerate other religions. So, he moved to Herat where the main population consisted of Sunnis, who were less hostile to non-Muslims.

Eliyahu was Hana's husband; Moshiach and Esther's son. Esther, by the way, lived to be 122 years old. Eliyahu had nine children: Yoheved, Issahar, Amin, Musa, Joseph, Levi, Yaakov, Esther and Miriam. When he was young, my grandfather traded goods between Iran, Afghanistan and Turkmenistan.

Later, he moved his family to Kerki, a city on the Turkmenistan-Afghanistan border, and began to trade within the two countries. This way, it was easier to ship goods between both countries. Trade was going very well, not only for my grandfather, but also for the other Jewish merchants in the area. Local people preferred to buy products from Jewish merchants because they never cheated anyone and their merchandise was always of better quality and cheaper than the local dealers. In 1917, the Russian Revolution began. This event affected the economies of Russia's neighbors. Trade declined. Selling goods was no longer profitable because money was depreciated, not by the day, but by the hour. The purchasing power of the ruble banknote[7] dropped to 8 kopeks[8]. Later, the ruble depreciated so much that it became completely worthless. The new money that was printed was just as worthless as the old banknotes. My grandfather and his older sons closed their shops and waited for things to improve. Soon, the Turkmen communists seized power, and property that belonged to the wealthy was expropriated.

People who were dissatisfied with Soviet rule formed opposition groups.

They were usually composed of former merchants and well-to-do individuals whose property had been confiscated. In an attempt to defend their right to own property, these groups began to arm themselves. In addition, small gangs were robbing the civilian population. These gangs seemed to support the Communists. The Communists called both groups Basmachi[9] gangs and attempted to turn the local population against them.

The Basmachi gangs found Kerki to be convenient for them because it was on the border, which, in those days, had little control over customs. They could hide from the authorities across the border and raid and pillage when they wanted. In 1920, there were frequent Basmachi raids onto the covertly rich. Most were Jews. If the Jews did not give the robbers their money, their heads were cut off. My grandfather was concerned this might happen to him. One day, he brought his oldest son, Issahar, then 26, to the farmyard. Issahar was known to be reasonable, not just by his family, but also the entire district. My grandfather showed him where a jar of gold coins was buried, and told Issahar that if something should happen to him, he should divide it evenly among his brothers and sisters. He said:

"There is so much gold here that there should be enough, not only for all my children, but my grandchildren and great-grandchildren as well."

And, indeed, one day, the bandits, armed with guns and daggers, broke into my grandfather's house. Their faces were covered with rags. They herded the entire family into one room, brought my grandfather into another, and demanded his gold. My grandfather opened the trunk, which was full to the top with Russian banknotes, and said to them: "See what has become of my money. I was rich, but now I'm broke." The leader of the gang laughed and said: "All of Kerki knows the story about how your son, simple-minded Musa, sold a thousand rugs in one day to make this money. But, I know that you're the richest Jew in the entire district. And I also know that this merchandise belongs to your son, and it was your son who went bankrupt. This is only a hundredth of what you possess. If you do not give me all your gold now, I will use this dagger to cut off your bald head." My grandfather was a very brave, but desperate, man. He thought: "It would be better for me to die than for my family to suffer." So, he shouted: "I do not have gold! I'm not afraid of you or death! It is you who should be afraid. God will punish you for all your sins."

Furious, the leader ordered his men to tie my grandfather up and bring him out of the house to behead him. They dragged him to the barn, and tied his hands and feet like a lamb about to be butchered. One of the thugs raised his dagger to my grandfather's throat and waited for the leader's signal. "I am asking you for the last time. Where is the gold?"

"Go ahead and behead me! I have no gold," my grandfather croaked with the dagger at his throat. He continued to yell various curse words at them.

"Well," the gang leader said, "it would be an easy death for you to die by beheading. First, I'll cut your children's heads off in front of you and then I will kill you. Bring all of his sons out," he ordered his men.

As soon as my grandfather saw the robbers heading for the house, he frantically shouted: "Stop! Take all the gold, but do not touch my sons."

"Where is the gold," asked the chieftain.

"Here it is," my grandfather said, pointing to the ground. "It's buried right here, where you want to spill my blood." The robbers dug up the pot of gold, and rode away. They did not kill my grandfather, but his spirit was crushed. He lived only a few more days, and then died. My father was only 7 years old at the time. My grandmother, Hana, was a widow with nine children. My grandfather left them a legacy, which included an enormous house with a few acres of land. The house had a living area, barnyard, chicken coop and gardens with fruit trees and vineyards.

In 1990, one of his grandchildren, Meer, the son of Issahar, visited the area. He told us that a military base had been built there. The old brick building had been preserved and converted into military barracks.

After my grandfather's death, his six sons decided to get involved with the housework so the family could be fed. They got into viticulture -- cultivating grapes for winemaking -- and horticulture, poultry farming and cattle breeding. This common goal strengthened their familial bond. Later, they became prominent specialists in the field. And the love and skill of these trades were passed on to their children and grandchildren.

Despite the ferocious hunger in their area, every evening, the entire family gathered on the house's huge front porch or in the gazebo beneath the vineyard, and enjoyed a feast. Each possessed a musical ability, but Joseph had a special talent. He had perfect pitch and was a skillful tar player. Later, he became known as Joseph Torchi[10]. When it came to daily fun, he was the ringleader. With the exception of funerals, not one evening would pass without music being played and dances being performed.

A few years went by.

In 1926, my father was 13. He celebrated his bar mitzvah, and became a full-fledged man of the household. He had waited a long time for this moment. It had been seven years since he lost his father. He had always wanted to start working in order to return the family to the economic status and well-being it had been during his father's life. My father and his brother, Levi, were the strongest, not only in their family, but also among the other young men in the area. In addition, they were extremely brave, adventurous and nimble. My father shared with his brother his lifelong dream of getting involved in a risky, but highly profitable, business. In the late 1920s and early '30s, many families, who had relatives that lived abroad, were allowed to travel or migrate. However, the amount of property and valuables they could export was limited. Those who left had to pay exorbitant taxes for that. Any family who went abroad thus found themselves there in absolute poverty. Central Asian Jews began to look for opportunities to illegally transfer gold and jewels across the border. Such paths were found, and most went through the border town of Kerki. When it came to providing this particular service, my father and his brother proved to be the most reliable and honest in the city. Soon, their reputation preceded them – they were always successful -- and they became known to a great deal of people.

     By that time, border security had been greatly strengthened. Many smugglers had been caught, jailed or killed trying to escape. My father and his brother loved their family so much that they chose to continue despite the danger. They valued their family more than their freedom, and they loved their family more than themselves. Eventually, the family's economic status noticeably improved.

My father and Uncle Levi never considered what they did to be smuggling. On the contrary, they felt they were helping people keep their hard earned money. They always said the thieves were the authorities who charged travelers such high prices and robbed them blind. They would charge between 1 to 3 percent of the purchase price for their services. The goods were transported by land and across the Amu Darya River, which divides Turkmenistan and Afghanistan. There were many ways to smuggle goods. But, this was the best way: They sewed the gold coins into sheep hide, sewed the hides to sheep wool, and dressed up as shepherds, complete with staffs, turbans and robes. They casually walked their flock of gold sheep right under the custom guards' noses.

The bulk of immigrants whose property passed through the hands of my father and Uncle Levi were Jews. The majority were former Iranian and Afghan citizens, just like our family. They were very rich and decent people, who came mainly from Turkmenistan. However, frequently there were some Bukharian Jews also immigrated. I was saddened to hear from my father that they avoided dealing with Bukharian Jews because they never paid the promised interest. Sometimes they even refused to pay, accusing them of not delivering all the goods.

By the end of 1936, the Communist Party's policies tightened. Innocent people were being accused of espionage and sabotage. Millions were being sent to labor camps. Many were declared enemies of the state and executed. This time was called Yezhov Era, or Great Purge. Nikolai Yezhov, People's commissar of Internal Affairs and the commissioner general of State Security, was Stalin's right-hand man. He carried out all of Stalin's orders. During this period, from 1937 to 1938, almost all of the resident aliens were accused and pursued. They were imprisoned, beaten, forced to admit to espionage and shot. Immigrations abroad virtually ceased. Border security was enhanced, so my father and Uncle Levi had to abandon their business.

In 1937, Stalin ordered that all non-indigenous residents of the Socialist countries in the border towns be evicted. It was a shameful and inhuman decree. Jews, as well as other groups in Kerki, were considered to be non-indigenous residents. The order was to be fulfilled within 48 hours. Those who refused to obey would be shot on sight without a trial. Transfer of merchandise was limited to luggage that could be carried. The export of jewelry and money was also limited.

The train wagons were brought into the station for immediate transportation of the evictees. People were not able to sell their homes, belongings or cattle. Every Jewish family was huge. Every adult held a duffel bag in one hand and a child from his or the neighboring family in the other. Some could not carry any bags because they held a child in both hands. Everyone was thoroughly searched as he or she entered the train. If people were found to have hidden gold coins, they were immediately taken away, never to be seen again. My father and my uncle handed their gold coins to the Turkmens who came to see them off.

So, my father's family arrived in Samarkand, Uzbekistan, with nothing. It was the second huge blow to the family after my grandfather's death. The third occurred in early 1938. My father and his brothers were jailed and accused of espionage, all except my Uncle Amin, who moved to Israel in 1933, and my Uncle Levi, who was not in the city at the time of the arrests. My father and his brothers were considered foreigners and had Afghan passports. They were accused of being British and German spies, and would have been shot. I will tell you later in "Brothers in Jail" and "Levi Bezalel" how they miraculously escaped death.

Chapter 5

The Golden Belt

I already mentioned in the chapter, "Yaakov Bezalel," how my father, Yaakov Bezalel, and his brother, Levi, helped immigrants get their property abroad by smuggling it across the border. This took a lot of time, and so as not to arouse the suspicion of the border guards, the goods were always delivered in different ways each time. However, the first part of the journey was always across the Amu Darya River that divides Turkmenistan and Afghanistan. My father and uncle would accomplish this by swimming it.

Delivering goods like this was very risky, especially in the summer. The Fedchenko Glacier in the Pamir Mountains of Tajikistan would melt and cause the water to rise very high. In the past, the water flow was more forceful, and the water level was much higher than it is now. There are two reasons for this. First, the population using the water for domestic purposes was much smaller, and, second, there were fewer cotton fields, which now occupy a large part of the river.

There were border towers on both the Afghan and Turkmen banks of the river. They provided a view of the entire river. However, in some areas, the view was obstructed. This is where they would carry out their illegal operations.

In June 1927, the brothers urgently needed to deliver a few hundred gold coins to the nearby shore. One night, the conditions to cross were favorable. The river was shrouded in mist, so swimming across it – even near their village, which was at the border crossing -- would be safe. Also, the river's current at that point was pretty weak. There was only one thing that wasn't ideal: the water's temperature. It was very cold. Both boys were also susceptible to intense and unbearably painful leg cramps, which would occur frequently.

As I said before, most of the water in the Amu Darya comes from high in the Pamir Mountains. They reach up to 4.3 miles above sea level, and the minimum temperature reaches -58 degrees Fahrenheit. Despite the water traveling more than 1,000 miles through countries with torrid climates, there is not enough time for the water to warm up. This phenomenon, by the way, is a gift of nature to the surrounding areas of the river with a dry climate.

The city of Kerki was also fortunate to have a gift such as this. It had an extraordinary climate, flora and fauna.

So, at midnight, the brothers, who were 14 and 15 years old at the time, tied special belts made of heavy tarp to their bodies. The belts had pockets in which they placed the Nicolas gold coins. These coins, issued 200 years ago had the face of Tsar Nicholas II on them and came in denominations of 5, 7.5, 10 and 15 Rubles. Placing their homemade L-shaped reed pipes in their mouths and diving under the water, they quickly and quietly began their journey across the river. Under the cover of an evening fog, they swam slowly side by side towards the Afghan bank.

As they continued swimming, they felt the water getting colder and more turbulent. They were being pulled in two directions.

The river divided into two branches. Just at this moment, Yaakov felt a terrible pain in his right leg. He spat out the pipe, one hand floundering in the water, the other trying to reach a pin so he could prick himself in the foot. Doing this sometimes stopped the spasm. But, unfortunately, he dropped the pin.

Meanwhile, Levi, not knowing what had happened, disappeared out of sight. Yaakov could not see Levi's straw through the thick fog. Screaming for help would be useless because his brother, who was still under water, would not have heard it. What started as a mild pull was turning into a whirlpool, and the cramp was not going away. Yaakov tried not to panic. That would only make the situation worse.

The coast was only a few feet away, but Yaakov was suddenly terrified when he realized he was being pulled into a water funnel. It would be nearly impossible to get around the funnel with just his hands. Despite not being able to use his legs, Yaakov managed to overcome the current and get a safe distance away from it.

There was no time for Yaakov to catch his breath, however.
Horrified, he saw in front of him another water funnel, and this one was larger and more powerful than the first. It made a fierce noise as it sucked in passing branches and other random items. Yaakov imagined his thin and vulnerable ribs being easily smashed by this voracious

funnel, and it terrified him. His arms were tired after his bout with the first funnel, and they felt like lead. He couldn't fight this one. The funnel whirled and engulfed Yaakov, and began to pull him to the bottom. He barely had the chance to take a deep breath. He closed his eyes, and, with all his strength, prepared his body for heavy pressure at the bottom of the river.

Just at that moment, the pain in his right leg became more intense. A cramp was preventing him from tensing up his leg. It felt like the funnel was twisting his cramped leg and trying to pull it off. "No! I cannot bear such torment! Enough is enough!" Yaakov wanted to yell. He could barely keep himself from crying. "I hope I do not lose consciousness from the pain," he thought. "Otherwise, I'm dead!" To help himself concentrate, he bit his lip hard and drew blood.

Fortunately, Yaakov's nightmare didn't last long. The vortex was losing its strength, and this allowed Yaakov to relax and open his eyes. He was at the bottom of the river between two very deep ravines. These were, most likely, the reasons for such turbulent vortices. From the bottom, the funnel was clearly visible. Yaakov could see the water from both ravines converge and create a cone. He was at the bottom of that cone and felt the pressure pushing him. All Yaakov had to do was swim close to the bottom and away from this dangerous place. However, any movement caused him unbearable pain. Yaakov, slowly and gingerly, began to release air from his lungs, hoping this would allow him to stay motionless long enough for the cramp to pass.

Meanwhile, his hands instinctively reached for the "golden" belt, and his fingers found the iron clasps. It would be much easier to move along the bottom if he were free of this heavy belt, he thought. Then, he could float up. But, it meant that he would have to disappoint the person who entrusted him with what might be his entire savings.

"No! It is better to die than suffer such shame!" Yaakov concluded. He had to concentrate to forcibly remove his fingers from the iron buckles. So, Yaakov stayed motionless a little longer. He looked anxiously at the last of the air bubbles, which he reluctantly released from his mouth. They first climbed slowly in a line. But, once in the vortex, they were tossed around as if they were in a centrifuge. He released the last remnant of air, but the pain in his leg had not eased. He was beginning to lose consciousness.

Ready to die, Yaakov lifted his head up and began to pray. Then, he saw something. He thought it was a white light. He tried to focus on it. It was beginning to look a lot like a human silhouette. Finally, Yaakov recognized the shape as a gray-bearded old man in luminous white garb. His face was bathed in a soft white light. Yaakov stared into his eyes. "Oh, my God!" Those eyes reminded Yaakov of his own father, who he lost when he was 7.

"Father! Is that you," he asked the old man in his mind. "Have you come to take me with you to the Garden of Eden?" The old man shook his head, moved his lips, and Yaakov heard his father's voice, a voice he had heard in his dreams for the past seven years. "No, son," the old man said. "It is too soon for you to leave this world. After all, the happiness of our family depends on you. Make your way up, son."

"But, I cannot," Yaakov said. "I have a cramp, and my leg is crushed."

"Son, forget the pain! It is not so bad now. Do you not feel it? You have to control it! Swim up soon. Otherwise, it will be too late."

The old man began to move away, beckoning for Yaakov to follow him. Yaakov moved forward and up, trying to overcome the pain.

But, then, a miracle occurred! There was no more pain! It was as if he had left his body behind and only his spirit was following that of his beloved father. Multicolored flares of light began to resemble stars. It seemed as though the water and fog parted as the glowing silhouette, which was swiftly ascending upward, began to transform into beams of moonlight. Suddenly, everything became completely dark. All the heavenly bodies disappeared simultaneously, and Yaakov had one last fleeting thought: "I'm sorry, Father. I cannot make it."

Yaakov woke up on the river bank. The first thing he saw through a web of slime that clung to his thick eyelashes was the Sun. It was at its zenith. White fluffy clouds floated through the blue sky. One of them resembled a human silhouette, but Yaakov could not remember whose. The cloud slowly drifted away. As it finally began to float into the distance, it left behind it a thin strip of smoke that resembled a hand locked in a farewell gesture. And, just as the last streak disappeared, Yaakov remembered the silhouette was of an old man dressed in white robes, the man he had seen in the water. He remembered everything that had happened to him.

    Lying on his back, and without raising his head, Yaakov anxiously put his hands to his waist, and groped for the gold belt. Once he felt it, he calmed down. "So, I did not drown," he thought to himself. "But, how could this happen? By what miracle did I escape and survive? The spirit of my father! It must have been more than just a vision. That explains it. My father's spirit saved me. And now he's floating across the sky as a white cloud to say goodbye.
"Thank you, father. You gave me life a second time," he thought as he looked at the sky, which was covered in a smoky white haze.

    Yaakov tried to lift his head to look around, but could not. A sharp pain struck him in the chest and back, and it was hard for him to breathe. He felt nauseous and dizzy, and began to vomit. As he did so, Yaakov could not breathe. His nostrils were filled with dirty water, sand and mud. He began to choke. He finally managed to gulp some air, but then vomited more dirt and mud.

He expelled, maybe, about the equivalent of a bucket of water, but he was still nauseous. He could only breathe through his mouth. He was weak, but he tried to clear his nostrils. No luck. There was still a lot of thick mud clogging them.

Yaakov realized he was lying on the damp sloping riverbank -- about 16 to 20 feet from the reeds. His ankles were touching the water. Yaakov flipped onto his stomach and began to turn his head towards the water. When he did so, he dipped half of it in the water, and began to rinse his mouth and nostrils of the vomit and mud. Finally, his nose was completely clear, and it got easier to breathe. Yaakov crawled away from the water.

About 16 feet from the shore, there was a weeping willow. Yaakov crawled over to it, laid down on the thick grass under the welcoming shade it provided, and fell asleep. He woke up when the edge of the Sun was already hidden behind the western hills. The nausea was gone.

Yaakov surveyed the area while he leaned on the tree's trunk. In front of him, the river had a gentle sloping shoreline that was overgrown with reeds. There was a ravine to the east, west and south, which stretched as far as the eye could see -- to the distant amber hills silhouetted by the setting Sun. The ravine was covered in short, but dense, grass. There were no walking paths. Yaakov could see there were no Afghan villages nearby, and that people might not know about this area.

  Yaakov felt a ferocious hunger. Usually, he was very resilient and didn't have to eat for days. Friends joked, calling him a camel because he could go a whole day without drinking any water or several days without eating any food. But, now, the water had washed away any nourishment that may have sustained him. "How long did it take for the water to carry me this far," he asked. "I don't know this place." He looked around. It might take a day or two to get to a village, he thought. He tried to get up, but collapsed from weakness.

  Yaakov felt a little dizzy, and his entire body was in pain. As he leaned against the tree again, he finally noticed the condition of his body. It was bruised and scratched. His left arm had deep scratches covered with dried blood, and a think, but sharp, piece of broken reed was impaled in it. Yaakov gently removed it, and blood came rushing out of the wound. He looked at the reeds and noticed there were some broken ones near the edge of the shoreline.

"Apparently, I drifted here with the current, and these reeds saved me and kept me in place," thought Yaakov, noticing the river flow. Because of a stone ridge that protruded above the water, the flow divided into two smaller streams. The one that passed through these reeds was slow because of the coastal bay, which was covered with dense thickets of reeds on the shore. Continuing to examine his body, Yaakov discovered that instead of wearing pants with an elastic band, his clothes were all in tatters, which was a shock to his dignity. "It's a good thing I was thrown into a deserted area," Yaakov thought. "I will not be seen like this." He felt his strength begin to wane, and his vision dim. "If I do not eat something soon, I won't be able to reach a village.

"If I sit here and hope for a miracle, I will starve," he continued. "I must move along the shoreline." He got himself down on all fours and attempted to crawl forward. But, he stopped. "Maybe there will be edible berries, fruit trees, mushrooms, or roots along the road.

Good thing my grandmother, Shoshana, the herb woman, taught me to recognize the indigenous plants of the area and distinguish between poisonous mushrooms and berries and nonpoisonous ones."

He got back on all fours, and, exhausted, moved slowly forward towards the west.

After a few feet, he felt his strength leave him, and he fell flat on the ground. His eyes were closing. "That's how I'll die -- here, from hunger," he thought while he slowly started to lose consciousness. Then his father appeared to him again. At first, Yaakov felt his gaze, and when he lifted his head, he saw it. He was standing in a meadow that appeared to be in front of Yaakov, wearing a white flowing robe. The figure had a gray beard and bushy eyebrows. His beard, eyebrows and robe were blowing in the wind. His deep wise eyes sparkled with a soft light.

"What are you doing, son," he asked.

"I'm starving, father," Yaakov said. "I have no strength to get up and go to a village for something to eat."

"You do not have to go anywhere," his father said. "There is food nearby. Can you not hear?" Yaakov listened and heard a cow in the distance. He opened his eyes. The vision disappeared immediately, but the mooing continued. He lifted his head and saw a stray white cow about 100 feet away slowly munching on the lush grass. Her udders were big and swollen, and ready to be milked. With tears in his eyes, Yaakov enthusiastically whispered: "Thanks, Dad, my guardian angel. You saved me from certain death for the second time in one day."

Gathering all his strength, Yaakov crawled over to the cow, collecting the choicest grass along the way. It heard the sound and, seemingly alarmed, stopped eating. She shied away from Yaakov when she noticed his approach. Retreating to a safe distance, she froze and stared at Yaakov. He lifted a bunch of fresh grass and said, softly: "Fear not, silly. I do not need anything other than milk from you. After all, you would not let me die of hunger, would you?"

A breeze blew the smell of the fresh grass towards the cow. She took a deep breath through splayed wide nostrils. Having sensed the smell, she cautiously walked forward, but stopped a few feet from Yaakov. "Moo-moo-moo-moo.

Moo-moo-moo," Yaakov sang sweetly as he held the bundle of grass. The cow craned its neck, and using her long sticky tongue, ate the grass. She took a small step to the side and began to savor her food. Not wanting to waste any time, Yaakov grabbed another handful of grass, selecting rare young clover sprouts and other scented plants. Yaakov held out the new bunch for the cow. This time, it had a better reaction to Yaakov and his gift.

    It came right up to him, and tried to pull the grass out of his hands. But, Yaakov did not let it go until the cow allowed him to pet its face. He repeated this several times. After the third and fourth time, she allowed herself to be stroked on the neck and belly. A half-hour later, she allowed Yaakov to touch her udders.

    To Yaakov, the cow's milk was simply magical. It tasted different. Not only did it have a unique taste, but it seemed to be extremely helpful with his recovery. A few minutes after drinking it, Yaakov felt an extraordinary burst of energy. "Apparently, this cow had been lost a long time ago, and has been feeding on certain wild varieties of berries and medicinal herbs," Yaakov guessed.

Now, he could get up, and he didn't feel weak or dizzy anymore. "Thank you, and goodbye angelic beast," Yaakov said to the cow. He put his arm around its white neck, and gave it a kiss. He started to walk along the shoreline against the current, gradually picking up speed. His movement was slightly hindered by pain in his joints. Soon, the walking helped his body warm up so much that there was no pain. His pace got faster and livelier. He only slowed down near the berry bushes that grew along the riverbank. As he walked past them, he broke off bunches and threw one after another into his mouth, wincing at their sour taste. The trip would take him four hours.

    Night was coming. Suddenly, Yaakov noticed light reflecting off someone's eyes in the dense thicket of thorny bushes ahead. He paused, and stared intensely in that direction. Soon, the barking of jackals could be heard from the thicket. Continuing on this path in the dark was dangerous. Yaakov looked around. To the left of him, there was a stretch of thickets and low hills. In front of him, behind the thickets, were hills covered with lush bushes. Such places are favorite stalking areas for wild animals that hunt at night. "Perhaps there are wolves," Yaakov wondered. Also on the left, behind a small mound in the ravine, grew an elm. Its branches reached high above the hill. "This will be my shelter for the night," Yaakov decided, and ran towards the tree. Like a monkey, he deftly climbed up the trunk and nestled in a convenient recess between the trunk and the two thick branches. Now, he had time to think.

"How much time would I need tomorrow to get to the shepherd's hut – the place I agreed to meet Levi in case we missed each other," he asked himself. "Tonight, I must've run somewhere between 9 and 12 miles, but I do not recognize anything. I am amazed at how far I drifted down the river.

"I began to get pulled under at about midnight, and woke up on the beach in the afternoon. Assuming that I was unconscious for four or five hours, the current must have carried me 18 or 24 miles. If that is true, then I have already traveled half that today and the rest I will finish tomorrow in four hours as well. If I leave at dawn -- about 4 a.m. -- I will arrive at the meeting place at 8 a.m.

"Of course," he continued, "poor Levi expected to see me today. When I did not arrive, he must have assumed that I had drowned. The delivery of the gold was scheduled for tonight. But, in case something unforeseen occurred, there would be a meeting at 5 a.m. the next day. And this was the deadline. What will Levi do? He will probably transfer some of the goods in the morning, explain the situation, and borrow money from friends, for a day or two, to buy gold coins to replace the lost ones.

"Of course, the owner will have nowhere to go, and will be forced to agree to these terms," he kept thinking. "However, news of this situation would already be spreading, and our competency will be questioned. We will not be able to keep this business any longer, and, as a result, our family's financial situation would be worse. I am going to have to leave here before dawn."

The sky was clear. The Moon and stars shone brightly. But, a fog was rising off the river. Yaakov knew that this fog usually spread quickly to both sides and covered an area of about a mile, and lasted a long time -- at least until the first rays of the Sun. It's impossible to move fast in the mist. Therefore, there was no time to hesitate.

Yaakov's hearing was very good, and he could hear hungry wolves howling to the west. He felt his heart rate increase and his head pounding. He experienced two feelings at once – love and fear. Fear called for diligence, and was urging for him to remain in a safe place until morning. But, the love of his family overwhelmed this fear, and it urged him to risk everything and leave his safe haven. Overcoming his fear, Yaakov jumped from the tree and ran through the dark ravine to the southern slope. Behind him, he heard the bloodcurdling howl of the wolves. It already sounded clearer. Ahead, he saw a gnarled stick. He picked it up, and, with all his strength, hit it against the tree trunk.

It was strong enough and did not break. He knew that if he were to be attacked by wolves, this stick is not going to help save his life. But, he would not throw away the only thing that gave him the courage to go on. Finally, all sweaty, he climbed to the top of a steep hill and looked back.

Behind him, on the north side of the river, the fog was rising. He turned to the south. He saw flat terrain that was illuminated by heavenly bodies. Yaakov was glad when he saw it. Predatory animals do not like open areas. He threw the heavy stick away and, with all his might, ran forward.

He ran about 1 mile, turned west, and ran towards the hills. On the right, they stood, with their tops covered with dense fog. The wolves were howling again. A gusty wind was blowing towards the west, making it easier for Yaakov to run.

After about 9 miles, Yaakov reached the western hills. They were not very steep, but, it was difficult to climb them at a fast pace because of the dense forestation. Yaakov did not reduce his speed. About 900 feet from the summit, Yaakov could smell manure. This was probably from the sheep that were grazing nearby. This was a good sign. It meant that he was close to an Afghan village. Indeed, from the top of the hill, Yaakov could see a small village sitting in the lowland plains. Several dozen low shacks were on the northwest side. Because of his occupation, Yaakov visited many Afghan villages along the Amu Darya. However, he had never been to this one before. Yaakov noticed a trail leading to the village. He ran up to it and began his descent.

At the bottom of the path, Yaakov came to a fork. One path went through an open area; the other passed through ravines. He took the path that went through the ravines because it would hide the fact he was almost naked from anyone who happened to be up that early.

The trail led him to a small group of huts surrounded by a woven-thicket fence. Yaakov pulled his canvas belt down to his hip to hide his naked groin. With a clumsy gait, he approached the stockade and looked into the yard. Yaakov held his breath when he saw an Afghan robe with a belt hanging on the vine about 3 feet from the fence. "This is just what I urgently need right now," he thought happily. He picked up a stick lying by the fence, and tried to drag the robe off the vine.

Yaakov heard dogs growling. He skillfully grabbed an armful of clothes, threw the stick away and ran from the fence, holding onto the canvas belt while throwing on the robe. He heard more barking, which resonated all the way back to the ravine. Once there, Yaakov tore off his pants, and wrapped the sash around his body to fasten the robe, and mentally addressed the now quiet hounds: "You don't have to bark so much. I'm not a thief. I borrowed your master's robe. When I finish my business, I will send him a gift of three robes."

Dawn was about two hours away. Skirting the village, Yaakov followed the river to the west on the flat terrain's shortest route. The fog gradually dispersed, but not enough because Yaakov still could not see the road beneath his feet. So, he traveled south along the hilly terrain.

This route brought him to a well-trodden path that led to the west. Yaakov ran to it. Each slope on his way was higher and steeper than the previous one. After rounding a few hills, Yaakov finally reached one of the highest peaks, from which the surrounding area could be seen. In the southwest, on the wide plain, was a village with about a hundred houses. Yaakov ran in that direction. Soon, he was on the wide road that led to this village, which was in the low hills.

This area seemed familiar. And, indeed, he remembered that he had been here when he saw three large walnut trees on the left side of the road. He was very happy. He was now able to figure out how much time he would need to get back to the shepherd's home.

It was almost dawn. "It must be 4 a.m. now," Yaakov guessed. He started to run. "The shepherd's hut was about 3 miles to the west," he said. "I can run this distance in a half-hour. But, Levi would probably be gone by now. He would have left for the meeting a half-hour ago. So, there is no need to run to the shepherd's hut. The meeting place is southwest of here near an abandoned well, a distance of about 4 miles. If I run straight there, I will arrive by 5 a.m."

Yaakov turned south and picked up the pace. In 3 miles, he crossed the road that led straight to the well. Yaakov's keen eyes soon noticed that ahead on the road, about a mile away, there was something moving. It looked like a human. Yaakov recognized the figure's clumsy gait; it could be none other than his brother, Levi. When Levi was just a few steps away from the well, Yaakov was about 220 yards from Levi, and he tried to catch up to him. But, Yaakov's legs would not obey him.

"Levi! Levi!" Yaakov shouted hoarsely with the remainder of his strength. He realized immediately, however, that his brother would not be able to hear him. To Yaakov's surprise, Levi stopped near the well and turned in his direction. Sweaty from all the running he had done, Yaakov felt cold chills down his back. A cool wind blew from behind. It was this cold morning wind that carried Yaakov's cry to his brother. Yaakov took a few steps and fell to his knees in tears, seeing his brother's amazement.

After a few moments, which seemed like an eternity to Yaakov, Levi finally came out of his shock and rushed in his direction. As he got closer, Yaakov saw the tears on his brother's face. Levi ran to his brother, and once he reached him, silently dropped to his knees and hugged Yaakov, burying his face on his shoulder. Yaakov whispered hoarsely: "Levi, did you think that I was gone? That I drowned? But, I'm alive. The spirit of our father saved me, and the gold is with me." After a short pause, Yaakov asked him something, but there was no answer.

While in the strong arms of his brother, Yaakov felt his body shudder, and, he, too, fell silent. He realized that his brother, who had always been famous for his iron will, self-control, and ability to cope with unbearable physical pain, was now, for the first time in his life, overwhelmed with emotion.

Ahead, by the abandoned well, a familiar figure appeared, but Yaakov did not move. Levi's tears felt like healing waters, which ran down his neck and under his Afghan robe, curing his sore and fatigued body.

Chapter 6

Brothers in Jail

This chapter takes place during the Great Purge years, between 1937 and 1938. Called the Yezhov terror after Nikolai Yezhov, head of the Soviet secret police, NKVD, this was the time when Soviet concentration camps and prisons were full of millions of innocent people, many of whom were shot or tortured to death. In those two short years, the true nature of the Soviet system was revealed – the ugliness that, in other years, its rulers tried very hard to hide. I must say that they managed to deceive many people for a long time, right from the beginning of the Soviet state. But, with every year, the deception had become increasingly difficult to maintain because people were beginning to feel the negative side effects of such a corrupt system, which eventually led the people to material and spiritual ruin.

This system inevitably led to the Soviet Union becoming no better than a mafia with a monolithic structure where the Soviet people were forced to plunder their own country. It was around this time that a Russian adage -- "There are no guarantees in life that could save you from poverty and prison" -- became the most popular in the Soviet Union.

The German philosopher Karl Marx believed that a truly utopian society must be both classless and stateless, and the government should control all means of production so one person could not make more money than another. These utopian doctrines on equality and humane society were not only met, but proved to be extremely dangerous, immoral and inhuman. In 70 years, the Soviets not only physically killed tens of millions of people, but also inflicted massive damage to most of the population, the effects of which continue to this day.

This insane system destroyed the most important possession people had – their spiritual values. The country's spiritual development was stifled. As a result, hundreds of millions of innocent people were absorbed by this Soviet plague, and acquired a perverse mentality and outlook on life. There was a small group of people who managed to preserve their spiritual values, however.

The Bezalel brothers were some of the lucky few who miraculously managed to stay alive during this time. This chapter is dedicated to them.

The rather large Bezalel family settled in the city of Samarkand, Uzbekistan, at the end of December 1937. They moved there, not by choice, but because the Central Committee was relocating all nonindigenous residents of the Soviet Union to areas near the country's borders. The Bezalel family lived in Kerki, a city in the Turkmen Soviet Socialist Republic, which was near the Afghan border. The relocation was scheduled to occur within 24 hours by orders of the Central Committee. This presented a problem, however. The number of people being evicted was more than twice what the Kerki railway station wagons and cars could handle (To this day, the exact number is still unknown). So, 24 hours was not feasible. Local city authorities asked the committee for an additional 24 hours to evacuate everyone, and it was granted. As a result of this relocation, the Bezalel family was almost destitute when they moved because they did not have time to sell their processions.

The adults in the family, Issachar, Musa, Yosef, Levi and Yaakov, had

Afghan passports. Because of this, they were considered foreigners in Samarkand and had to temporarily take low-paying jobs. The family's financial position was not very good. The five brothers had to provide for a family that included 30 women and children.

Samarkand's NKVD (People's Commissariat for Internal Affairs, a.k.a. Narodnyy Komissariat Vnutrennikh Del) carried out all the Central Committee's orders. In every corner of the city, there were NKVD agents, servicemen, volunteers and some who were coerced to join. People who had shady pasts, and whose fates were determined by the NKVD, were forced to snitch on their neighbors and comrades or end up in prison. Some of those who volunteered to denounce others included the vilest, slanderous and envious people. They hoped to gain favor with the authorities. These agents, during the Yezhov terror, not only helped the Central Committee identify enemies of the state, but also successfully overcrowded the prisons with innocent people.

One such agent, nicknamed Donoschi, wrote a false accusation to the NKVD in March 1938 about four of the Bezalel brothers. The fifth brother, Levi, was working in Tajikistan at the time, and, luckily, was not denounced. Donoschi did not know he existed. Donoschi was a Bukharian Jew who lived in the Jewish Quarter of Mahalla, so his main victims were Bukharian Jews and other Jewish Quarter residents. In his four-year career (1937 to 1940), he managed to slander a few hundred people. Hundreds were tortured to death, slaughtered in the prison showers or deported to labor camps. Several hundred families were ruined because of him.

He did these deeds not because of any kind of compulsion or tireless devotion to communism, but because he liked to do nasty things to people. Seeing someone suffer made him very happy. After Yezhov died in 1940, Donoschi found himself the target of Soviet machine to which he so diligently contributed. The Soviet system seemed to have a self-destruct mechanism that triggered its demise, and destroyed its most loyal followers, Communists and other lackeys.

In his denunciation of the four brothers, Donoschi said they were Afghan spies posing as Turkmen Jews, and their mission was to transmit information abroad in order to harm the Soviet people and damage the Soviet state.

Such a denunciation, even unfounded, was sufficient enough to arrest and question the accused. These denunciations were great gifts for the NKVD and the Central Committee because identifying either the enemies of the people or their plans was hard for the republics to do on their own. The Soviet leader, Josef Stalin, realized the socialist system was imperfect. He also realized that communist ideals were just a utopian idea, and they were insufficient for governing people. He understood all of this and set it upon himself to preserve these ideals by any means that he could. As a result, he needed to support this system. He realized that the only way this would be possible would be through intimidation, terror and fear. His decision was a historical inevitability and was dictated by the insane barbaric nature of the socialist system itself. Being a great strategist, Stalin realized his plan by creating a scapegoat with the devotion of a dog. This individual could be manipulated from behind the scenes and become the fall guy when the time came.

He found such a man in Yezhov, an illiterate man with a second-grade education. He was definitely devoted to Stalin and his ideology, and in spite of his poor health, he worked 20 hours a day. By the end of 1936, he was endowed with tremendous power, becoming Stalin's right-hand man, and appointed the people's commissar of internal affairs of the U.S.S.R. The organizations that dealt with state security, namely the NKVD and GUGB (Main Directorate of State Security), police and support services, all reported to him. In two years, Yezhov not only fulfilled all the goals outlined by Stalin, but also exceeded them by destroying all of Stalin's personal enemies, who were mostly his potential rivals. Additionally, he improved the country's economy by increasing the number of people in labor colonies, which forced millions to work like slaves at the expense of their health and, at times, their lives.

One day in March 1938, around midnight, there was a continuous loud banging on the gate of No.14 Hudzhumskaya Street. This noise woke up the housewives who were sleeping in the front room. "Hana. Yaakov came home from work. Come quickly and open the door," 76-year-old Shoshana hoarsely whispered to her daughter as she shook her shoulder. Hana jumped out of bed and started to put on her robe. On the way to the door, she whispered: "Oh no, my son came home two hours ago. This must be a stranger knocking at the gate." She ran to the gate, cursing the soul who was still loudly and incessantly banging on it.

She unlocked the latch and opened it. Standing at the threshold were people in uniforms with red tabs. Sensing that something bad was about to happen, Hana tried to shut the gate in their faces. But the officer, who wore a size 13 leather boot, beat her to it and stuck his huge foot in the door. "How dare you behave like this citizen," the office barked. He opened the gate and stepped over the threshold. "It is clear that we caught you red-handed," said a voice from behind with an Uzbek accent.

Although Hana didn't speak Russian, she understood a little."Red-handed? You've got the wrong address," Hana said in Persian.

"What is she babbling about," asked the officer to the lower-ranked Uzbek officer.

"Who knows," he replied. "She is probably swearing in her language."

"Oh, really? We will show her. Get out of the way, witch," the officer shouted angrily.

He didn't even introducing himself to Hana, which was protocol, and just went straight to the house. The rest of the militia followed him into the yard. The officer in leather boots stopped at the front door and ordered everyone to stay by the windows. He told the Uzbek sergeant to follow him. To Hana, the officer said: "Show us in and wake up your sons." He let her go in first. "Now, listen carefully. Do it quietly and without any surprises. If they decide to run, we will gladly shoot them all," he said, putting his hand to a worn holster.

"My sons are not bandits or thieves, and they have no reason to run. They are not going anywhere," Hana said. "I repeat, you have the wrong address."

"Is she swearing again," the officer asked the Uzbek sergeant who was stepping into the tiny hallway.

"The witch is swearing again," the sergeant confirmed, following his boss around the house.

Hana put on the hallway light, turned to the officer and sergeant, and pointed a long index finger at the spot where they stood. "Wait here. The house is full of children. Everyone is asleep. I'll call my sons here."

She opened the door. The light from the hallway illuminated the room, which seemed to be part of the dining room. There, around a table on the floor, mattresses were spread out. On them, sat a feeble 80-year-old woman and, to her left and right, lay a dozen children between the ages 2 and 13. There was no place to step. Seeing this, the officer stopped in the doorway. "I'll wait here," he said apologetically to his assistant while Hana gently closed the door. "Take up a position to the right of the door, behind the curtain." The sergeant nodded and stood outside the door. He carefully undid the cover of his holster, pulled out a revolver, closed the curtain and froze.

A minute later, the four brothers, Issachar, Musa, Yosef and Yaakov, came out of the bedroom. All looked sleepy. "It's OK, mother. We will deal with this ourselves," Yosef whispered to his mother, who appeared in the doorway. He gave her a comforting pat on the shoulder and closed the dining room door behind her.

"What is it," asked the youngest of the brothers. He spoke Russian better than the others. The officer was slow to respond. He looked around with a piercing gaze, studying everyone. There was a big age difference between the brothers. They all had different features. The oldest and youngest looked like they could be father and son; their age difference was more than 20 years. Both were very handsome, but completely different.

The oldest brother had a dense beard, oriental features and a wise, but serene look. The younger brother, however, was livelier, but also seemed to have a strong and hot-tempered personality. His inner qualities were the complete opposite of his expressive and elegant, yet somewhat fashionable features. The two middle brothers were also different. One had the look of resourcefulness about him. His palms were smooth and white; his fingers, long and thin, like those of a musician. The other had a toothbrush-shaped moustache – similar to that of Adolph Hitler – and a look that was pleasantly calm as if it were frozen and even seemed a little silly. His hands, however, were tanned and calloused.

Despite the great differences in age, appearance, personalities and manners, it was obvious to anyone that they were brothers, and they would never betray one another. If necessary, they would even die for each other.

"What's the matter," the youngest brother asked again. "We get up at 4 a.m. to go to work, and you come here at midnight and ..."
Interrupting him, the officer asked: "What's your name and how old are you?"

"Yaakov. I'm 24 years old." The officer looked at the oldest brother and asked him the same question.

"Issachar. I'm 44," was the reply.

"I'm Yosef," the next brother said before the officer had time to ask. "I'm 34."

Reluctantly, and languidly, the last brother introduced himself: "Musa. I'm 41."

"Who else is in the house," the officer asked. "Only women and children," Yosef said.

"What's the matter? Who are you looking for? You still have not answered us," Yaakov asked angrily and defiantly while stepping toward the officer. The officer immediately jumped back, took out his revolver, and aimed the barrel in Yaakov's direction. "Stay where you are scum!" He hissed. "Bandit! Otherwise, I will smash your Afghan skull in."

"Oh, that's it! Afghan skull! You came here for our Afghan skulls at midnight?!" Yaakov snapped, enraged. His large expressive eyes were now bloodshot, and his body became tense like a wild beast getting ready to spring onto its prey.

The officer blanched, and with his eyes still on Yaakov, moved back to the door. He fumbled with his free hand for the handle, and managed to open the door to the courtyard. "Sergeant, bring them out one by one from this outlaws' lair," he commanded, and immediately jumped outside.

The brothers just now noticed another NKVD member, Uzbek judging by his features, who pointed the long barrel of his revolver at them. "Go out one by one," he commanded, pointing to the door. "No hesitation or unnecessary movements," he added.

"One sudden movement and I'll shoot," he told Yaakov, pointing the barrel at him.

"Shoot me! What for," asked Yaakov fiercely in broken Uzbek.

"I do not know. I have orders to shoot if I meet any resistance. So, if you value your life, move forward," the sergeant said in Uzbek. "You go out first, and the rest will wait for my order," he added in Russian.

"Yaakov, do not argue with these brutes. Otherwise, they might actually shoot us all right here," Issachar said. "Let's follow their orders, and then, I'm sure it will be a mistake, and they will release us." He gave Yaakov a reassuring pat on the shoulder and gently pushed him towards the exit. Yaakov did not get too far past the door when four burly NKVD agents grabbed him and handcuffed him.

It was done so suddenly and skillfully that Yaakov had scarcely realized what had happened. The same thing happened to his brothers. In front of the gate sat three cars; one was a sedan and the others were prisoner transport trucks. "Put these three detainees in the first truck," the officer ordered. "This violent psychopath goes in another truck." The officer got into the passenger seat of the sedan, still looking at Yaakov with hatred. As ordered, the NKVD agents shoved Yaakov into the rear truck, and immediately shut the door behind him. The other brothers were brought to the front truck. The officers then got in themselves, and sat on a bench in front of them.

When the car started, one of the burly men shook his baton at the brothers and said: "I am warning you in advance to not talk to each other. Do not whisper. Do not even wink. Sit quietly, look down, and don't make any sudden movements. Otherwise, you will be beaten. Do you understand me?"

The cars moved along the empty roads pretty quickly, bouncing high over the bumps, for which Samarkand roads are famous. Yaakov had his shoulder against the truck's metal cage, and he tensed up with the jarring movement of the vehicle. As he looked out the window at the poorly lit streets, he began to think.

"Why are all the guards in the van with my brothers, and not one is with me? Are they afraid that even handcuffed I could start a fight? No, I don't think so. Most likely they do not want us to talk and discuss how to answer questions during the interrogation. They actually think that we are criminals, and that we have something to hide. How stupid! Was it not enough to be chased out of our home in Kerki three months ago? Now, they barge into our house, alarm mother and grandmother, and take us to prison.

"Why do they do these things," Yaakov asked himself. "I wonder what they want to know and what they will ask. But, no matter what they ask, everyone will speak the truth. If we contradict one another, the investigation will drag on and our family will starve. Most likely, the guards forbade any communication between my brothers. The more important question is whether they will question us right away or postpone it until tomorrow. But, even if they do not question us now, we will not see each other before being interrogated because, if my reasoning is sound, we will be put in different cells and interrogated individually."

Fifteen minutes later, the car stopped at the gates of the prison, which was in the city center. The gates squeaked as they opened, and the cars stopped by a bright spotlight. The silence was broken by a muffler on one of the cars, which spewed out fire from under its metal frame. Through the barred window of his truck, Yaakov saw a car drive up and stop between the two paddy wagons. In this car was the officer with the leather boots. A moment later, Yaakov saw seven guards come out of the prison and walk towards the vehicles with the prisoners. A senior guard officer led this group. He wore a gun holster around his belt. Behind him, the six guards had rifles. The all-too-familiar leather boots got out of the opened sedan door, and then out came their owner. He was carrying a red folder.

When the guards came to him, he turned to the senior guard and took the documents out of the folder. "Hand-deliver these to the warden in the morning," he said. "Now, put the three in the front vehicle in different cells so they have no contact with each other. I suggest you send the one in the back car to the cooler immediately. This one is a psychopath who deserves to be taught a lesson, so he will be more agreeable for our interrogation." The senior guard listened carefully to the NKVD officer, glanced briefly at the documents handed to him, nodded approvingly and saluted him. He then went to the front truck where Yaakov's brothers were being held.

"Arrested, come out one by one," Yaakov heard the guard say. He couldn't see anything because there were guards standing between the two trucks. Yaakov heard the front door being unlocked and an order being issued to one of his brothers: "You! Jump out! The rest of you, sit! Come on! What are you looking at moron? I said walk out towards the building! Move it!" Finally, Yaakov saw his brother, Musa, walking slowly. Behind him were two guards with rifles. Suddenly, one of the guards accompanying Musa jumped up behind him and struck him with a rifle butt in the back, and shouted: "Why are you waddling? Walk faster!"

Then, he hit him a second time, this time even harder. Yaakov noticed that after he was struck, Musa tried to turn his head to say something. "Do not turn around! No talking! Hurry forward, imbecile!" the guard barked. After the second strike, Musa could barely stand. Silently biting his lip to draw blood, Musa hurried to the door.

"You bastard!" Yaakov yelled frantically out the window. "What are you doing?!" He was beside himself with rage. He ran over to the door of the van and banged on it with his feet and shoulders, sometimes even throwing his entire body at it. The NKVD officer and the head of security walked towards the window of Yaakov's shaking van, but he could not calm down.

Seeing the officers staring at him, Yaakov turned to them and asked: "Why are you treating him like this? Stop bullying my brother! Why are you beating my brother?"

"Well, what did I tell you," the NKVD agent said to the senior guard. He had a malicious smile on his face. "Now, you can see for yourself. I hope you understand what you need to do to quickly calm this mad dog down."

The senior guard nodded, and they moved away from the truck. When Musa was taken inside, an NKVD officer, yawning but looking at the senior officer, said: "Well, I have to go." They saluted each other, and the NKVD officer returned to his service car. However, before he got into it, he turned back to the van. He saw Yaakov's dark expression, and smiled mischievously. The officer pointed his index finger at him, made his hand into an imaginary gun, and smiled again. However, the smile disappeared and his face turned red when he saw that Yaakov spat in his direction through the barred window. Flopping down on the car seat, the officer fumbled to slam the door shut. Judging by the jerking and squealing of the car, which had suddenly lunged from its spot to sharply turn towards the prison gates, it was easy to guess that the officer took his anger out on the driver. Not long after that, Yaakov again heard the senior guard's voice telling the other guards to bring out the next prisoner. And, after a couple of seconds, Yaakov saw Yosef move with small and rapid steps towards the building. The escort followed. A few minutes later, the remaining two guards led Issachar to the building.

Behind them slowly, and puffing on a cigarette, walked the senior guard. "They will come to get me next," Yaakov thought as he leaned his head against the bars. A few minutes passed, and the waiting seemed to take a very long time. He could not wait to find out what happened to his brothers, and he frantically paced the van. Finally, he heard the building doors open. He quickly ran to the window and saw that two tall, broad-shouldered figures with rifles were headed in his direction.

"Look at these gorillas," Yaakov thought as they came closer. He started to move to the door, but then heard a scathing command: "Back!" Through the window, Yaakov saw the ferocious face of the guard who issued the order. Yaakov stepped back. "Three steps back!" the guard barked again. Yaakov took three steps back. "About face! Stand with your back to the door! Get down on your knees!"

Yaakov turned his back to the door, but did not get on his knees. "Are they serious," he asked himself.

"Are you deaf? Or do you not understand Russian," the guard asked bitterly. "On your knees!"

"Why," Yaakov asked quietly.

"Another question like that and you will get a bullet in the head!" the guard yelled. He was shaking frantically with anger, and pointed his rifle at Yaakov's back.

"Will he," questioned Yaakov, looking closely at the guard whose face was warped from anger. "He wouldn't dare. He's bluffing," Yaakov concluded, and turned to face the guard. Putting on an honest face and speaking in a calm voice, he said: "Listen, man, I have never kneeled before anyone in my life – not before the devil, nor before God! If you want to shoot me, then shoot! But, I would rather die than get on my knees!

"Well, why are you standing there? Come on, shoot," Yaakov said. There was silence, and Yaakov stood still. The security guard was beside himself with anger. He was also speechless; he never expected such an interaction.

Finally, all sweaty and exhausted from the stress, he gave up and dropped his rifle.

Walking away from the window, he beckoned to the second guard standing at the door, and said, whispering: "Well, what should we do, Mikolah? This guy doesn't seem to be politically inclined."

"What should we do," he asked with a shrug. "The only thing we can. We have to inform the boss. Let him figure it out. He can make a decision based on the rules."

"That will not do," the first guard replied. "We don't want to be perceived as weak and powerless."

"Let's try to reason with him," the second guard suggested.

"Excellent idea. Since it was your idea, you should do it."

"All right," the second one said. He approached the van. "Listen, young man," he said to Yaakov. We must have you kneel before we take you out of the car to make sure that your handcuffs are still on and that you will not attack us. So, I'm asking you nicely, will you please just do as you are told? Stand with your back to the door and kneel."

"I will not," Yaakov said. "If you want to make sure I am still handcuffed, I can show you." Yaakov stood on a bench by the window, turned his back, and held his hands to the bars. The guard carefully examined the handcuffs, and said to the second guard: "It looks good. What should we do?"

"Eh! The heck with him! Open the door quickly before the boss sees us," the second guard said. As soon as the guards opened the door, Yaakov jumped to the ground, and went quickly into the building. The guards could barely keep up with him.

"Will you look at that? He is running towards the prison as if he is coming home," one guard said to the other.

"This may end up being his home for a long time," the other replied, and they both laughed.

The guards brought Yaakov inside the building and ordered him to stand in the hallway and face the wall. Yaakov stood at a metal door, and one of the guards opened it to report that the arrested is here. He received the order to proceed and the door was opened wide enough to allow Yaakov and his escort to enter. The guards brought Yaakov in and then left the room. There were two officers sitting at a desk and two other men, dressed in civilian clothing, standing by a chair that was bolted to the floor. On their belts were short wooden clubs. One of the officers at the table was the senior guard officer Yaakov had seen earlier. The second officer was of pale countenance, and behind the thick lenses of his glasses, Yaakov could see indifferent, tired and bloodshot eyes.

The two guards with the clubs stood on either side of and slightly behind Yaakov, who was seated on the chair that was bolted to the ground. "Where are my brothers, and why was I arrested," Yaakov asked the officers. He noticed right away that both guards took out their batons and looked at the officers, as if waiting for instructions. The officer in glasses carelessly and wearily waved his hand to them, and they fastened their clubs back onto their belts.

"You were brought here to answer some questions so we can make a brief report," the officer with glasses spoke in a monotone. As he continued, he wiped the lenses of his glasses with a tissue. "Tomorrow morning, you will be called for a more extensive talk, and you will be told why you and your brothers were arrested. Now, let's not waste each other's time with silly questions in order to delay or unnecessarily complicate the situation. I advise you to respond quickly to our questions, and then we can part on good terms. So, the first question is: your full name, year and place of birth."

Once the report had been written, the two guards escorted Yaakov out of the room and into the hallway. They handed him over to the other guards who were already waiting, and told them to wait for written orders before leaving. A minute later, the senior guard officer came out of the room, and handed one of them the orders. Yaakov was led down the hallway.

As Yaakov walked down the long, narrow and half-lit hallway, he noticed the wall made of metal rods in front of him. There were two sets of rods spanning the entire cross-section of the hallway. Each had a door in it. There was space between these metal walls, and this space was approximately 19 or 22 feet across. A guard sat at a desk. As Yaakov and his escort approached the metal cage, one of his guards, who was walking in front of him, shouted to the guard in the cage: "Arrested and delivered."

The guard behind Yaakov stopped him about 16 feet from the bars and ordered him to face the wall. The attendant came to the doors of the caged wall and took the papers that were proffered to him.

"OK. Hold on," he said, reading the order. He wrote the newly received orders into a log book and then placed the book into the desk drawer. Finally, he looked appraisingly at Yaakov, and pressed the button on the side of his desk three times.

Three loud signals sounded in the area behind the iron door, and three large, muscular guards with batons exited it. The attendant opened the door, and nodded to the others. "Arrested, go to the door!" the guard commanded loudly. Yaakov came and stood at the closed door, waiting for the attendant to open it. The guards pushed Yaakov inside the caged area where he was received by three others who grabbed him by the arms. The attendant closed the front door promptly. After that, he went to the back door and unlocked it.

The three guards escorted Yaakov down another hallway. Once the attendant closed the door, the guards took the handcuffs off Yaakov. "Isolation Room 115," the attendant announced from the other side of the cage. "Walk, straight ahead," the taller security guard said to

Yaakov as he deftly juggled his club, and took the lead as they walked down the corridor. The other two guards, both had stocky builds, pushed Yaakov forward, and took up positions behind him.

As Yaakov walked, he saw rows of iron doors on both sides of the hallway. Each door had a round hole at eye level, and further down, at waist level, there was a window with an iron latch. "The top opening must be for observation, and the bottom for food distribution," Yaakov concluded. The hallway was so quiet that the footsteps they made echoed throughout the long and empty stretch of the hallway.

The quiet was occasionally interrupted by the voices of prisoners kept behind the numbered metal doors. Walking past one door, Yaakov heard a commotion coming from inside the cell. "They are fighting," he thought. The heavy groan he heard stopped, and the cell suddenly fell silent. He remembered hearing that same exact moan from his brother Yosef when he broke his cheekbone during a street fight with Turkmen boys.

"Do not stop. Keep going!" the guard behind him shouted menacingly. But Yaakov did not move, straining to listen for the next groan that already sounded much fainter.

"Move forward!" the guard shouted again. He gave Yaakov a strong blow to the back, and this almost knocked Yaakov off his feet. Enraged, Yaakov turned to the guard who had already raised his club in anticipation of another substantial strike. With clenched teeth and hands cuffed behind his back, Yaakov beat the guard to the punch, and like a serpent, he lunged at him. He latched his teeth tightly onto the guard's throat. Yaakov felt heavy blows to his head and back as the other guards came to their comrade's rescue. He was knocked unconscious.

Yaakov woke up in the cooler. The area was no larger than 11 square feet, so he found himself lying on the floor with bent legs and an extremely bent back. The top of his head almost touched his knees. Yaakov tried to get up, but he could barely move because of a sharp pain coming from his spine, neck and shoulder, as well as his hands and feet. The concrete floor on which he lay was cold and damp, and this dampness permeated all his joints. It seems as if he were not in a room, but rather in a morgue or grave. In addition to the pain in his joints, hands and feet, Yaakov also felt the pain in his lungs.

He coughed, and felt the unbearable pain; it almost caused him to lose consciousness. He felt a cold lump rising relentlessly from his lungs to his nose and throat. This lump would eventually bring about a cough. Holding his breath, he began to plead with the spirits, even those he had never addressed before, to have mercy on him, and take away any coughing or sneezing because they would undoubtedly kill him. From the fear of pain, he lay barely breathing, and he began to fall in and out of consciousness. Fortunately, Yaakov soon felt the urge to cough disappear, and he was able to slowly relax his body and take a few deep breaths.

"If I lie here in this dampness, which has already chilled my entire body and organs for another hour or two, I may never be able to get up again," Yaakov reasoned. "I need to warm up my body somehow, and then I will be able to overcome my pain and get up." Yaakov tensed up as much as he could and began to imagine it getting warmer. And whether it was from stress or self-hypnosis, Yaakov's heart began to beat faster, spreading heat throughout his entire body. It seemed that every cell in his body was fighting for self-preservation. At first, there was a small shudder inside, and, soon, his entire body started to shiver. This thoroughly warmed him up.

"Now, I can try to get up," Yaakov said as he moved his arm. There was a sharp shooting pain in his elbow and shoulder, and this pain spread to his neck and spine. The pain, however, was not as intense, so Yaakov continued his attempt to rise. He moved his foot. The pain was now coming from the foot, knee and hip joints. Yaakov moved his head, and felt a terrible ache from his neck all the way down his spine. It was so bad, he caught his breath. "I should try standing up without bending my neck or moving my head," Yaakov surmised. "But, to do this, I first need to straighten up so that my head is vertical." He leaned on his right elbow, and with bated breath,, he slowly began to lift his body off the floor. He managed to straighten up a little. He caught his breath while in a semi-bent position. Gathering more strength, he tried again.

After 15 minutes, Yaakov had managed to stand. With his eyes closed, he placed his hands against the wall, and felt the pain begin to dissipate. He was beginning to enjoy the feeling of being upright. He thanked the spirits. Once his body was again used to being in a vertical position and the pain was at a tolerable level, Yaakov looked around the room.

It was similar to a high concrete cylinder. There were no windows. Dim light passed through a large metal pipe that was built into the ceiling. The silence and emptiness gave the impression that this could be a morgue. Yaakov put his ear to the wall, hoping to hear something from the outside. But, all he heard was his own breathing.

It seemed to Yaakov that there were several people breathing at the same time. Stepping back from the wall, Yaakov closed his eyes and tried to remember what happened. With a heavy heart, he thought about the moan again, the moan that sounded like Yosef. Yaakov remembered a guard standing over him with a raised baton. He remembered how he attacked the guard, his teeth sinking into the guard's Adam's apple and getting knocked down. He also remembered getting hit on the head from behind. But, that was it. He couldn't remember anything else. "I must have lost consciousness," Yaakov concluded.

"They must have continued to beat me while I was unconscious. I wonder what happened to the security guard I attacked? Did I kill him or simply maim him? I must have bitten through his throat. But, whatever happened, one thing is clear: I will be judged for it. If the guard is dead, then I might be shot or sentenced to 25 years in a Siberian prison camp.

"If he survived, I will probably be jailed for several years," Yaakov guessed. "Well, I should stop thinking about myself. There will be plenty of time to think about my fate later. My stay in prison should worry me less than the incarceration of my brothers, and, especially Yosef. I am strong, not only physically, but spiritually. I will not allow myself to be pushed around by other prisoners. I can handle any beating or humiliation, unless they beat me to death. But, I do not fear death because it has taunted since childhood. Yosef is another story. He is very sensitive and cannot defend himself. If it was indeed him I heard being beaten last night, then he probably feels a lot worse than I or any of our brothers do."

Yaakov was thirsty. He licked his lips, but they were very dry and his tongue tasted of dried blood. He touched his hand to his lips. There was a blood scab stuck to them. Did they beat me on the face," Yaakov asked in disbelief. Carefully, he wiped it away and ran his fingers over his lips, trying to determine the size of the scar that will appear. But, he felt nothing. "So it's not my blood, but that of the scum with the club," Yaakov concluded. He looked at the blood scab lying between his feet. There was a chunk of skin sticking out of it. "It looks like I injured him very badly," he said. "And, if that's true, then I'm in a lot of trouble." After a while, Yaakov felt the heat that recently helped him to rise begin to diminish.

  The cold from the damp floor was slowly creeping through Yaakov's body. He somehow managed to take his shirt off and throw it on the floor so he could stand on it. Soon, however, he could feel the cold dampness begin to seep through the shirt. "How long will they keep me in this morgue," Yaakov wondered. Time seemed to be moving much slower here than under normal circumstances. Shifting from one foot to the other, Yaakov felt unbearable thirsty. In the Turkmen desert, where Yaakov's stamina was unmatched by any creature except a camel, he was able to go all day without water. Even then, he never felt as thirsty as he did now. It was hard to tell what time it was, but judging by his thirst, Yaakov surmised he must have been there for more than a day, all the while drifting in and out of consciousness. "If that is so, then they will open the door and give me water soon," Yaakov thought. He hoped it would be sooner rather than later.

      Yaakov stood on the cold floor for several hours waiting and hoping. His legs were numb, and his body beyond cold. Now that he was constantly thinking about water, he stopped feeling hypothermic. His body was so dehydrated he thought his brain was beginning to dry out. He put his tongue to the rough concrete wall, hoping to absorb a drop of moisture from it. But, even his tongue was dry. "I should knock on the door and demand water," Yaakov decided. He struggled, writhing in pain from his legs and hips. He turned to the metal door and began pounding on it with his fist. But, the door was so thick and heavily insulated that his knocks went unnoticed. Taking in as much air as his lungs could hold, Yaakov wanted to shout: "Water! Water!" But, instead out of his mouth came a muffled croak.

This caused unbelievable pain in his dehydrated vocal cords and caused Yaakov to give a dry cough. This, in turn brought about cramping throughout his body. When the coughing and pain subsided, Yaakov felt weak and faint. "I hope I don't fall to the floor, otherwise I'm dead." That was the last thing he thought about, and then, still standing up, he fell asleep.

The screeching of metal doors woke Yaakov up. "That is the sound of the door locks," Yaakov realized, trying to open his eyes. But, exhaustion prevented him from opening them. The heavy door slowly began to open. The hinges made a loud nasty screeching sound, and Yaakov started to fall because he was leaning on the door. He did not have the strength to stand on his own.

Fortunately, he did not fall face down. He was picked up and dragged somewhere. The pain was horrible and intolerable, and a half-conscious Yaakov was being dragged down the hall, catching only parts of the guards' conversation. Later, Yaakov heard only snippets: "Just look at this miracle," one of them said with surprise. "How did he manage to survive the cold and dampness without water for three days? He is not human," the other replied. "He is a stubborn beast. He behaves and lives like an animal. You saw how this predator lunged at Peter. He attacked like a wolf with its teeth latched onto Peter's throat. He has been in the hospital for three days now, and no one knows whether he will recover.

"We are lucky that this little snake survived," the guard continued. "But, this stays just between us. It turns out he was an Afghan spy. I overheard the bosses talking. Before they kill him, they have to extract information from him."

Despite the fact that Yaakov was semiconscious, he realized the guards' conversation was important for both him and his brothers. So, he tried not to think about the pain and told himself that he does not feel it. In an attempt to hear more of the conversation, Yaakov concentrated really hard, but barely managed. "They think I am unconscious, and they are almost right. However, even in this state, even if I have to die, I must remember everything they said so I can save my brothers' lives," Yaakov reasoned.

As the conversation continued, Yaakov heard the metallic rattle of the door many times. Then, he felt like he was put on something cold, such as a metal bed. He heard a sound that was music to his ears: water being put into a bucket. He was doused with water, and eagerly began to lick the water from his lips. The guards turned his body from left to right and then poured water over his front and back several times. The bucket that the water was in smelled, but Yaakov still drank it voraciously with his mouth and nose; it was the sweetest water he had ever had. He wanted this water to remain forever, and turn into a sea.

In order to quench his thirst, Yaakov was ready to drown in this sea and drink every drop until he reached the bottom. After this bath, Yaakov was again dragged somewhere and thrown on something. It was not a concrete floor or iron bed. It seemed to be made of wood. Again, he heard the metallic rattle of the lock. Yaakov realized that the guards left, and he was alone. Only after he realized that did Yaakov allow himself to relax.

A noise woke Yaakov up. He opened his eyes and was about to turn his head towards the door when he heard the tapping of a ladle on a pot. However, the stiffness in his neck prevented him from turning his head. "Someone is banging on the pans to wake me," Yaakov thought, and glanced at the door. Indeed, through the window, he saw a huge pot of food sitting on a cart.

"Take your slop," a voice behind the door said. Yaakov managed to turn his head towards the door, and saw in the food window a battered aluminum bowl and cup on top of which lay a slice of black bread. Never taking his eyes off the cup, Yaakov did not move or say a word. The cup must have been filled with water. "Not coming. Probably sick," the voice behind the door said. "Put it down and stand aside," another voice said. The tray was taken away and the window was slammed shut. There was a rattle of a bolt, and then Yaakov sensed someone staring at him. Someone was looking at him through the observation door. Shortly after, the door opened and Yaakov saw a man in black coveralls holding his tray. He was followed by the senior guard.

"Apparently, the prisoners distribute the food," Yaakov realized, looking at the submissive eyes of the food handler. Yaakov saw fear in the guard's eyes. His hand was at his belt, holding on to the handle of his stick. "He is afraid of me," Yaakov guessed. "Does he think that I would be able to cut his throat in this state?"

The food handler put the tray on the metal table welded to the wall and the floor, and then left. The guard also left. Yaakov looked around. He was in solitary confinement; his cell measured 7 by 10 feet. Above the table, very close to the ceiling, was small ventilation opening that measured 6 by 6 inches. There were thick metal rods covering the opening.

In the corner was a sink, and beside it, on the floor, lay a metal rectangular cover from the iron tank, which was dug into the floor. This must have been put there for waste disposal. The floor was concrete. He felt the bed. It was a wooden cot, and there was no mattress, pillows, or blankets. Yaakov thought it stunk of bug spray. "They must spray everything here with bug spray," he guessed. This tiny, dark chamber reminded him of a chicken coop. "The prisoners are like chickens," he thought. "They just sit there and breathe this stench."

Yaakov tried to raise his hand. It was painful, but tolerable. He tried to bend his knees, but felt a sharp pain in his hip and spine. He desperately looked at the mug of water sitting on the table and sighed. Lying here will not bring the cup closer, but he was so thirsty.

Yaakov began to massage his hips and shoulders to warm up his body, and performed simple gymnastic exercises while lying on his back: turning his head, hands, bending and straightening his knees, and turning over from side to side. When his muscles were warmed up, he tried to sit up, propping himself on his elbows and gently lowering his legs to the floor. This caused tremendous pain in his spine, and it seemed as if invisible arrows were mercilessly piercing every part of his body. The killer shot, however, was through the brain. Yaakov willed himself to rise, walked to the table and sat down. The mug contained barley soup. "What is this? This is not possible," Yaakov said to himself, staring into the mug in disbelief.

He scooped up a spoonful and carefully examined the contents. There among the barley worms were swimming and it smelled like mildew. "Parasites!" Yaakov swore and pushed the mug away. He lifted the cup with a slice of bread. In the cup was tea. Yaakov took a sip. The tea tasted moldy. Yaakov sniffed the slice of bread, but it also reeked of mildew. Yaakov opened the metal cover to the waste tank with his foot, and out came a terrible stench. He poured the soup into the tank, covered it, and took the mug to the sink. The water was rusty, but didn't smell. Yaakov poured the tea out, rinsed the mug, filled it with fresh water and began to drink. Now that his thirst had been quenched, he was hungry. He picked up a slice of moldy bread and carefully began to it wash off. Having had a drink and something to eat, Yaakov sat down on the bed and tried to remember everything he heard yesterday. Only now, after Yaakov put all the pieces together did he understand why he and his brothers were arrested.

Chapter 7

Issahar, son of Hannah and Eliyahu Bezalel

I want to express my deep appreciation to all of Issahar's loved ones, from whom I was lucky enough to collect a wealth of interesting information about his unique life. I would especially like to thank Issahar's daughter, Zilpa -- may God grant her a long and healthy life -- and his granddaughter, Emma. These women provided much of the information and stories that show Issahar not only as a historical figure, but, to some extent, a romantic character.

According to an ancient tradition of Persian Jews, the birth of the firstborn son was an important and significant event. The happy parents would arrange a "grand" celebration in either their home or synagogue.

In 1893, a daughter was the first to be born to Hana and Eliyahu, wealthy residents in the city of Herat, Afghanistan. A pious Eliyahu continued to pray for a son, and the following year, Hana gave birth to a boy. He was truly a great reward for his happy father. So, in honor of this joyous occasion, Eliyahu named his son Issahar, which in Hebrew means "award."

His cherubic features and twinkling hazel eyes, complemented the special light that radiated from him. It was obvious that this boy had something godly about him. This became increasingly clearer to Issahar's parents every year as his innate qualities, such as purity, humbleness, honesty, generosity, wisdom, integrity and fairness, began to manifest. Seeing these qualities in his son, Eliyahu knew that Issahar did not have to follow in his footsteps. It would be a great sin to have him become a merchant. After all, a good merchant should have a flexible character and be diplomatic. He should not be forward or have a fair nature like Issahar. A good merchant will never show anger or contempt to a customer. A good merchant should be able to smile at everyone, and be willing to give in, if required. Issahar's inherent wisdom would not be enough because he would never compromise his purity or directness.

In the coming years, Hana, gave birth to other sons, to Eliyahu's delight, of course. These sons, Eliyahu felt, could join him in the business and become merchants.

Soon, it was time to send Issahar to school. Eliyahu sent him to study at a special yeshiva in Herat, which would provide him with a more in-depth education and take longer than the usual three-year yeshivas. Eliyahu decided that because of his son's ethereal qualities, Issahar's would serve God. He also realized that once he finished his studies, Issahar would not be making as much money as a cleric. However, Eliyahu felt that such an education would give him a different kind of wealth, one that was more spiritual and greater than material wealth. And, in general, as a person gets older, that person realizes that material wealth does not bring you happiness. However, events at the beginning of the 20th century destroyed all of Eliyahu's plans. Issahar never completed his education.

In Teheran, Iran, in 1897, the mullahs issued a fatwa demanding that Jews wear a distinctive sign, a round red patch on their clothes, and cut their hair in order to distinguish them from devout Muslims. There was frequent bullying of non-Muslims, especially towards rabbis of synagogues, yeshiva teachers and students before that. Fundamentalist Muslims would seize Jews in the streets of Teheran, as well as other Iranian cities, shave off their beards, cut their hair short and make them wear the distinctive red mark. These incidents were becoming more frequent by 1987. Within a few years, it began to dissipate in Teheran and neighboring cities, but began to escalate in other cities across Iran, as well as other Muslim countries.

  During this time of unrest, Eliyahu and Hana were constantly worrying. Their son was attending the main yeshiva in the heart of Herat. In 1905, when Issahar was in his fourth year of his studies, the attacks resumed again. At 11, he already looked like an adult. He had a thin beard and wore the outfit of a yeshiva student -- special big hat, long jacket and tzittzit, the specially knotted ritual fringes worn under the shirt. His parents knew of his unwavering character. They also knew that if he were attacked and forced to cut his hair and shave his beard, he would refuse, even if it meant that he would be killed.

  One day, Eliyahu decided ask his son to stop studying at the yeshiva. This conversation never happened, however. Because of continuous raids on synagogues, religious leaders and teachers of the main yeshiva and chief rabbi of the synagogue, all the yeshivas and synagogues were closed for the safety of everyone in the Jewish community. Unfortunately, this did not save the Jews. Muslims attacked Jewish families and forced them to accept Islam. These attacks, as well as the closure of the yeshivas and synagogues in the entire Persian region, were the catalyst for the mass exodus of Jews from these countries.

In 1905, most of the Bezalel men and their extended families immigrated to Palestine, and a smaller group of them went to Turkmenistan. Muslims treated Jews with less hostility there because the country was governed by Russia, and Muslims could not openly show their religious hatred. In 1937, Eliyahu and Hana, their parents and their four children -- Yoheved, Issahar, Moshiach and Yosef -- moved to the city of Merv, which was later renamed Mary.

The move of so many families into Herat was not by accident. These Herati families were once immigrants from Masshad, Iran. They had relatives in Turkmenistan who were forcibly converted to Islam in 1839 in Mashhad.

They fled that city in the 1840s. Jews who were forced to convert to Islam were called Challa. Dushman gangs would force heathens to convert to Islam with a minimal requirement. Jews only had to say, "There is no other God but Allah, and Muhammad is his prophet. Praise be to Allah. I am a Muslim," in the presence of two or more Muslims. They could not retract this statement later because it would be considered an apostasy, or abandonment of one's religious faith, which was punishable by death. In those days, Mashhad refugees settled primarily in the Merv oasis, and, here, they returned to Judaism. In general, if you delve a little deeper into the history of the Persian Jews in Turkmenistan, you would start to realize how humiliating their lives were.

To better understand to what they were subjected, what follows are some of the historical data from the era before Christ, up to the period before the Russian Revolution.

The earliest mention of Jews in the territory of modern Turkmenistan is in the Babylonian Talmud (Av. Zar. 31b), which follows the journey of Rabbi Shmuel Bar Bisna (early 4th century) of the Pumbeditha Talmudic academy when he visited Margiana (present day Merv,

Turkmenistan), an area that stretches along the Murghab River in eastern Turkmenistan. During the Middle Ages, Jewish merchants visited Merv (near the modern city of Bayramaly), which was on the Silk Road.

Archaeological excavations at Merv found Jewish ossuaries[11] from the 7th through 5th century BC. Data are available about the Jews in the city during the 14th through the 8th century BC in Dara (modern day Abivard, Iran). In all probability, they were descended from the Persian Jews, who, in the 8th century BC, were taken into captivity by the Assyrians and brought to what is now present-day Iran. They could also be the descendants of Jews, who, in the 6th century BC, were taken to Babylon, and settled in what is now Iran.

In 538 BC, Cyrus the Great, king of Persia, decreed that Jewish exiles and their descendants could return home and rebuild their communities, as well as their religious lives. However, only a few Jews returned. Those who had assimilated into life in Persia, and had reached both social and economic well-being, chose to remain. Persian Jews first settled the inland provinces and cities of Iran, such as Ecbatana and Shushan, or other surrounding cities and neighboring countries. Later, they would settle in nearly all the territories along the Silk Road.

In 1835, Jewish/Christian missionary Joseph Wolff, who traveled across the Middle East, found a small community of Bukharian Jews living in the Merv oasis. In 1869, the Emirate of Bukhara, which existed from 1785 to 1920, contained territory along the lower Zarafshan River in Uzbekistan, and its urban centers were the ancient cities of Samarkand and Türkmenabat, formerly Chardjui, in eastern Turkmenistan. From 1881 to 1885, it was a Russian protectorate. Russian troops conquered the rest of modern Turkmenistan (1881 to 1882), and, in 1882, formed the Trans-Caspian Oblast. This region was part of the Trans-Caucasian governorship until 1890. For seven years, it was controlled by the Ministry of War, and, in 1897, it became a part of Turkestan, or Land of the Turkmens. This contributed to the influx of Jews to Turkmenistan from different ethno-linguistic groups. Bukharian Jews, who had dhimmi status in the Bukhara Khanate (16th century to the late 18th century), and, in many respects, were discriminated against, were directly integrated into Russian culture, and received the same rights as Muslims.

Dhimmi, which literally means "people of the contract," was the collective name for the non-Muslim population in the territory of the Islamic states. They were mostly those who had professed Judaism. Taking advantage of the protection of life and property, the dhimmi had to accept total domination of Islam in all aspects of society and were subject to a jizya, or payment of tribute. How a jizya was levied was based on the following text from the Quran (9:29): "Fight those of the People of the Book who do not believe neither in Allah nor the Last Day, who do not consider taboo that forbade Allah and His Messenger, who do not profess the true religion, until they pay the tribute of their own, being humiliated."

Usually dhimmi did not have the right to own guns, hold public office, serve in the army, testify at a trial, or ride a horse. A total of 21 prohibitions, called lobster laws, were instituted. These essentially were different forms of discrimination, emphasizing the "second-best" stature of the Jews. For example, Jews were banned from living in homes with more than one floor, could not own land or property outside the ghetto, were not allowed to leave their area of residence at night, had to dress a certain way, etc.

The main Bukharian Jewish center in the territory of Turkmenistan was in Merv. In 1895, there were 486 Bukharian Jews, about 7.5 percent of the population, who were engaged in trade and commerce, in particular textile and footwear trading. Some were very rich. For example, merchant Ura Iglanov owned a textile plant and other property, and the annual turnover of his trading firm was 2 million rubles, or $2 million. Only a small number of Bukharian Jews lived outside the city. Approximately half the economically active population of Jews in New Chardzhui, later renamed Chardzhou, in Turkmenistan, was merchants. Some were craftsmen. There were also a couple of doctors, artists and printmakers. The rich Jewish merchants from Ashkhabad, Turmenistan, and New Chardzhou, would buy cotton and represent trading companies in Russia, as well as played an important role in the economy of the Trans-Caspian region and the Bukhara Khanate.

In the 1880s and '90s, several hundred Jews from Iran, mostly of Jadid al-Islam[12] of Mashhad, settled in the Trans-Caspian region. Approximately, 202 Jadid al-Islam families lived in Merv in 1939 (In 1882, there were only seven); 40 lived in Serakhs County; 25 in Atek Village; 22 in Tahta Bazar, Turkmenistan; and 27 in nearby Pendinsk Merv County, also in Turkmenistan They engaged in trade and mediation, took state-owned contracts, and acquired real estate. In the surrounding Pendinsk Merv County, there were more than 100 Afghan Jewish families. After joining the Trans-Caspian region of Turkestan at the end of 1880, local authorities took steps to reduce the size of the Jewish population (in accordance with the 1880 order of Czar Nicholas II in order to protect the Steppe region and Turkestan from "harmful activities of the Jews.") In February 1902, the head of the regional administration ordered that 49 Jewish citizens to be deported to Iran, and, in the same year, Persian Jews living in Serakhs and in surrounding areas were also expelled for alleged acts of smuggling. More than 800 of native Turkmens appealed to the authorities to allow the Jews to stay, but the appeal was denied.

In 1905, the Persian Jews, who settled in the village of Kaahk and

Serakhs, were again under the threat of deportation. This time, however, they managed to avoid it. But, they were being constantly observed by the police. At the same time, most of the Bukharian Jews were instructed to return to the Bukhara Khanate. Many tried to prove that they were indigenous to the area, and had acquired Russian citizenship, but these attempts usually failed. In July 1909, a secret list was drawn up of Merv Jews who were scheduled to be deported after Jan. 1, 1910. It included 45 families. In 1911, Jura Iglanov, who owned a cotton processing plant and other real estate, was expelled. Alexander Samsonov, governor-general of Turkestan, suggested to the emir of Bukhara that Iglanov, who was the richest, most famous and successful merchant in the country, be brought to justice "for deception and possessing fraudulent documents." Ashkenazi Jews, who did not have the right of residence outside the settlement, were exiled from both the Trans-Caspian region and the Bukhara Khanate.

In 1910, the local administration did not allow the Rabbi Alexander S. Resnick to settle in Ashkhabad, which resulted in the city's Jewish community being left without a spiritual leader. The

Jews of New Chardzhou asked Samsonov for permission to open a house of worship in November of that year. This almost led to their total expulsion. It was prevented only by the intervention of A.S. *Somov*, the Russian representative, or "political agent," in the Bukhara Khanate, who stated that their eviction would greatly affect the economic and cultural life of the city (March 1913). Samsonov agreed with him, and insisted that the restrictive anti-Jewish laws continue to be followed, only more severely this time. In September 1913, he prohibited the entry of demobilized Jews into New Chardzhou. This included anyone who, before being drafted into the army, lived in other cities in Turkestan and the Bukhara Khanate. However, in spite of all the attacks, indigenous Turkestan Jews felt more secure than the rest of the Jews in the region.

Therefore, in 1905, the Bezalel family sold their possessions in Afghanistan. In a caravan that included hundreds of camels, and with many of their relatives and other refugees, the family set off on paths trod by merchants in the direction of the ancient city of Merv. The fleeing of Jews from Afghanistan was informal.

Otherwise, the authorities could prohibit Jews fleeing the country, or, at best, could impose exorbitant export taxes on refugees for removing goods from Afghanistan. Previously, in order to trade, which increased the economies of the countries that allow cross-border travel, merchants and their families were granted temporary residence. Under the pretext of conducting business affairs, may Afghan Jews managed to leave the country and take their goods with them at a reasonable tax rate, up to 10 percent of their value, and avoid any possible political scandals.

The family had distant relatives who lived in Merv, many of whom they had never met. They could only identify them by their patronymic name or by the names of common great-grandparents who had fled Iran in the 1840s. These relatives helped Eliyahu buy a house in Merv's city center. It was a vast farm with three wells. Previously, the house's value was determined by its location, property size, architecture or landscaping, and proximity to fellow worshippers. It was also determined by its proximity to the wells or other sources of water, and how clean the water was. Eliyahu's house and farm were so large that one well was not enough. There was a well near the house, one in the barnyard, and another in the gardens near the orchards and vineyards. These wells were the house's main value. The water was crystal clear and cool, even in hot weather.

The city had several yeshivas. However, it soon became evident that education in the Merv yeshivas was not as good as those in Herat. The teachers were not as knowledgeable in the Talmud or its lessons. Classes were held from four to six hours a day, unlike in Herat, where classes were held for at least 12 hours a day. When Issahar was placed in a senior class, it was immediately clear that he understood the material much better than his classmates. He learned more in his four years in Herat than they had in Merv's seven-year program. Therefore, there was no point in continuing to study at the yeshivas. So, he decided to educate himself. Eliyahu managed to allocate two camels for Issahar to help him carry a large number of religious books.

But, school is school and financial well-being is something entirely different. From a merchant's point of view, it would be a waste of resources to not make a profit from such a large household as the Bezalel's. Eliyahu's relatives helped him open a trading shop at the marketplace, so the family's economic future was in the hands of Issahar, who was now 11. His younger brothers, 8-year-old Moshiyahu and 1-year-old Esef, could not help with the farm work. Issahar had to do the gardening, harvesting, and poultry and cattle husbandry on his own. Every morning, he would set out on a cart pulled by a donkey. The cart was full of eggs and milk for sale. Driving around the streets of the Jewish Quarter, he would shout loudly: "Eggs and milk! Buy eggs and milk."

Four years went by. Issahar knew all the inhabitants of the Jewish Quarter by sight. The children, seeing him from a distance, called out to him in jest: "Eggs and Milk." Everyone appreciated his loving and kind nature.

This slender 15-year-old with subtle oriental facial features was especially loved by a 9-year-old girl named Rachel Moor (later changed to Murdohaev), who lived on a nearby street. Their parents were close friends in Heart, and Rachel's father, Baruch, was a merchant there. He had very well-known and wealthy relatives in Merv, former residents of Mashhad, who immigrated to Merv in 1840. For many decades, the Murdohaev were involved in interstate commerce, ferrying goods between Merv and Herat. This was very profitable to both sides of the family. They were considered merchants of the highest guild.

Issahar also loved Rachel. He went crazy when he went to their home to sell Rachel's mother some milk and saw Rachel's 25 silken braids shimmering in the sun. They were visible from under a small children's veil. It was from behind this semi-transparent silk veil that she lowered her gaze, and all he could see were her long black velvet eyelashes. This is how she hid her love for him. Neither the veil nor her thick eyelashes could hide her beauty, and her feelings set his soul afire.

He has known the gentle Rachel for four years, but in all that time, he never heard her speak. It's amazing. Her behavior was typical for an Iranian Jewish girl, and many tried to achieve it. Yet, to Rachel, it came natural. "Nine years old is not too young," thought Issahar one night. "My mother got married when she was 12. So, in three years, my dream can come true. In three years, Rachel will be mine forever." Issahar knew that Rachel's parents deeply respect his parents and they loved him like a son. He was sure that they would allow Rachel to become a part of the Bezalel family. "In the meantime," he argued, "the only happiness I have right now is to go to their house and sell them milk, but, secretly, try to catch a glimpse of this beautiful girl every day."

Unfortunately, for Issahar, his daily visits to see Rachel came to an end one ill-fated day. Issahar's 3-year-old nephew, Ruben, son of his sister, Yoheved, drowned in one of the wells on Bezalel property. No adult was watching him at the time of the accident. Eliyahu's relatives, who had lived in this country for a long time, warned him that the local laws are very strict when it comes to deaths such as these. The child's parents are usually the ones put on trial and jailed. If the parents avoid court, the grandparents may then be held liable. In addition, the family's foreign citizenship and the possibility of overstaying the temporary residence deadline will hinder their case. Relatives helped bury Eliyahu's grandson secretly. The authorities didn't know about it.

The next day, Eliyahu and his family left for Kerki, a city on the border with Afghanistan. They left their property with relatives, who would then sell it. In Kerki, the Bezalel family settled near the

Amu Darya River. Home prices in Kerki were lower than in Merv. Soon, Eliyahu bought a house with the money he received from the sale of their home in Merv. This house had property that was twice the size of the property in Merv. The house had only one well, but it was enough. The orchards, vegetable gardens and farmland were nourished by water from the river.

  The bulk of the business practiced by the wealthy Jews of Kerki was not retail, but rather they engaged in the very profitable business of "buying and selling" (i.e., buying wholesale foreign goods and selling them locally) and mediation. Kerki was a very favorable location to conduct interstate trade. Dealers had well-established links with both suppliers and customers, as well as with customs officials. The entire trading system, which was like a spider web network of businesses, was seized and controlled by the influential people of Kerki, and it brought them enormous profits. Customs officials were paid huge bribes for smuggling goods. These bribes were more profitable for the dealers and negotiators than paying state and sales taxes. It significantly reduced the prices of traded goods. The Jews helped increase the circulation of foreign goods by lowering their prices. This, in turn, increased the economy of the trading countries.

Eliyahu had many friends and acquaintances in this, well, to be blunt, mafia-structured business, because his father carried goods from Afghanistan to Turkmenistan, and Eliyahu would accompany him on his trips from Herat to Merv, the path that led them through Kerki. Eliyahu decided not to open a trading shop like the one he had in Merv, and chose instead to deal only with the transport of goods from one country to another. He told his old friends and acquaintances who had influential connections in local trade about his plan, and offered to help them transport and deliver goods between Turkmenistan and Afghanistan. His proposal and candidacy to supply goods were gladly accepted during a trade council between influential business people and city elders. All agreed that having Eliyahu in the semi-official system of interstate commerce would greatly benefit everyone. The elders remembered Eliyahu's father, a friend and colleague who never let any of them down. They also heard about Eliyahu's adventures during the attack on his caravans by dushman gangs. So, while Issahar's father was busy with his new business, all the farm work fell on the shoulders of 15-year-old Issahar and his 12-year-old brother, Moshiyah.

Three years pass. It was 1912, and Issahar was 18. One day, his father returned from a business trip to Merv with good news for Issahar. This news lifted his spirits and made his heart pound. The Murdohaev family invited everyone in Eliyahu's family to Rachel's bat mitzvah, which would happen the following month. A few days before Eliyahu's family left, Issahar told his father his innermost secrets. He told him that he has been in love with Rachel a long time, and that he would like to marry her immediately, as long as both his and her parents agreed. Issahar's parents were very pleased when he said this. They could not ask for a better person to be their arus (Farsi for daughter-in-law) than Rachel. And, there wasn't a better family into which Issahar could marry than the Murdohaev family.

The next month, the family traveled to Merv. After the bat mitzvah, the Bezalel and Murdohaev families celebrated the engagement of their children, Issahar and Rachel. Rachel was

Eliyahu's first daughter-in-law. In Central Asian culture, daughters or spouses are not called by their given names; they are replaced by relative status. The parents and elders in the family called the gentle and beautiful Rachel "arus." Issahar fondly called Rachel "zan," which in Farsi fondly means "wifey," and his brothers and sisters referred to her as "zan dadosh," which means wife of the older brother. After their wedding, Issahar and Rachel settled into Eliyahu's huge house.

Before 1920, Rachel gave birth to two beautiful girls, Yoheved and Yaffa. Eliyahu was able to see his granddaughters before succumbing to the wounds he sustained at the hands of dushman cutthroats. He died in 1920 at the age of 54. Not long after Eliyahu's death, Rachel gave birth to a son, who was named after his grandfather. By that time, Issahar had seven brothers and sisters: Moshiach, 23; Yosef, 16; Benjamin, 12; Levi, 8; Jacob, 7; Esther, 2; and Miriam, who was born in 1920. They, along with Issahar's grandmother, Shoshana, and mother, Hana, continued to live in the same house. Issahar was head of the household because he was the oldest son. By 1937, Issahar and Rachel had eight children: Yoheved, Yaffa,

Eliyahu, Shimon, Meir, Sipora, Zilpa and Shumel.

Life for the Bezalel family went on as usual. That is, until December 1937. I will not describe in detail how families were evicted from the border town of Kerki because it is described in previous chapters. I will also not describe the painful experience Issahar and his three brothers endured while in prison. This story was discussed in the chapter, "Brothers in Jail."

What I will say is that starting a new life in a new country was very difficult for Issahar and his family. An unbearable responsibility lay on his shoulders. With no savings, no knowledge of the language and no education, Issahar had to feed his wife and eight children. He only had two documents: A certificate of unfinished religious education, which meant nothing to anyone in the Soviet Union, and his Afghan passport, which did not give him the right to work officially, i.e., high-paying government positions. At first, he had to work less formal jobs where necessary, taking dirty, heavy, low-paid jobs, mostly as a loader at any place he could find. In April 1938, after Issahar was in prison, the family looked to his oldest son, Eliyahu, for financial support. At 18, he got a job working at a textile factory.

By the end of 1938, the discontent of the people reached its limit. For two years, people dealt with excessive and controlling authorities, who killed unjustly. They had had enough. Stalin possessed the unsurpassed skill of manipulation in the political arena. In order to stay clean, he found a scapegoat to do his dirty work for him: "Iron Commissar" Nikolai Yezhov. After Yezhov was arrested in April 1939, there was amnesty. Issahar and his brothers, who miraculously survived their imprisonment, were released in the spring of 1939, after a year in prison. Because of a chance meeting, and brief friendship, between Levi (Issahar's brother) and the head of the NKVD of Samarkand, the four brothers were saved from certain death. After prison, Issahar again began to work as a loader. When he showed himself to be resilient and hardworking, an acquaintance recommended and arranged for Issahar to work as a loader in a warehouse at the Samarkand textile factory.

In 1939, the Winter War (between the Soviet Union and Finland) started.

Yoheved's husband was drafted. Yoheved, who was pregnant, and her baby daughter, Sarah, went to live with Issahar. In 1940, Yoheved gave birth to a son, Gershon (Gregory). Now Issahar had 11 dependents: His wife, Rachel; children, Yoheved, Yaffa, Eliyahu, Sipora, Shimon, Meir, Zilpa, Shumel, and grandchildren, Sarah and Gershon.

But, the most difficult time for the family came in the summer of 1941, during World War II. Yoheved's husband, who had returned from the Winter War, was again asked to fight with the first platoon. Yoheved received a last letter from him in 1943, the year he was declared missing in action.

On Sept. 25, 1942, Issahar's eldest son, Eliyahu, volunteered to fight the Nazis. His letters from the front stopped coming in February 1943. His family did not know the exact date, location, or cause of Eliyahu's death. Five years after his death, in May 1947, Eliyahu's parents received a document that confirmed their son was missing. The same fate befell Issahar's second son, Shimon. On Feb. 4, 1942, when he was 16, Shimon volunteered to fight, and was sent to the front. He was at the front before Eliyahu got there. Eliyahu had Afghan citizenship, and because foreign citizens could not volunteer to fight, they had to apply for Russian citizenship first. The First Congress of Soviets of Turkmenistan, which met between Feb. 15 and 24, 1925, adopted a declaration that said the Turkmen Soviet Socialist Republic voluntarily joined the Union of Soviet Socialist Republics. Therefore, Shimon, who was born in 1925, was the first of Issahar's sons to receive Soviet citizenship. Eliyahu applied for citizenship in early 1942, and, after several months, his application was approved.

Letters from Shimon stopped coming after October 1943. After that, he was considered missing in action. Surprisingly, however, few decades later, a document found in the 1945 archives confirmed he had been wounded on March 6, 1944. However, Captain Kolotushkin, captain of infantry division, stated in the same document that Shimon was taken to a field hospital, and there was no more news about his recovery or death. In the Russian version of this book, I have attached photos and documents of Issahar's children who were lost. I just thought I'd mention that the documents appear to show that Issahar receive a pension of 3 rubles per month for each son who was killed. It is hard to believe that Soviet authorities estimated the lives of people who fought for their country and died on the battlefield were only worth 3 rubles.

Luba, Maria (Issahar's sister) and Raphael's daughter, like many of our extended family, considered the Bassali, Ilyasov, Mataev, Fuzaylov and Niyazov families to be part of the Bezalel tribe. She also felt it was her personal duty to send the documents about Issahar's lost children to the National Holocaust and Heroism Memorial -- Yad Vashem ( ) -- which is on the western slope of Mount Herzl (Mount of Remembrance in Jerusalem. The memorial was established in 1953 by the Knesset to commemorate the Jews who were victims of the Nazis between 1933 and 1945. It also remembers the Jewish communities that were destroyed and pays tribute to those who fought against fascism.

So, the most difficult years for Issahar's family occurred between 1941 and 1945. Issahar was a man of the old, traditional views, so, he would not let his wife work. He believed that it was her job to raise the children and run the household. Abortion was considered a sin, so Rachel was always caring for young children, and didn't have the time to think about earning any additional money. Because of his pride, Issahar flatly refused any help from his brothers. When a family member offered to help, he would shake his head and stubbornly say: "I'm the oldest brother and I should be helping you. You insult me by offering your help. If you do not want to hurt me, never say another word about it. As long as I am alive, I have to feed my family, and I can do it."

Knowing how proud and uncompromising their brother could be, Issahar's siblings never again directly offered their assistance. At this time, Levi was in a much better position financially. He worked in Urgut, Uzbekistan, as the chief of rawhide distribution, and had a huge house and a plot of land. On numerous occasions, he offered to move Issahar and his family to Urgut, and get his brother a job in one of the warehouses. He said to Issahar: "There, under my protection, you'll be able to earn good money and provide for your family."

But, Issahar was adamant. He replied: "I'd rather die than do that. You cannot have two brothers run the same enterprise. After all, issues at work could occur, and then you would offend me, or I you. After all, how many examples do we see around us? Brothers become enemies because they are working at the same place. I'd rather die than let you offend me. Having a strong brotherhood is sacred to me! Never mention this to me again!"

One day in February 1942, Levy arrived in Samarkand on business and saw Meir, Issahar's 15-year-old son, in the street. He was pale and emaciated to such a degree that Levi barely recognized him. He stopped Meir and asked him: "Meir, are you sick? You are skin and bones. I hardly recognized you."

Meir burst into tears, and told Levi what was happening. He said they have not been able to afford meat for several months. Instead of a beef dinner, they eat soup from the bones, intestines and other internal organs of the animal. This was all Issahar could afford. "My brother, Shimon," Meir continued, "volunteered to fight in the war. He went without my parents' knowledge. He said to me before he left: 'Let me die tomorrow better fed in the army than die today of hunger here.' What's the use of bread coupons? The stores still do not have any bread. Flour for bread and other products go directly from the factories to the front."

"Yes, I know," Levi said. "The Uzbek authorities are tripping over themselves to show Moscow how much they can produce. Everything is sent to the front. They do not care about the people," said Levy, hugging his trembling nephew.

"Uncle, I have a feeling that I will die of hunger soon," Meir said fearfully.

Levy took 5 rubles from his pocket and gave them to Meir. He said: "Go to the market and eat five kebab sticks. In the evening, when I'm done with my chores, I will come to your home and talk to your father. Just do not tell him that I gave you money, or he will be offended."

Meir fell to the ground, grabbed his uncle's hands and began to kiss them. Choking back tears, he said: "Thank you uncle! You saved my life today! You saved my life. I'll never forget it." Meir did as he was told. After he ate, his weakness and fatigue vanished. Later in the evening, Levy came by the house. While on the way, he wondered how he was going to persuade his brother to accept help, and concluded that Issahar could only be convinced through cunning. Although it was not in the nature of an Iranian Jews to deceive their loved ones, it was necessary because Levy knew there was no other way to save his brother's family from starvation.

When Issahar inquired how Levi was doing, Levi complained that he was not up to the job because he is understaffed. Almost the entire adult population of Urgut, including factory workers, was sent to the front. And, despite the fact that production and distribution were suffering from a labor shortage, the administration increased the distribution goals. "Since I am responsible for the raw materials, I could be accused of espionage for intentionally not fulfilling the goals.

"You know, it would not be difficult for them to concoct some crazy story that says I'm an Afghan spy. The best case scenario would me not being sent to prison, but having them take my house, which they have procured for me. And I would be fired in disgrace. With such a blemish in my employment history, I will never get a good job that pays well again. And without a high-paying job, I cannot feed my large family, especially in this time of famine. What do you advise, brother? Could you help me?"

"If I could, I certainly would have helped," Issahar said. "But what can I do to help you, when I can barely make ends meet myself?"

"I'm here to talk to you and with all of my brothers, you, Musa and Yosef," Levi said. "Perhaps each of you could have your sons give me a hand? Your son, Meir, is 15. Musa's son, Ephraim, is 16, and Yosef's son, David, is almost 17. Although they have not yet reached adulthood legally, they are strong and, like all Iranians, are very hardy. They will be able to help me by loading and sorting skin at my warehouses."

"If it helps your family," said Issahar. "We, brothers, must help you and that is the end of this discussion. Take my son, and if you want, I'll go with you to Musa and Yosef to ask them if you could take their sons to help you in Urgut."

Levi's trick worked. The next morning, Levi left Samarkand with his three nephews and returned to Urgut.

The first thing Levi did was bring them into his huge yard and gave each of them a vast area of land. "These sites will help you feed yourselves and your family," he said. "You've all reached an age at which your fathers fed our big family at the expense of the earth and their hard work. The city is now hungry because the citizens have no land. Only the earth can save them, even in this time of famine. In a couple weeks, it will be March and it will be time to plant. I will teach you how to plant and grow corn, potatoes and other vegetables. The amount of produce you yield will depend on your work. Also, after school, you will come to my warehouses where I'll teach you to work and learn skills that will help you in life. I cannot officially offer you a job because you are underage and should be in school. Therefore, when you work in the warehouses, I'll pay you in cash based on the amount of work you do. You will do your best. If you are successful, you will earn enough money to feed your family."

  Levi's nephews unanimously agreed to the terms. They got up at first light, and early in the morning, before school, they worked on their plots. After school, they worked for two hours a day at the warehouse. Unbeknownst to his workers, Levy paid his nephews an entire day's wage, even though they only worked for two hours. With this money, they were able to buy chickens, sheep and cows, and keep them on their plots, getting eggs, milk and meat from them. So, Levi was able to save his brothers' families from starvation. On Sundays, the boys brought home milk, eggs and other dairy products, meat, potatoes, corn and other crops they grew on their plots of land. By working in the warehouses, Ephraim, David and Meir learned a profession that, by the end of their education at vocational schools, enabled them to quickly achieve unsurpassed heights in their specialties.

  However, despite Meir's help, Issahar's huge family was still living a hand-to-mouth existence. For example, Yoheved's children, Gershon and Sarah, who in 1942 and 1943 were 2 and 3 years old respectively, told me how excited they were when they heard the horn from the textile factory where bobo Issahar worked. Bobo means grandfather in Persian. Even at their young ages, they realized that soon after the horn sounded their bobo would be coming home, open the trunk, take out the stale bread from the day before, cut it into 10 small pieces, and give it to each member of the family. Shmuel and Zilpa, who in 1944 were 9 and 14, told me how they caught stray dogs and cats and exchanged them with the Koreans for bread. There were many Koreans living in Uzbekistan, and although they had been living there for a while, they hadn't lost their culture or their language.

In those years, there was a shortage, not only of bread, but soap as well. Issahar received soap on coupons. During the war, the government limited the amount of soap that people could purchase. How much a family could buy depended on the number of people in the family. It was also dependant on the type of job a person had. This limitation was also placed on the purchase of bread. Issahar bartered for bread. Whatever soap he got from his coupons, he traded for bread. Because there was no soap, the children could not wash themselves, and they were dirty. All the children, both boys and girls, shaved their heads to hide the bald patches. Because she had such a hard life, Zilpa was mature for her age. She was a courageous young girl in every sense of the word. She was able to maneuver through the large crowds waiting on line at the counter and exchange her coupons for bread. Even though people possessed bread coupons, many could not get it because of the government's misallocation of the bread.

People who had bread coupons were still dying of hunger.

Once, while Zilpa was trading with the Koreans, she was caught by a policeman. He thought she was a little bald boy, trying to scam people. He intended to drag her to police station. Ever brave, Zilpa devised a plan and escaped. The only things left in the policeman's hands were pieces of Zilpa's shirt. It was only then, as he watched the half-naked Zilpa flee, that he realized she was a girl.

During their lives, and especially during the war, every member of our family treated each other with great attention and care. My father, Yaakov, lived with his mother, Hana, at the time. He also provided a home for his Aunt Mary's family, while her husband fought on the battlefield. Levi, meanwhile, let his three nephews stay with his family in Urgut. Their grandmother, Shoshana, lived in Samarkand with Levi's wife, Rachel, and their children.

Our immediate and extended families were nicknamed "Ironi" because they were descended from Iranian Jews while in Samarkand, and marrying blood relatives was discouraged. However, during World War II, the marriage between Levi and his niece, Rachel, proved to be very beneficial to our family. For example, I describe below Zilpa and Shumel recollecting a visit from their great-grandmother, Shoshana. In general, people were aware that the relationship between a woman and her husband's nephews is never as warm as it is to her own nephew. I am sure that you have probably noticed the distant feeling your aunts gave, especially if they were not related to you. But Rachel's Uncle Levi was a kinsman of Zilpa and Shumel, so she never let them go home hungry. Their great-grandmother and Aunt Rachel always sent them plates of food for their families. This continued until Issahar found out about it. He forbade his children from bringing any food home that Rachel had given them. After that incident, when they left their great-grandmother's house, at which they would stop and visit a few times a week, they found dried fruit in their coat pockets. These wonderful gifts from the mysterious "wizard" – that's what they thought -- kept them fed. So, they lived their entire lives without knowing who did this mitzvah (good deed), their great-grandmother or Rachel. Our sages, mentors in spiritual and philosophical topics who are renowned for their profound wisdom, and cabbalists, interpreters of the Hebrew scriptures say that when you do a mitzvah for someone, it is sacred. But, if you do this holy work for someone who does not know from whom they received it, the mitzvah is considered to be tenfold sacred; it is the highest mitzvah. The sages say that the soul of such a person will remain in one of the highest planes after he or she dies, thus putting the person close to God.

After World War II ended, Issahar and Rachel had no information about the fates of their missing sons, Eliyahu and Shimon. However, they did not lose hope that they might return home. After all, how many times had they heard stories about Red Army soldiers returning from the front after they were presumed dead or considered missing. Unfortunately, as the years went on, their hopes started to diminish. Finally, a few years after the war, they received an official confirmation that their children were proclaimed missing in action.

Although the war was over and food was no longer being sent to the front, the situation in the country had continued to be dire. Bread coupons were abolished in December 1947. It was two and a half years after the war, and people were still starving. Instructions by the callous, ruthless and incompetent authorities regarding the food policy said a large supply of food was being sold abroad for currency or being stored in government warehouses and military storehouses to be used in case there is another national emergency. History has shown that throughout the existence of the Communist Party, whether in wartime or peacetime, the party's main purpose was not concern for the people, but the preservation of Soviet power. This main idea destroyed tens of millions of people during wartime and millions of innocent people during peacetime, most of whom died between 1937 and 1938.

Therefore, even after rationing was abolished, the food in the stores was gone almost immediately after it was delivered. People who had experienced the authorities' total disregard for them, lost confidence in the Soviet rulers and started to stock up on supplies, both perishable and nonperishable. Even 20 years later, Issahar still had dried breadcrumbs.

In 1965, when I was 9, I went into my Uncle Issahar's yard in Samarkand. The houses of two brothers, Issahar and my father, were across the road from each other, and, as a child, I would often play in my uncle's yard with his 10-year-old grandson, Uriel, who was also my classmate. In the backyard, Issahar and Meir kept chickens, turkeys, guinea fowls, goats and sheep in huge wire cages. We children often enjoyed watching the animals and birds that were in them. Close by were the pantries where Issahar stored his dried bread. I was very surprised to discover that my uncle fed his chickens and sheep the dried bread after he soaked it in a pan. The chickens and sheep gladly ate the "bag bread." I also could not understand why my uncle, who was not very rich, fed his cattle and chickens bread when he could get animal feed much cheaper with help from his son, Meir. In addition, I often watched him treat the bread with warmth and care as if it were a precious thing. Once, when he saw a piece of bread lying on the street, he groaned, stooped to pick it up, kissed it and put it on a window sill or someplace high where pedestrians could not accidentally trample over it. As a child, it was a great mystery to me why on one hand, Issahar treated bread with so much reverence, yet, on the other hand, in my opinion, he was also wasteful.

I finally figured out this riddle when I became an adult. Issahar, without a doubt, believed that, under Soviet rule, it was inevitable that people would go hungry, so he always dried bread. When the dried bread went stale, he would empty special cardboard boxes and use them to store the bread. The stale bread became feed for the animals so it would not be wasted.

The incompetence of the Soviet system spawned huge mafia-like structures in the socialist countries. People were forced to make a living illegally. The unspoken corruption flourished at the top and lower ranks. Workers and store managers at the Hudzhumskaya textile factory in Uzbekistan constantly carried rolls of expensive materials from warehouses and shops, illegally selling them right outside the factory gates. They repeatedly asked Issahar to do the same. After all, the meager wages he received as a loader could not provide a very comfortable living. However, Issahar said that was illegal and a great sin. He could never allow himself to take something from the factory. The main factory manager was a very suspicious man by nature and would not even trust his own family. But, he had known Issahar for many years and trusted him. He could leave the keys to the warehouse with Issahar, when he left for a few hours or took the entire day off from work. He did it despite Issahar not officially being in charge, and, therefore, could not be held legally liable or responsible if goods were missing. Issahar's photograph was never removed from the factory's "Employee of the Month" board.

    To survive on meager wages, Issahar and his family lived very frugally. The science he learned from his merchant father came in handy in such a situation. To ensure the family's income was distributed uniformly, he kept a daily expenditure account. His granddaughter, Emma, told a story about when she was 9, she decided to surprise her mother with a gift for International Women's Day, which was March 8. In order for it to be a surprise, she could not ask her mother for money and her grandfather was not home yet. So, for the first time in her life, she stole some money from her grandfather's money chest. She opened the box, and in the right compartment, there was a wooden divider in which lay a pile of coins sorted by denomination. She took 18 kopeks. If you looked at the money, it was impossible to notice that anything had been removed. She decided to tell her grandfather that she took the money after the celebration and surprised her mom and the rest of the family. For 18 cents she bought a bottle of perfume. In the evening, all the adults returned from work, and began to prepare dinner. Emma was excited and in high spirits. She waited for the moment when she could surprise her mother. But, unfortunately, she was surprised by her grandfather. He flew into the living room and, in front of everyone, said there was money missing from his box. Emma began to cry. Tearfully, she told him everything. Later, she asked her grandfather how he knew there was money missing. He took a notebook with Jewish figures out of the trunk, and said, "I keep a daily account, to the penny. If I had not kept a record of every receipt and expenditure, then our entire family would go hungry for a few days until I got paid. Keeping an account of the money allows me to evenly and properly allocate the money spent from payday to payday."

  In 1973, Issahar's dream finally came true. His family was allowed to immigrate to Israel. Benjamin, Issahar's brother moved to Palestine in 1933 from

Kerki. He was a pioneer; he paved the way to the Holy Land and became an inspiration to many of his relatives who followed him. Unfortunately, his younger brother, Benjamin, died in 1966, and Issahar did not expect any relatives to welcome his family when they arrived in Israel.

Their plane landed at Ben Gurion International Airport in Tel Aviv in 1973. The family was greeted by Israeli officials, and told to sit in a waiting room. As they sat in front of huge glass cases, they noticed a crowd of people run up, jump up and down happily, and begin to shout something as they waved and pointed with their hands. Some were crying; some laughing. However, the glass was thick, and the family couldn't hear anything. So, to them, this joyous scene looked like a crazy comedy. Issahar and the rest of the family looked at one another. They could not understand what these loud people wanted. Finally, an official who spoke Russian fluently entered the room and took them for their interview.

The first question Issahar was asked was where he wanted to live. This is a silly question, Issahar thought. "What kind of question is that," he asked irritably. "I came here to live in Jerusalem, the land where my ancestors were born, expelled from thousands of years ago, and dreamt to have it returned to them by the almighty."

When the interview was over, they were taken to a bus. Before they could get out of the airport, however, they passed that crowd of crazy people again. They were frantically screaming something and waving their arms. Suddenly, they all ran towards the bus. Fear gripped many of the passengers. It seemed as though they were trying to grab the bus. Finally, they approached the family and, with open arms, some of them greeted Rachel. Most, however, greeted Issahar, the children and grandchildren. From outside the bus, it appeared they were trying to tear them apart. The children were the most frightened. Emma, who was 15 at the time, recalled: "They were shouting frantically in an unfamiliar language. Then they cried and laughed. None of us could understand what they wanted. Suddenly, they stopped crying. They all turned towards my grandfather, Issahar. All my relatives, myself included, dropped our jaws in astonishment when we heard him speaking to them in their language."

His family had never heard him utter this incomprehensible language before. There were some word fragments that resembled words you would hear in a prayer, and these words resembled prayers said in Hebrew. He talked with them, these native Israelis, in their own language as freely as if he himself was born and lived in Jerusalem. Issahar's children and grandchildren did not know how intelligent he was, and how he had learned the language when he had lived in Herat. These "crazy" people were related to Rachel, Issahar's wife. They were the grandchildren and great-grandchildren of her brothers and sisters, members of the Murdahaev family. The last time they had seen Rachel, she was 2. These children, grandchildren and great-grandchildren who gathered at the airport, some of whom had never met her, treated Rachel with the care and respect that they would have given their own mother or grandmother.

Upon arriving in Jerusalem, Issahar exited the bus, and stepped foot on the land bestowed upon our nation by God. Fate brought him to an extraordinary woman. Her name was Gail Rubin. Rubin and Issahar met in 1973. Five years later, she was included in the

"Jewish Women: A Comprehensive Historical Encyclopedia," as well as in other historical books and archives. God had a reason for this meeting of two people with nothing in common but their spiritual views and an obsessive love for their native land.

    Rubin was born in 1938 in New York City and lived most of her short life in America. After graduating from the University of Michigan, she worked as a photojournalist for newspapers and various publishing houses in the United States. For the last few years that she lived in the United States, she was the chief editor at Delacorte Books, a large publishing house. In 1969, she took a short vacation to Israel. However, while there, she felt an endless desire for the land of her ancestors. Fascinated by the country's beautiful landscape and nature, her wildly creative soul was awakened. She decided to live permanently in the land of her ancestors and devote her talents to promote the Jewish people through photography and paintings.

    She made the right choice when she decided to start a new life and career in Israel. It was truly a life-changing experience for her. The Holy Land gave her a rare gift. It gave her the ability to see, comprehend and capture in her work the beauty and purity of its nature. They were always a huge success and shown at art exhibitions and museums around the world. Her photographs showcased all the natural wonders of Israel, including its flowers, trees, mountains, seas, lakes, rivers, waterfalls, deserts, birds, insects and wild animals. They were highly prized, not only among ordinary exhibition visitors, but among the highest professional in artistic photography.

So, as Gail traveled through the streets of Jerusalem, she arrived at the place where she first met Issahar. She could not help but notice the gray-bearded old man in a robe with Sephardic biblical features. The light that radiated from him caught her attention and called to her with an irresistible force, similar to the light generated by the fluttering butterflies on her paintings. She approached the old man, and timidly asked him in Hebrew if she could take his picture. Issahar, who was not used to modern Hebrew being spoken with an English pronunciation, did not understand what she wanted. Putting his hand to his ear, he asked Gail to repeat her request, but loudly and clearly. Issahar's unexpected pose was perfect and unique, so she could not resist. The moment was impossible to miss. Her professional photographic instincts kicked in, throwing any etiquette out the window, and without permission, Gail snapped a picture. It was the only picture she took of him.

So, how was she able to catch this rather unique moment? Was it her skills, which she had honed for years that allowed her to get it? No! Masterpieces do not occur by accident. Rather, it was more about her being in the right place at the right time. The photograph of Issahar first appeared on the covers of magazines, and then at world exhibitions. Within her short creative life, Rubin made it her mission to show people, God's creation, in all their purity, simplicity, beauty and perfection.

On March 11, 1978, while taking pictures of rare birds on a beach near Ma'agan Michael, near Tel Aviv, she was shot and killed by Arab terrorists. She was only 39.

Many years after Rubin's death, Issahar's daughter, Zilpa, and granddaughter, Emma, came to New York on a business trip. The meeting was held in a community center for American Jews. After they finished their business with the center's chairman, Emma walked into the corridor, and saw her mother sitting under a huge photo. Can you imagine Emma's shock when she saw the famous photo taken by Gail hanging on the wall?

The sun's rays, which permeated through the tall windows, hit the image of her grandfather, lighting it up and making him seem alive. Holding his hand to his ear, it looked like he was straining to hear his granddaughter as she spoke. It was, to her, the most expensive and most beloved picture she had ever seen of her grandfather. Startled and transfixed with amazement, she tearfully looked at the picture and tried to figure out whether coincidence or providence brought her to this place. If not an accident, what does this message, which was sent from beyond the grave, mean, she wondered? What does he want to tell her that is so important? Does this mean that her grandfather's spirit was meant to guard the people of their homeland? Or maybe it's a message from two great souls -- Gail and Issahar -- that met in the afterlife, and wanted everyone to know.

Finally, let me finish the story with something from Haim, Issahar's grandson.

Issahar never regretted giving up his strength and health for his family's benefit. He once threw his back out while on the job, but never complained. For example, in Samarkand, where it was necessary to shop at the market, he would get up before the roosters, and walk the few miles to the bazaar on foot in order to avoid spending money on travel. The bus fare was only 5 cents at the time; and the tram only 3 cents. To Issahar, however, these small things were significant when it came to the family's budget. When he returned home from the market, which was only a 3- to 4-mile walk, Issahar would usually have a heavy bag on his back, and the bag was stuffed with food.

In Israel, his family's financial situation significantly improved. Issahar still lived frugally because the Israeli pension only provided for a modest existence. From his first days in Jerusalem, Issahar calculated the monthly expenses and determined that he now had enough money for bus fare. When he went to the market, he always took with him the exact amount of money to buy food for the week and the round trip on the bus.

Once, after making a purchase, Issahar was returning by bus when one of the passengers noticed a small suitcase that had been left by a man who had gotten off at the previous stop. He reported this to the driver, and the passengers began to panic. This suitcase could be anything, even a bomb. The driver stopped the bus immediately, opened the door, and the passengers ran off the bus in seconds. Issahar was the only passenger to remain on the bus. The terrified driver and passengers got anxious to see the old man still sitting in the bus. They thought that Issahar did not know Hebrew, so he couldn't realize how serious the situation could have been.

    The passengers and driver gestured with their hands and shouted in different languages that he had to leave the bus immediately because there might be a bomb on board. Imagine their surprise when Issahar opened the window and said, in Hebrew, that he would not leave the bus until he gets reimbursed for his bus fare. He only got off the bus when the tearful and sweaty driver promised to give him a refund. After paying the old man, the driver called a service that specialized in bomb disposal. In the meantime, the passengers were arguing among themselves. Some argued that the crazy old man committed an act of greed;

others thought it was stupidity. But, none ever discovered the truth. What was more surprising was that even his relatives still don't know the real reason.

Some say that Issahar had spared no pains, health and even their lives, taking care of his family, and therefore did this act without any question. Others believe that he, like all Afghan Jews, was relentlessly stubborn and firm in his decisions and insanely brave in his actions, and, therefore, it was normal for him to act this way.

Perhaps they were both right. But, it seems to me, neither seems to disclose the true nature of his act. And, it might have been that Issahar had a special philosophy about life and death. Possessing the knowledge he acquired from the Kabbalah teachings and possessing innate wisdom, Issahar deeply believed that one can changed his or her fate through commitment, courage, and faith. Only the creator decides when we can leave this world.

Issahar possessed superhuman stamina and enviable health. Throughout his life, he never saw a doctor or went to a clinic, hospital or other health care facility. He also never used any medicine. At 87, for the first time in his life, he suddenly became ill. His son, Shumel, drove him to a Jerusalem hospital, but the doctor could not save him. In 1981, Issahar died in his son's arms. He was thankful to God for his destiny, and for every second of his life. He knew that his survival was a test God had given him, and, therefore, he had no doubt that his soul would forever be in the Garden of Eden. He was also happy that his remains would rest forever in the Holy Land.

Chapter 8

Levi Bassali

In this chapter, I would like to introduce readers to one of the most prominent members of our family, my uncle, Levi Ilyich Bassali-Iliyasov.

My uncle was born in 1912 in the city of Kerki, Turkmenistan. He was a year older than my father. They had a lot in common; their habits, interests and character traits were similar, as well as the way they thought.

As I mentioned previously, all of my grandfather's children were very interested in agriculture and animal husbandry. They each inherited a portion of the family's farm, which helped them survive being fatherless during difficult times.

Even though my uncle and father spent much of their time on the farm, they managed to find time for other activities. The one that was the most exciting for them was technology. So, when they were 17 and 18 years old, they drove the first tractor "in the entire countryside." Owning such a machine was very important then, and this may be difficult for many modern individuals to understand. Imagine how these two young men felt as they sat behind the wheel of their very own tractor. This was a vehicle that no one in Kerki had ever seen before. Many had heard rumors about a machine that allows you to plow as much land a day as you could without any manpower. At the time, no one believed such a thing existed and called such stories fairy tales. So, two young men had to prove to everyone that this machine was, indeed, real. To drive a tractor was the most honorable job in those days since every village and town had livestock, and agriculture was the main livelihood.

So, these two young men held the prestigious position of tractor operator. They didn't know how long the prestige would last or what it could do to help feed their families in the future.

It didn't last long, however.

Uncle Levi was in a car accident. Because he caused it, he was banned from driving and barely avoided legal punishment. He was forced to leave the profession, and, instead, devoted his life to another one of his favorite, and profitable, occupations: a fur and wool purchaser. He worked as an assistant manager in the department that purchased and distributed wool in Kerki until 1938.

At the end of 1937, the Soviet government ordered "all non-indigenous inhabitants" of the Soviet Union, as well as the families of the former landowners and kulaks[13] and other "socially dangerous people" to be expelled from the border towns. Kerki's Jewish population suffered, as well as other countless innocent people in the city. The foundation of this repression was the 1937 NKVD orders numbered 00485, 00447, 00439, 00593, 00486, etc.

According to the orders, my grandfather's huge family was included in the eviction for several reasons. First, my grandfather had a huge estate and, at one time, before he was robbed by the basmachi, he was a very rich landowner. Second, his wife and seven of his nine children, including my father and Uncle Levi, were born before the Russian Revolution on what had been Afghan territory. Last, they were not considered natives. Because my father's sister-in-law was originally from Samarkand, Uzbekistan, the entire Bassali clan was able to settle there at the end of December 1937. Risking his own life, my father remained in Kerki to sell his parents' house, cattle, and other belongings. After he sold everything for a fraction of what it was worth, he arrived in Samarkand at the end of January 1938. So, the majority of the family was evicted in December 1937; the remaining members left Turkmenistan in January 1938.

  Uncle Levi, by that time, had shown himself to be a skilled buyer for the Samarkand leather factory, and, soon after starting there, had reached such glory that he was recruited for the more prestigious and lucrative position of deputy chief procurer for Stalinabad, modern day Dushanbe, the capital of the Republic of Tajikistan. So, he, his wife – who was also his niece -- and three children moved to Tajikistan.

  Uncle Levi had no diploma or higher education. He instead, relied on his life experiences and admirable traits, such as efficiency, ingenuity, hard work, and, most importantly, fair treatment of his workers, to run his business. He quickly rose through the ranks, and soon became deputy chief for harvesting furs and hides of the Republic of Tajikistan.

  I want to reiterate that Uncle Levi acquired his knowledge through working with the cattle on our family farm. My grandfather's estate was so large that after our family was exiled, part of the manor was expropriated and granted to the state and then repurposed. One part of the former estate was made into a park for recreation and entertainment. Part of the house was converted into military barracks, and the surrounding land was fenced off by a tall brick wall to mark the grounds of the military base. The third and smallest portion of the estate was converted into a banya.[14]

In the early 1990s, shortly before they immigrated to America, my late cousins, Meir Ilyasov, my Uncle Issahar's son, and Bension Ilyasov, my Uncle Levi's son, got the opportunity to see these buildings, which had been part of their happy childhood. They were able to admire the estate that could have belonged to them had Turkmenistan not become part of the Soviet Union.

As I mentioned previously, Uncle Levi had a lot of positive qualities for which he was admired by his employees. He was generous, honest, cheerful, and friendly. He had a good sense of humor and always tried to help anyone in need. It is obvious that these invaluable qualities helped him move up in his career. In addition, they also got him a large number of loyal friends and acquaintances who were always ready to repay him. Because he had such good relationships, he was able to keep his post without being fired and replaced by greedy co-workers, hard-core anti-Semites, or other ubiquitous enemies. These relationships also once saved his life and the lives of his four brothers.

Upon arriving in Samarkand, Uzbekistan, the entire Bassali clan settled in the Jewish quarter. They were easily recognized as not being Bukharian Jews. They all spoke in a Persian dialect that made sense to any local Jew, but a few words were unfamiliar and their pronunciations were different.

During this time, the NKVD (The People's Commissariat for Internal Affairs) had agents placed within the Bukharian Jews. One agent was nicknamed "Donoschi." I will not mention his real first or last name so his children can be saved from embarrassment. Why he chose to spy for the NKVD is unknown. It was probably not because he was devoted to the Communist Party; it was more because he might have been jealous of his neighbors. He wrote a denunciation claiming that four of the Bassali brothers, Issahar, Esef,

Moshiah and Jacob, were not Turkmen Jews, but actually Afghan spies.

This was a time when even the slightest suspicion or accusation was not ignored by NKVD and always investigated. Local NKVD members feared being executed or imprisoned by their "Moscow handlers," who sent countless unreasonable orders with outlandish limits and deadlines. These were usually for executions and exiles to labor camps. Republican NKVD workers understood that if they did not comply with or meet these deadlines, they would have to pay with their lives. So, each tried to make a name for himself and increased the number of reports. This practice was carried out not only in Uzbekistan, but in each republic in Soviet Union as well.

For clarity, I have attached below an excerpt from the 1937 documents, as well as an excerpt from NKVD order number 00447 about the penalties of oppressing the people – usually this was done by landowners, the rich or other type of enemies of the state– in the Soviet archives:

All oppressing kulaks (individuals who are wealthy and own estates or businesses), criminals and other anti-

Soviet elements are divided into two categories:

a) The first category includes the most hostile of the above. They shall be subject to immediate arrest and execution upon completion of the review of their cases with proof acquired by the committee.

b) The second category includes all other less active, but still hostile, elements. They are subject to arrest and detention in camps for a period of eight to 10 years, and the most vicious and socially dangerous of them will serve the same sentence in prison as determined by the committee.

-- Family members of people sentenced in the first category, and who reside within Soviet territory, will be resettled outside the border within the republics, territories and regions.

-- Family members of those arrested in the first and second categories will be placed under observation and followed at all times.

-- For every prisoner or group of prisoners an investigation must be conducted. This investigation is to be swift and straightforward.

-- *Approved by the following personnel of national, provincial and regional committees:*

Turkmen SSR: Chairman -- Nodev, members -- Muhamedov Anna, Anna Tashly Muradov

Uzbek SSR: Chairman - Zagvozdin, members -- Ikramov, Baltabaev

The committee can raise or lower the categories for the individuals arrested depending on the nature of the materials and the degree of social danger of the arrested person. Those targeted for repression in the second category can be escalated to the first, and those targeted for repression in the first category can be reduced to the second.

The minutes of the meeting are to be sent to the head of the task force enforcement of sentences.

-- In the Uzbek, Turkmen, Tajik and Kyrgyz Republics operations begin Aug. 10 of this year and will be completed within four months.

According to the presented credentials of the Republican People's Commissar of the NKVD and the heads of provincial and regional offices of the NKVD, the following quotas are to be accomplished.

Four- month quota	First Category (# of individuals)	Second Category	TOTAL
Turkmen SSR	500	1,500	2,000
Uzbek SSR	750	4,000	4,750

That same night, after the denunciation, the four brothers were behind bars. The prison was in Samarkand's city center, Karl Marx Street, about 1,000 feet from Nekrasov Street. It was later converted into a regional hospital.

The brothers were each placed in different cells, according to prison rules. This was done to prevent prisoners from discussing what they will say before interrogation. There were exceptions, however, especially if it was necessary for the interrogation. This exception was allowed once for two of the brothers, Moshe and Issahar. I mentioned this in the story, "Brothers in Jail."

Uncle Levi was fortunate to not be arrested because he was living in another country at the time. Not wanting to upset him, his family decided not to inform him of his brothers' arrests until a few months later. Knowing how excitable he could get, they feared, in his anger, he might overreact. And, indeed, they were correct.

Learning about what happened from strangers, he immediately went on vacation, and arrived in Samarkand. His fury knew no bounds. His family was still hurting from being exiled and now they faced another painful moment – the looming death of four brothers, the youngest of whom was 24.

Their brother, Levi, was an individual of high moral upbringing, and having such high affection for his family, he would gladly die for any one of them. He could not come to terms with this disaster and could do nothing about it.

The next morning, he put on his jacket, took two packs of food and went to the NKVD office. At the gate, he was met by NKVD security officers. One of them cast a disgusted glance at the approaching young man. He was wearing a pea jacket that was similar to something a convict would wear. The officer stopped him, and rudely asked where he was going. "I need to speak with the head of the NKVD," the young man replied.

"The boss, the head of NKVD, is busy," the guard said rudely. "If you want to make an appointment to meet with the duty officer, go ahead."

"No!" Levi said. "My task is very important, and I will not trust anyone else with it."

"Wait here," the guard said with contempt. "If the boss has any openings in his schedule, you will be notified. However, it might take a while."

In fact, it took several hours, but he was never called. Levi then decided to resort to trickery. He returned to the guard and admitted that he was the chief of the Afghan spies and came to surrender. The guard's eyes grew wide with shock. "Why didn't you say so in the first place?" the guard asked. He made a phone call from his post, and a few seconds later, a duty officer came running to the gate with security officers, tied Levi's hands and brought him into the yard. "Watch him," ordered the duty officer as he went to report the incident to the NKVD chief.

After 10 minutes, the same officer came out of the building, smiling. He ordered the guards who were twisting Levi's arms to release him. "Well, tell me why you came."

"I will only speak with the head of the NKVD alone," Levi said. The officer signaled for the guards to leave and said: "OK. I'm the head of the NKVD. Speak."

"Here? In the yard?" Levi was surprised. "Yes," was the answer. "I have no time. I have to go someplace shortly, so state your case quickly."

Levi introduced himself, and began to explain the reason he came. When he was finished with his explanation, he said: "My brothers are in no way to blame, and I demand that they be released. If you consider them to be enemies of the state and Afghan spies, then I, too, am an Afghan spy and an enemy of the state. You should put me with them."

He pointed to the packs filled with food and said, "See? I'm ready."

"All right, when we want to arrest you, we will send for you. Go home for now." replied the officer.

"No, I will not leave here until you either arrest me as you did my brothers or you release them to go home with me!" Levi insisted loudly. The officer called to the other guards and commanded that they throw Levi out the gate, which they did.

Taken aback and flabbergasted, Levi stood behind the iron barred gate, shouting at the retreating officer, and demanding that either he be arrested or his brothers released. He continued to do so until he was chased away with batons.

Frustrated, Levi walked back to his home. He could not understand why he was not arrested. He was more than confident that he would be because he knew how the NKVD operated. He did not understand why the officer turned him away. "It's just strange," he said as he stopped in the middle of the street. He was very confused by everything that had occurred. "That's not like the NKVD. However, the head officer said that I would be arrested," he remembered with joy. "I think I understand now! They do not want a spy to surrender. They wanted the glory of catching him! They have to report it to Moscow."

Having calmed down, Levi went home and waited. When his vacation was over, he still remained at home, but no one came to arrest him. His boss and friend called incessantly and begged Levi to come back because, without him, the quota for the delivery of raw hides could not be accomplished.

Finally, Levi decided that the NKVD will find and arrest him even if he returned to Stalinabad. He had responsibilities and urgent work to finish.

A few months later, he was told that his brothers were released. He returned to Samarkand to celebrate this event.

For decades, no one understood the reason for his brothers being freed and his not being arrested. Then a year or two before his death he met a man, an NKVD guard, who told him the reason. The man Levi spoke to that day was an impostor. The real head was a former friend of Levi's, and they met at a wedding in Stalinabad. One evening, Levi told my father, Yaakov, a story about an incident that happened at that wedding. He recalled running into a former NKVD guard and meeting and becoming friends with an NKVD chief. They drank a lot of alcohol. "By the end of the evening, he hugged me and said he never met someone as nice as me and he wanted to be friends," Levi said. "When I found out he was an employee of the NKVD, I joked, 'You will be my friend -- while we are drunk. But, if I ever get caught in the hands of the NKVD, you will be the first to shoot me at the execution.'

'The man replied: 'I will never betray my friends. I would rather take the bullet myself than let a good man and friend like you die.'

"He kept his promise," said Levi. "Apparently, it was a huge risk for him. That's why he never told me about it. That day, when I came to NKVD headquarters to demand the release of my brothers, he saw me through the window of his office when I was standing in the courtyard. He kept his word. If he hadn't, none of my brothers would be alive right now. You know, Yaakov? I am sorry I never saw this man again, so I could thank him for letting us live. The guard said he was shot immediately after the fall of Yezhov. I felt sorry for him."

"Oh, Levi, Levi," my father said through clenched teeth and a flash of anger in his eyes. "If you had sat there with us at least a day in prison, you would feel differently and would not regret not seeing him. We were not dead. But, during the 400 days we spent in there, people were dying every day, and every day we waited for it to be our turn. Every morning, several innocent people were selected to be shot. Every morning, we heard their cries in the hallway as they were herded like cattle to the slaughter. Their desperate heart-wrenching cries made them sound like cattle futilely fighting their fate. You weren't interrogated and beaten to a pulp so you would sign your own death warrant. If you were lucky, you would be beaten and forced to stand at attention for several days, or spend at least a day in an isolation chamber. If you had experienced any of this, you would not regret ever meeting the guy.

"Yes, he saved several people, but he killed a thousand others. If I were ever to meet your friend after I got out of prison, I would have chewed through his throat with my semi-knocked out teeth. I would feel sorry for him if he left his job because of its cruelty and injustice. Instead, he worked for this monstrous system to kill millions of innocent people, and, in the end, it is the monster itself that destroyed him to fool the people. Levi, don't you ever feel sorry for this man. Just forget this story so you don't torture yourself or any of us with these memories."

My father told me this story, and many other stories of his youth, a few months before his death while we were visiting his home country of Turkmenistan. They moved me so much that I had to write a book about them. As I later discovered, my uncle listened to my father and never mentioned this story again. I only heard a small part of the story from my cousins, Bension, Sipora and Abraham, which they learned as children.

Our entire Bassali family is grateful to our ancestors, and especially our wise grandmother, Hana, and noble grandfather, Eliyahu, for raising their children so that they could be immensely proud of all of them, for us and our descendants.

Chapter 9

Miriam, daughter of Hannah and Eliyahu

My father's sister, Miriam, was born Aug. 31, 1920, in Kerki, Turkmenistan. She was the youngest of Eliyahu and Hana's children.

Unfortunately, Eliyahu passed away on 25 Tishrei (Oct. 7), 1920, only a few weeks after her birth. No one can understand the will of the creator, but many in Eliyahu's family believed that to honor him, a worthy descendant of Bezalel and a great-nephew of Moses, God gave them an extraordinary gift. He had a part of Eliyahu's noble soul reside in this tiny and ethereal creature.

She was the most beautiful and magical soul that had ever lived. She resembled her father and other members of his family. It is generally believed that children who strongly resemble their parents were born under a lucky star. Miriam and her 7-year-old brother, Yaakov, looked so much alike, they could be twins. They were also exactly like their parents, both externally and emotionally.

Every member of this huge family considered themselves to be the luckiest family in the world.

Miriam was cared for by everyone. Her presence soothed the family's grief and reduced their feelings of the loss of their father, husband and son.

As the years passed, Miriam grew up healthy and energetic. Her brothers, who were 26, 23, 16, 12, 8 and 7 years older than she, showered her with so much love that she never felt her father's absence. In gratitude, Miriam shared her gentle heart, radiant smile and laughter with them, which filled their souls with immense joy.

Each of her brothers worked from the morning until the night at various jobs, on the farm, or at home. In the evening, Shoshanna and Hana's home was crowded and overflowed with family, neighbors and friends. Yosef, being the unrivaled virtuoso in the house, played the tar; the others played various stringed instruments, the drums or sang. This turned the house into a talent show. They were all masters at a dance called the lezginka.[15] No one in the neighborhood was as lively when they danced as Miriam's strong, muscular and agile brothers were. Such an atmosphere had a positive influence on Miriam's development. She grew up a cheerful and spiritually rich girl. And, once she started school, she was the best in her class.

After she received her primary education, the senior members of the family decided that Miriam should be able to receive something none of her siblings had: a complete public school education. Her brothers only received primary religious educations because, at that time, that type of education was considered sufficient and prestigious. So, Miriam continued her education.

While she was still in school, Miriam became a teacher and taught the illiterate how to read. In 1936, at 16, Miriam graduated from high school with honors. She continued to work as a teacher. In 1937, she was one of the first Jewish women to study at the Textile College of Kerki.

Right now, I am going to move away from Miriam's story, and tell you a story about a cow. This story was told to me by my father, Yaakov Bassali. While it may seem that I am digressing, I am telling this story because it directly affected Miriam's future.

The year was 1924. My father was

11, and Miriam was 4. Shoshanna and Hana's huge family owned a sizable farm. The task of farm husbandry usually fell to the younger generation. And, in those years, that was the job of Miriam's brothers, Yaakov and Levi. One day, one calving cow became ill, and because of that, she was producing sour milk. Her calves refused to drink this milk, so Yaakov and Levi fed these calves with milk from other cows. However, one calf was fussy and refused to drink the other cow's milk. It constantly moaned pitifully and clung helplessly to its sick mother.

Grandma Shoshanna was a "wise woman" who knew how to make medicinal concoctions from herbs, roots and flowers, and she used these to treat local Jews. She also helped a woman while she was in labor. After learning about the sick cow from her grandchildren, she went to the barn to see it and its hungry calf. She said to her grandsons: "You should take the cow to graze on that distant hill immediately. The hill is by the river and there are meadows full of wild flowers and herbs. That is where I usually collect medicinal herbs for my herbal remedies. The cow will know which wild herbs will be therapeutic for her. When she eats those herbs, she will recover, and her milk will be good again. We must hurry or her baby will die of hunger."

Early the next morning, Yaakov prepared a donkey, loaded it with food and water, threw a thick rope around the cow's neck, tied the other end of the rope to the saddle and headed to "grandmother's" meadow.

They reached it before noon. The cow wandered around the sprawling meadow, slowly chewing the choicest wild grass. However, Yaakov started to notice that something was wrong with the cow. It suddenly looked alarmed. A little later, it hastily hobbled towards the hill. "She probably ate the herbs and wants to rush back and feed her calf," Yaakov thought. He quickly saddled his donkey and set out on the path after the cow. The cow rounded the hill, but it didn't head in the direction that led home. Yaakov was ahead of the cow, so he blocked its path and tried to direct it to the correct one. However, as hard as he tried, he could not. The naughty cow dodged him and, stubbornly, went the way it wanted. Eleven-year-old Yaakov had no choice but to surrender and follow the cow.

The cow stopped by an old elm near the cusp of freshly strewn ground, and gave a loud, prolonged and plaintive moo. Its eyes were bloodshot and tearful. Yaakov thought the cow went mad. Worried, he rode home on the donkey as fast as he could.

Once home, and in a concerned tone, he told his mother and grandmother about the cow's strange behavior. After he mentioned this, both his mother and grandmother started to weep. "You see," the grandmother said to her daughter as she wiped away tears. "You see, Hana? How sensitive a mother's heart is?" To which Hana, moaning, said, "Yes, Mother, I see. The cow sensed it even at a distance. She felt the death of her child. But, I do not understand how she knew where my son, Levi, buried the calf."

"I myself do not know the answer to that question," Shoshanna said. So, there is only one answer to your question. The Lord himself showed her the way to her child's grave."

"That's right," agreed Hana, and she began to explain what happened to her disbelieving son. "Yaakov, when you took the cow, the calf died soon after. So, the mother would not see her dead baby and start to worry, we asked Levi to quickly bury it far from the house. When Levi returned, he told us that he buried the calf a mile from home under an old elm tree. That is the exact spot where the cow stopped and started to moo. She was mourning her beloved baby.

"You see, Yaakov, a mother's heart can always sense the death of her child. And how great and gracious our Lord is that he allows cattle to experience loss as well. God showed the cow the way."

Yaakov never forgot his mother's words: "God showed the cow the way." And Miriam also remembered them for the rest of her life.

OK. No more digressing. Let's return to Miriam's story.

Miriam was 17 and a student. Her brothers and sister were proud that they had an educated sibling who became a celebrity among all the Jews in Kerki, as well as among many non-Jews, who she had taught to read and write. Everyone knew her as a simple, honest, wise and funny girl who told witty "Iranian" jokes endlessly. She was very happy with her fate: a great student life, friends, caring brothers and sister, a wise and loving mother and grandmother, and a huge house with flowering gardens, near the murmuring Amu Darya River. Kerki gave her all the happiness she needed and, for the rest of her life, she always fondly considered her home and country as her homeland.

Unfortunately, this happiness did not last long. By the end of 1937, Miriam's cheerful world came to an end. To her dismay, Miriam was suddenly exposed to a side of the system that had been previously hidden from her. I will not describe here all the hardships that the family endured because it is mentioned several times in other chapters of this book. I will only say that Miriam's dream to continue her studies and receive a higher education was now quashed.

Our family has received blow after blow: first, the shameful expulsion from their land, second, the imprisonment of the four brothers, and last, the poverty and hunger that ensued. All the brightness that resided in Miriam's soul dimmed, and was slowly replaced by darkness. The immeasurable grief, fear and terror the family felt regarding the fates of Miriam's brothers, Isahaar, Yosef, Moses and Yaakov, took over. It wasn't just the family that felt this fear and terror; the county felt it as well. Millions of innocent people became targets of defamation, ruthless goading into prison and execution.

During 1937 and 1938, the lives of millions of innocent people were destroyed. The Bassali family consisted of 36 people who settled in the mahalla, the Jewish Quarter at 14 Hudzhumskaya St. They were constantly praying and hoping for a miracle and the early release of their loved ones. Fortunately, their prayers were not in vain. Prayers said to the Bassali and Bezalel ancestors were heard and brought to God's ears. All the inmates who had the same status as the four brothers were ruthlessly exterminated in the Samarkand prison. Miriam's brothers, however, narrowly escaped death.

After a year in prison, they came home. This cheered Miriam up. The rest of the problems, such as the eviction, seemed less significant compared to the happiness the family felt at being reunited.

At 18, Miriam was beautiful. There were endless suitors knocking on the door asking for her hand in marriage. However, no one seemed to interest Miriam. No one knew what Miriam was looking for in a mate, but it seems that since her brothers were her male role models, she would want to find someone who was not only good looking and physically strong, but honest, generous, warm, understanding, selfless and compassionate. And Miriam would probably have taken a long time to find her prince if it were not for a cow. Not that cow, but another cow.

A lost cow was wandering through the narrow and labyrinthine streets of the mahalla. The cow nudged open the gate at 14 Hudzhumskaya St., walked into the yard and began to moo outside Miriam's bedroom window. Miriam ran into the yard and attempted to lead the bovine out to the street. However, the cow did not want to go. Miriam went into the street and asked passersby if they knew anyone who had lost a cow. She could not find the owner, however.

Suddenly, in the distance, she saw a tall, handsome young man with a rope in his hand. He was walking towards her rather quickly. Being tall, his head and shoulders were above the low fences. He walked down the street and looked uneasily over the fences into all the yards. As he approached, Miriam looked into his eyes and her heart skipped a beat. He was a man totally unlike all the others. His eyes were windows into his soul and reflected his simplicity, dignity, justice, as well as mischief and risk -- all qualities that her brothers had. She noticed that the young man also admired her. They both stood still for quite a long time, as if at a loss for words. The silence was broken by the mooing of the cow.

The young man looked over the fence and found what he was looking for. "So, that's where my cow is," he cried with joy. "Now I know what she was looking for," he said cheerfully.

"What was it looking for," Miriam asked, pretending not to understand the hint.

"She was looking for the most beautiful girl to show to her master. Only, I cannot understand how she was able to find you in an area with such intricate turns and streets resembling each other."

Miriam remembered the word's her mother and grandmother told her a long time ago. "Maybe God pointed the way for her."

Encouraged by this unexpected answer, the young man stretched his hand out to Miriam and introduced himself. "My name is Rafael." Miriam shyly held out her hand.

At this time, the cow looked out of the yard. She moaned and stopped between the young couple. "Well, now that we have been introduced, say hello to the culprit responsible. Her name is Moo." Miriam and Rafael laughed.

Rafael threw the rope around the cow's neck. Looking at Rafael as he attempted to tie a knot, Miriam thought to herself: "He has the same wit as my brothers and is a prankster. He is also as simple and strong as they." After they said goodbye and Miriam entered the house, her mother and grandmother immediately noticed her soulful look. "You found the owner of the cow?" asked her grandmother. Miriam nodded.

"And who was that sap," asked Hana.

"One young man," Miriam said briefly.

"Is he single? Is he handsome," they each asked excitedly.

"I do not know," Miriam said, blushing. She ran into her bedroom.

A day passed. And another. Miriam could not get the young man out of her head.

On the third day, matchmakers knocked at their gate. Miriam's heart nearly jumped out of her chest when, through her bedroom window, she saw Rafael among them. They entered the house to talk with Shoshanna and Hana.

Miriam tried to make herself as pretty as she could, but the comb, lipstick and jewelry kept falling out of her clumsy hands. Behind the door, she heard the voices of the matchmakers, and, finally, she heard Rafael speak. Turning to the matchmakers, he said, "Why do you only praise me? Would it not be fair to tell the whole truth about me? The fact that I lost my father when I was a child and had to sell anything I could to support my family. I was caught, arrested, and imprisoned for several years."

Taken aback, the matchmakers were silent and Miriam's mother ran into the bedroom. "Do not come out of your room," she said. "We will turn them away."

"But, Mom," cried Miriam, on the verge of tears. "This is the young man I told you about. He is the owner of the cow that was lost."

At that moment, her grandmother came into the room. She heard fragments of this conversation and asked in surprise, "Why did you not tell us right away? This means that God pointed that cow here. I like this guy," she added. Turning to Hana, she said, "He is brave and straightforward. And, the fact that he spent time in jail should not be an issue.

Your children were imprisoned, and are still good people!"

Miriam married Rafael Mataev in 1939 when she was 19. After the wedding, he invited her to live in Stalinabad, now Dushanbe, Tajikistan, with his family. Despite the fact it was hard leaving her brothers, grandmother and mother, she did not complain. Miriam agreed to go and live anywhere her husband decided to settle. Miriam was raised a good Jewish girl.

They move to Tajikistan. At first, they lived with his relatives. It was a little cramped. Miriam did not mind, however, because she was used to a large family, and the house was always full of family and friends. Her husband found a job in the trade industry. In 1940, they had a daughter, Rose. A year later, a second daughter, Luba, was born.

In 1941, World War II saw Rafael sent to the front. The family's source of income was gone, and Miriam was left at home with two small children. She had to return to her family, and there she raised Rose and Luba. Her brothers supported her both spiritually and financially. They treated Luba and Rose as their own children. Shoshanna and Hana were very happy to have them stay at the house.

Both girls looked like their mother. The support she received from her family made it easier for Miriam to bear the situation and it gave her strength as she waited and hoped to see Rafael again.

The news from the front was worrisome, however. Also, her husband had been placed in the gunners' squad and was constantly on the front lines, fighting in some of the most troublesome areas: Sevastopol, Kerch and Bakhchisarai in Ukraine, and Nalchik in the Soviet Union. He was repeatedly wounded, although always minor, but he never told Miriam about it because he didn't want to upset her. But, Miriam knew him, and always listened to her heart, which unmistakably told her about what was happening to her husband.

She prayed to God to protect Rafael. She believed that the Lord brought them together by leading Rafael's cow to her door, and he would now keep him safe. After all, they were meant to be together. This time, the Lord heard her prayers, for she is a descendant of Bezalel. God kept Rafael alive.

The most difficult battle Rafael faced was the Storm of Sapun Mountain near Sevastopol in the spring of 1944. Located 4 miles to the east of Sevastopol,

Sapun was a key position on all approaches to the city. Because of this, many crucial battles occurred there. Rafael's squad was ordered to take the strategically important mountain. The heroic battle lasted for nine hours, and tens of thousands of soldiers were killed.

Miriam's prayers helped Rafael survive; he was the only member of his squad to make it out alive.

Although badly wounded in the left knee, he continued to fight, bringing shells to the cannons and loading them on his own. His solitary attack continued until he lost consciousness from severe blood loss. Despite this, he helped his squad achieve its objective.

After the battle, Rafael, still unconscious and barely alive, was taken to the hospital. Miraculously, he recovered. His knee, however, was severely damaged and began to fester. So, in order to save his life, the doctors decided to amputate his leg to just above the knee immediately. If it were not for Rafael's strong nature, that is what they would've done. "I would rather die!" he shouted furiously at the doctors. "What use would I be to my family without legs? Who would feed my children? How would I provide for them? Do not amputate my leg." It was a huge risk, but at the request of a dying soldier, the doctors agreed to not amputate. Rafael survived.

In 1944, the war hero returned to Samarkand on two crutches. Miriam's brothers threw a huge celebration to welcome him home. They held these celebrations almost every week. These were the happiest days for the Bezalel and Mataev families.

After a few months, his foot began to recover, and he returned to Stalinabad. Rafael received a job offer at one of the most prestigious locations at the time – he was asked to be the manager of a bread store. From 1944 to 1947, when only those with coupons could receive bread and most people were starving, Miriam's family did not suffer from hunger. During those years, Rafael, a humanitarian, helped people who had lost their bread coupons or those who did not have the coupons get the food they needed. Rafael proved that God saved his life for a reason. Saving just one life makes him worthy of being saved. He saved an unknown number of people from starvation.

It's a shame that a man such as Rafael was not in Samarkand when my mother was in medical school. Her bread coupon had been stolen and she was doomed to starve. Tearfully, she told me about that time in her life. The Soviet bureaucratic machine has been designed so the restoration of cards took a very long time, and no one really cared whether you survived.

In order to feed herself, my mother, Sofia Rubinova, decided to sell her soap ration and planned to use the money to buy some bread. She was arrested for profiteering. She was locked in a holding cell, and had no bread or water for the entire day. Only after she fainted from hunger was she given them. She was lucky to have a good lawyer, who took pity on a hungry student and she was not prosecuted.

For six years, Miriam's family did not have the money to buy a home. On May 9, 1945, Nazi Germany was defeated, and this day was most significant for not only Miriam's family, but other families that were suffering. Miriam and Rafael decided that this day would mark the beginning of their new lives. In 1945, they bought a house at 19 Shark St., Dushanbe, and here they lived for the rest of their lives. They had six more children: Rochelle, Avner, Rose,

Elias, Tamara and Mordechay. All of them were raised to be honest and noble.

Miriam lived in this house for 45 years until she immigrated to Israel. During this time, the house was fixed and altered by family members, relatives and neighbors. Despite Miriam's family being so large, and hardly having the time to do anything, Miriam was brought up with the spirit of Bezalel and always considered her husband's relatives to be a part of her own family.

Miriam's family also supported her niece, Sonya (Levi's daughter), while she studied dentistry in Dushanbe. They also supported Boris Mataev, Rafael's nephew, who, at the time, was studying at the veterinary college and lived in Miriam's house for four years.

They were all thankful for the care and support Miriam gave them. After Miriam passed away in 1995, Boris and Sonya dedicated poems and chapters to Miriam and Rafael in their books. Boris became an honorary professor of agriculture in Tajikistan, and dedicated this award to those who he considered his father and mother. In the sixth chapter of his book, "Valentina," Boris wrote about his life with Miriam and Rafael with great trepidation. Boris' wife was scheduled to arrive in Dushanbe from Moscow, but her flight was delayed indefinitely. With flowers in hand, Miriam and Rafael waited at the airport for three days from the early morning until late at night, expecting her to arrive

    Miriam lived in Israel for five years before she left this world, and was reunited with her holy ancestors, parents, brothers, two of her children -- Rochelle and Rose -- and her husband. She had a life of hardship, but also of happiness. God always gave her what she asked for and desired the most -- a good husband and wonderful children. As long as our hearts are beating, the descendants of Hana and Eliyahu will remember the angel of our family -- Miriam.

Chapter 10

The great wizard, Rabbi Yehuda Levi ben Bezalel

(Part One -- Creation of the golem)

There is a mystical Hebrew book called the Kabbalah in which many secrets are encoded. By rearranging and combining different Hebrew letters to form the names of God, you can achieve amazing results, even a miracle. One such formula was discovered by Yehuda Levi ben Bezalel, also known as Judah Loew ben Bezalel, a rabbi from Prague in the 16th century.

Unfortunately, this formula has been lost. Rabbi Yehuda made a contribution to theoretical Kabbalah, its philosophy and theology, and he also possessed magic that relates to Kabbalah.

In the heart of Prague's Old Town was the Josefov, or Jewish Quarter. The atmosphere of the Old Town had been riddled with mystery and romance since the Middle Ages. There had always been many rumors, myths and speculations about this area of Prague. This is where the Kabbalists lived. These people were attempting to comprehend the divine mysteries of the universe with the help of the ancient text. The most famous was Rabbi Yehuda Levi ben Bezalel of the Old New Synagogue. He was well-known because he could penetrate the gates of the unknown.

Rabbi Levi ben Bezalel lived from 1520 to 1609, when Rudolph II was king of Bohemia. He was tall, and as a youth, he received the nickname "the great rabbi." Levi ben Bezalel was the chief rabbi in Prague. He wrote 15 works on philosophy and religion. He knew many mysteries of nature that ordinary people had never heard of. He understood things that were beyond the comprehension of the general population. People were astonished by his sorcery. Even Charles V, Holy Roman Emperor from 1519 to 1556, turned to the wise Jew for advice.

After 1600, Levi ben Bezalel retired and devoted his life to unraveling the mysteries of Kabbalah. What Levi found most interesting was the story about how God molded a man out of clay and gave him life. He knew that there was some secret Kabbalistic formula that should allow someone to repeat this divine experiment.

God's name truly works wonders. Kabbalists believed that with God's help, you can bring a piece of clay to life while saying a spell over it. There was also a term for a clay man who was created by the Kabbalistic formula -- golem. Translated from Hebrew, the name means "lifeless, unformed substance." In other words, it's "raw material."

For many years, Levi ben Bezalel dedicated his life to restoring the lost formula. The legend says that, at the beginning of the 17th century, Rabbi Levi ben Bezalel achieved his goal, and managed to repeat the process. How he did it, though, no one will ever know.

Rabbi Levi and his son-in-law, who was his apprentice, spent a week preparing for this task. On the seventh day, as dictated by ancient tradition, they bathed in the Jewish bathhouse, dressed entirely in white and, with a prayer on their lips, left the city. At around 4 a.m., a time when the darkness can be as thick as it was before the world was created, they found a place along the banks of the Vltava River that had a lot of wet clay. The clay, which came from the mountains, was untouched. The rabbi's son-in-law lit a torch and prayed for a long time.

Out of the clay, they sculpted the figure of a man -- about the length of three arms -- and laid it on the ground. Using their fingers, they marked where the mouth, nose, eyes and ears should be. They shaped its hands and feet, remembering to include fingers and toes. Finally, a figure that resembled a human male lay in front of them.

"Can you imagine the power of fire," the rabbi asked his disciple. "Go around the golem seven times and repeat the incantation I wrote."

His son-in-law started to walk around the golem, chanting the prayers in a clear voice. After his first time around, the golem dried out. On his third time around, the golem started to emanate heat. After his seventh trip around, the golem was as hot as if it had been in a kiln.

Then the rabbi told his student to walk around the now-scalding golem and repeat the same incantation seven times while carrying water. The apprentice did as he was told. The first time, the red glow disappeared. After the third time, the golem's surface let off steam and the body started to rehydrate. In the time that followed, it started to grow hair and nails, and its skin color started to change, becoming paler. The figure was beginning to resemble a 30-year-old man.

Finally, the rabbi walked around the golem. After his seventh trip around, he opened the creature's mouth and put a piece of parchment under its tongue. This parchment contained the most secret Kabbalistic tetragram. On its forehead, the rabbi wrote the word "emet," which means "truth."

When he was finished, the rabbi and his apprentice bowed to the four sides of the world, and said: "God created man from clay and breathed into his face the breath of life." After these words were said, the clay came to life. It was awakened by fire, water and air. It sighed, opened its eyes and looked surprised to see the two men who gave him life standing there.

"Stand up!" Levy ordered. The golem rose from the ground as people rise after sleeping for a long time, straightened up and stood in front of its creators.

Rabbi Levi ben Bezalel knew that he could not fully replicate the divine creation because the golem did not have a soul. It could only carry out the orders of its creator. Golem could not even speak.

The golem couldn't do anything by itself, and was only alive because of the energy of the magician who created it. If there were no magician, the golem would die. It has a short and meaningless life. It does its job and then is either destroyed or self-destructs.

Kabbalists have a few ideas for how these creations should be used. First, a magician can create a golem to act as his double. Thus, the enemy will mistake the golem for the original, and, instead of destroying or harming the magician, it is attacking the copy. Second, it is possible to make an enemy believe you are dead because a golem cannot be distinguished for the original person. You can also trick someone by having the golem be the original.

Rabbi Levi was not hiding from anyone, and he had no need to deceive. He decided to use his creation to help in the house. Every morning, the rabbi would put a shem[16] in its mouth and revive it. When it awoke, it was to prepare a meal, light the Shabbat candles, etc. In the evening, the rabbi would remove the shem and shut off his creation. The golem dutifully carried out its chores, and because it was not a person, it could work on Saturdays when

Jewish law strictly forbade the faithful to work.

The rabbi, though, did not allow the golem to work on the Sabbath. Every Friday evening, on the eve of "Shabes" (worship in honor of the Sabbath), the rabbi took the shem out of the golem's mouth and it turned into a clay statue. Once Saturday had passed, he would reanimate the creature.

Rumors about the rabbi's extraordinary experiment quickly spread throughout the city. Crowds started gathering outside the Old New synagogue. However, Levi ben Bezalel jealously guarded his creation from prying eyes. The golem never went beyond the synagogue grounds, and it was prohibited from appearing in front of anyone other than rabbi's family.

One Friday, the weary rabbi told the golem to prepare the weekly Jewish Saturday feast. The golem obediently complied. It prepared the meal, set the table, lit a candle and brought out the prayer book. Levi ben Bezalel and his family prayed according to ancient custom, glorified the Lord, and, on the eve of the Sabbath, sat down at the table. The rabbi soon grew very tired and went to sleep, forgetting to deactivate his clay servant.

The rabbi woke during the night because he heard screaming outside his home. He looked out the window and saw the figure of a man aflame. The figure was sweeping everything in its path while it ran down the dark streets. Suddenly, the rabbi remembered with horror that he had forgotten to turn off the golem. It was midnight, and that meant that it was Saturday. The golem had rebelled as if awakened by some mystical power.

Instantly, Bezalel got dressed and ran out of his bedroom into the living room. There he found everything in complete disarray: dishes and furniture were broken, clothes and books were lying on the floor. In the courtyard, the rabbi found domestic animals and poultry dead and trees uprooted.

Hurrying into the street, the rabbi ran after his crazed creature. He was the only one who knew how to destroy it. On the way, the rabbi saw a few mutilated corpses on the ground. These were passersby traveling late at night who must have encountered the golem. As he passed it, Levi ben Bezalel held out his hand, and, in an instant, erased the first letter of the word on its forehead, changing it to "met," which means "death." The red glow began to fade and the creature fell. Almost immediately, the rabbi saw a small clay figurine lying in front of him.

After the golem's death, the rabbi realized that his creation was a sign that he was rebelling against God, and possessing that knowledge to create such a creature proved to be disastrous. Levi ben Bezalel destroyed Kabbalistic formula, leaving nothing for anyone to find and use.

Many have tried to replicate the rabbi's experiment, but no one has succeeded. The tiny golem clay figure is now on display at the Old New Synagogue for visitors to see.

(Part two)

Ben Bezalel also met Rudolph II, King of Bohemia.

This is how this event occurred.

Rumors about ben Bezalel had spread and finally reached the Castle of St. Wenceslas and the court of King Rudolf II. His court astronomer, Danish scientist Tycho Brahe, had great respect for his fellow scholar. The monarch decided he wanted to meet Yehuda Levi ben Bezalel, and devised a strange way to do it.

The king decreed that all Jews be expelled from Prague. Levi tried to reverse that decree, but was not allowed into the palace. So, he decided to stand in the middle of the Charles Bridge where the king's carriage was to cross. Finally, the king appeared, accompanied by a retinue of courtiers and horses. Ben Bezalel was warned to get out of the way, but he refused. People threw stones and mud at him, but flowers fell to his feet instead. The horses froze in place without being stopped. The rabbi, whose clothes were strewn with flowers, got down on his knees and began to pray for mercy for his fellow believers. The king was astonished at what he saw and invited the rabbi to the castle. The decision to expel the Jews was reversed. After that incident, ben Bezalel visited the king often. Sometimes, he would demonstrate his magical art. One day, the king wished that the rabbi would show him and his court the biblical patriarchs -- Abraham, Isaac and Jacob -- and their sons. After some hesitation, Bezalel agreed. He warned that no one is to laugh when the sacred shadows appear. The king and courtiers gathered in a separate room and waited in excitement. The tall stately figure of Rabbi Yehuda stood in the window recess. Suddenly, he disappeared as if in a fog. Out of this fog, an extremely old, but tall, man appeared. The majestic figure glided past everyone and melted into the darkness. This was Abraham. After Abraham, Isaac appeared. Then Jacob. And then, one by one their sons, Judah, Reuben, Simeon and Issachar, followed. The audience was awestruck to see the patriarchs of the Jewish people.

Suddenly, out of the darkness came Nefralim, the son of Jacob. He had red hair and freckles. He walked quickly, and there was so little majesty and grace in his figure that the king could not help but smile. Instantly, Nefralim and the rest of the figures disappeared back into the fog. The room's ornately decorated ceiling started to come down, slowly descending as if to crush everyone inside. All the courtiers rose from their seats and, with shaking hands, pointed to the painted ceiling. Pale with fear, they wanted to leave the room, but could not move. They stood as if glued to the floor, and in desperation called to Bezalel.

The rabbi appeared from the window recess, and threw up his hands. At that moment, the ceiling stopped falling. The king rushed out; he was no longer thinking about the vision, but about himself. The ceiling never returned to its original height. The king never entered that room again, and ordered it to be locked.

Despite this incident, Rabbi Yehuda did not fall out of favor with the king. Instead, he was honored with a visit from Rudolph II. Jewish Town had never been granted such an honor before. Rabbi Yehuda knew how to be grateful, and showed his gratitude in surprising ways.

The rabbi's house was old, unattractive, and simple. But, when the king and his entourage arrived, they were amazed to see a dwelling that resembled a palace.

A dome was decorated with luxurious drawings, and a marble staircase in the front room led to the top floor. The stairs were covered with a lush carpet, and the marble gleamed like a mirror. The stairs carried visitors to a lovely room that was lined with expensive wallpaper and decorated with paintings. Showing all due deference, Rabbi Levi brought the king into the vast room where a table was set. He asked the monarch to dine on his bread and salt.

The king accepted the invitation, and the rabbi entertained his guests with a meal that was worthy of a royal table. Rudolf II was confused how Rabbi Yehuda managed to transform his modest house into a luxurious palace. He spent a long time at the rabbi's house, and was very pleased when he left.

After that, the king visited the scholar many times. To show his gratitude, and to commemorate royal visits, the rabbi had the royal crest, a lion holding grapes, carved over his door.

I would like to tell the reader some details about the life and works of the great Rabbi Bezalel. Yehuda Levi ben Bezalel was also known as " ל"מ," the Maharal of Prague. He was the greatest rabbi and halachic[2] authority, philosopher and scientist of the 16th century. He also possessed vast knowledge, not only of rabbinic literature, but also of many secular sciences, especially mathematics. He and Tycho Brahe became friends.

He was born into a family of immigrants from Worms, Germany, a place famous for many Talmudic Judaists. From 1553 to 1573, he was the chief rabbi of Moravia (now part of the Czech

Republic), and then moved to Prague in 1574 where he founded a yeshiva and the Society for the Study of the Mishnah. From 1584 to 1588, he served as the chief rabbi of Poznan in Poland. In 1588, he returned to Prague, and remained there until 1592, the year he was received by King Rudolf II. He again served as the chief rabbi of Poznan from 1592 to 1597, and, when he died, he was the chief rabbi of Prague.

According to legend, the Maharal braved raging flames and saved the Emperor Rudolph II Library from the fire that destroyed parts of Prague in 1541. Another time, during a military parade, he suddenly stopped a frightened horse on which the emperor was riding. After these events, he became a personal friend of the emperor.

The Maharal is widely known for his writings, including a commentary on Rashi's[17] comments on the Torah, as well as comments on the apocalyptic aggadot[18] work ethics, philosophy and Kabbalah. His most famous work, "Netivot Olam" ("Paths of Peace"), greatly influenced the subsequent development of Jewish ethical thought.

In his works, the Maharal examines the problem of the relationship between God and the Jewish people, as well as the problem of the galut, or exile of the Jews, its causes and ways to salvation. He discusses most of these issues in "Tif'eret Israel" ("Glory of Israel") and "Netzach Yisrael" ("Eternity of Israel").

The Maharal advocated complete freedom of expression of thoughts and ideas, and was seen as the predecessor to the advocates for freedom of speech in Europe. The philosophical ideas of Judah Levi were mainly influenced by the ancient Greek scholars Plato and Aristotle. He especially admired Plato, and, in keeping with his philosophy, divided people into three classes: the Talmud; the guard, those who follow instructions; and the caregivers, or breadwinners-merchandisers.

His metaphysical beliefs were based on the doctrine of two worlds -- the natural and ethereal. He postulated that although nature is dominated by physical law, the causal chain can be broken by miraculous intervention. The natural law is based ultimately on the will of God. A miracle does not change natural laws; it makes it subordinate to a higher law. Yehuda Levi's thoughts helped bring about many fruitful ideas in modern philosophy.

The Maharal made important contributions to the theory of knowledge as well. In his view, there are two kinds of knowledge – religious and scientific – and they must be separated. Religious knowledge is absolute and comes from God. Scientific knowledge is relative. The Maharal referred to Copernicus' works as "relative" works, but he never directly mentioned the astronomer's name. He says that because there were so many "new masters" emerging, scientific knowledge was precarious, thus making their ideas questionable. The Maharal talks about it in his book "Beer ha-Gol," which was written in 1598. This book was the first known reference in Jewish literature to the Copernican Revolution. The book proposed that a clear separation of science and theology should allow for a pursuit of science without the pressure of Jewish theological dogmas, and, conversely, prevent any attacks of their beliefs from a scientific basis.

The Maharal disagreed with the Christians, who believed the Jews were exiled because God had forsaken His once-chosen people. Ben Bezalel says that God's choice about the chosen people was unconditional, and did not depend on the merits of the patriarchs or how people performed according to the will of God. The choice of the Jewish people was infinite and cannot be reversed because it stems from the very nature of Israel.

There is much diversity and inconsistency of views on where the Maharal and his studies of Jewish culture fit into history. Some regard him as the forerunner of Hasidism[19], and popularizing Kabbalah. Others see him, not only as a humanitarian, but also as the heir to medieval asceticism and piety.

The Maharal greatly influenced Rabbi Abraham Kook[20] and became one of the sources of religious Zionism. He explained that the state of exile depended on the very essence of the people of Israel. According to his interpretation, the galut was a violation of the natural order, thus a triple anomaly: Israel was cut off from its motherland (Eretz Yisrael), subjected to rule by other nations and scattered. The subordination of one nation under another is contrary to the natural order because each nation deserves to be free. The scattering of its people creates a loss of unity. Any violation of the natural law is transient, however. When the

Messiah returns, He will restore the natural order and end the galut.

The Maharal disagreed with attempts to bring deliverance. He called for obedience to God's will, which established the natural order and all of its consequences. Deliverance will come. It will be preceded by the unprecedented misery of Israel. In Yehuda Levi's allegorical interpretations, the apocalyptic images of the Messiah are replaced with the abstract idea of deliverance.

However, he doesn't completely reject the galut. He postulated that the land of Israel, similar to the Jewish people scattered throughout the world, should strive to maintain its culture in the face of adversity.

And, he saw a positive side to the galut. Referring to the Haggadah, in which it says that God accompanies the Jews in their exile, he emphasized that there was a greater affinity for the divine by the Israelites during their galut than when they were in their homeland. They had to fight to maintain their beliefs and traditions, study the Torah and observe its precepts.

Typically, someone who follows the Maharal chooses one position of the rabbi's teachings based on his (or her) own interests. Some have considered him to be an eclectic, but inconsistent, thinker. However, this is more about how his legacy is perceived today. His teachings are noted for their consistency because the same phrases can be found again and again in many of his books, for example, in "Gur Aryeh," "Hidushey aggadot" and "Netivot Olam. This makes it possible to understand how the Maharal thought.

The Maharal was a solitary thinker, and many of his ideas were far ahead of their time. Almost every idea in Judaism has a part of the Maharal's theories in it. Legends about the Maharal have been preserved and passed down through many generations. His contemporaries lacked his depth and originality of thought.

He was rather old when he started to publish his works. In 1578, at 66, he published his first work, "Gur Aryeh" ("Young Lion"). It was a commentary of Rashi's thoughts on the Pentateuch, the first five books of the Bible. In 1582, he anonymously published "Gevurot Hashem" ("The Courage of the Almighty"), and dedicated it to Passover. In the book's preface, the Maharal described his plans to release a series of books that would cover all areas of

Jewish philosophy. He planned to write about the interpretation of the Haggadah, the fundamental works of the faith of Judaism and the qualities of the soul, as well as seven books about the Jewish holidays. "Netivot Olam," or "Paths of Peace," was published in 1595. It was a book on the best qualities of the heart, written in two volumes. These books are considered the easiest to understand, and are usually recommended to someone who is just beginning to study the Maharal's theories.

In 1598, at 86, the Maharal published "Tif'eret Israel" ("Glory of Israel"), and dedicated it to the Giving of the Torah (Shavuot). Over the next two years, several more books were published, including "Be'er ha-Gol" ("The Well of Exile"), "Ner Mitzvah" ("Candle commandments") and "Or Hadash" ("New World").

Because of his age, the Maharal was unable to finish his series of books. He never wrote the books about Shabbat ("Ha Gdola"), Sukkot ("Sefer ha-Stoke") and Rosh Hashanah and Yom Kippur ("Shaman all-Aretz"). Other books that he wrote, but never published, were destroyed in a fire in 1689. However, the books that he did write express his views well. He wrote:

"Gevurot Hashem" (Hebrew: "ה גבורות" – English: "The Courage of the Almighty") is about Passover

"Tif'eret Israel" (Hebrew: "תפארת ישראל" – English: "Glory of Israel") is on the Giving of the Torah (Shavuot)

"Netzach Yisrael" (Hebrew: "נצח ישראל" – English: "Eternity of Israel") is about the Ninth of Av (Geula)

"Ner Mitzvah" (Hebrew: "מצוה נר" – English: "Candle commandments") is about Hanukkah

"Or Hadash" (Hebrew: "חדש אור" – English: "New World") is about Purim

"Hidushey aggadot" (Hebrew: "אגדות חידושי" – English: "The new Interpretation of the Haggadah") -- a series of books on philosophical interpretations of the Haggadah in the Talmud

"Netivot Olam" (Hebrew: "נתיבות עולם" – English: "Paths of Peace") -- about the best qualities of the soul (in two volumes)

"Divrei negidim" (Hebrew: "בריד נגידים" – English: "Word of teachers") -- comments on the Passover Haggadah

"Gur Aryeh" (Hebrew: "אריה גור" – English: "Young Lion") -- explanation of Rashi's commentary on the Pentateuch (in five volumes)

"Derech ha-Chaim" (Hebrew: "החיים דרך" – English: "Life Path") -- the interpretation of the Mishnah tractate "Avot" ("Ethics of the Fathers")

"Be'er ha-Gol" (Hebrew: "באר הגולה" – English: "Well exile") -- a collection of articles in defense of Judaism against the attacks of the church.

"Drashot ha Maharal" (Hebrew: "המהר דרשות ל" – English: "Maharal of the Torah") -- a collection of articles devoted to the Torah, the Sabbath of Repentance (Shabbat Teshuvah) and the Great Sabbath (Shabbat ha-Gadol).

The Czech National Bank, on June 17, 2009, introduced a silver commemorative coin in honor of the 400th anniversary of Rabbi Yehuda Levi ben Bezalel's death. The commemorative coin was minted from silver that had a fineness of .900. On the opposite side are four Stars of David, one sitting inside the other and the date the Jewish population left the Czech Republic. "ČESKÁ REPUBLIKA" is written on the bottom in a semi-circle. Right at the top, along the line of the biggest Star of David, is the denomination of the coin, "200 Kč" (Czech koruna). On the other side, is an image of the golem, and the space between the edge of the coin and silhouette is lined with Jewish texts from the Talmud. In the figure of the golem, it says "RABI JEHUDA LÖW BEN BECALEL" and the years "1609- 2009."

      The Old New Synagogue and the Maharal's grave in the Old Jewish Cemetery in Prague are places of pilgrimage for people from all over the world. According to the ancient Jewish custom of making a wish, if you put a stone on a grave, it will be granted. Sometimes people write their dreams on a piece of paper and place it under a pebble or tuck it into a crack in the headstone. Everyone who wants to change their destiny is to remember that there is a price to pay. You might get exactly what you asked for, but not necessarily what you wanted. In other situations, you might get what you asked for, but lose much of something else. Finally, there are those who will have to realize that their happiness lay in the pursuit of it, and now only memories of it remain.

Endnotes

[1] **Phenotypic research.** A phenotype, from the Greek words *phainein*, "to show," and *typos*, "type," is the combination of an organism's observable traits, such as its morphology, development, biochemical or physiological properties, and products of behavior. Phenotypes are the result of the expression of an organism's genes as well as the influence of environmental factors and interactions between both of them.

[2] The **tar**, which means string, in Persian, is a long-necked, waisted instrument, that is played in Iran, Afghanistan, Armenia, Georgia and Azerbaijan by many cultures, as well as in areas near the Caucasus.

[3] **Purim** is one of the most joyous and fun holidays on the Jewish calendar. It commemorates the time when the Jewish people living in Persia were saved from extermination.

[4] In the Jewish Persian language, **aruz** means daughter-in-law.

[5] **Sugar kand-hori.** According to the Persian Jewish tradition, a marriage agreement between the families of the

groom and bride should be approved by distribution of sugar.

[6] **Tekins** were one of the largest tribes of the Turkmen people. The hand weaving of woolen rugs was one of their trades. These carpets had a characteristic design and color, and were known for their beauty and durability. Typically, in Turkmenistan, these rugs were a symbol of prosperity.

[6] A **ruble** was Russian paper currency equivalent to a dollar

[8] **Kopeks** were Russian coins. They were similar to pennies.

[9] The **Basmachi** were anti-Soviet rebels between the Russian Revolution and the early 1930s. They were primarily found in Turkestan (land of the Turks). The term, which comes from the Turkic word basmak, to attack or raid, was originally a pejorative term used by Russians. The Basmachi were considered bandits and counterrevolutionaries in the pay of British imperialists.

[10] In Persian, a **torchi** is a person who plays the tar.

[11] An **ossuary** is a chest, building, well, or site made to serve as the final resting place of human skeletal remains.

[12] **Jadid al-Islam** is the Jewish "new Muslims" of Meshhed. In 1839, the Muslims attacked the Jews of Meshhed, murdering 36, and forcing the rest to convert to Islam. While some managed to escape across the Afghan border, and some turned into true believing Muslims, the majority adopted Islam only outwardly, while secretly adhering to their Jewish faith.

[13] **Kulaks** were a category of relatively affluent farmers in the later Russian Empire, Soviet Russia and early Soviet Union. The word originally referred to independent farmers in the Russian Empire who emerged from the peasantry and became wealthy. According to the Marxism-Leninism theory of the early 20th century, the kulaks were class enemies of the poorer peasants.

[14] A **banya** was a public bathhouse that usually contains a sauna and, sometimes, a pool.

[15] The **lezginka** is a fast dance that is the only common dance to all people of the

Caucasus. The only difference is that each group of people performs it according to its national character.

[16] A **shem** is a pergament, or parchment, containing the Jewish letters that were extracted from the name of God. It is forbidden to say the name of God out loud. Ha-Shem, from which the name shem was derived, is an indirect reference to God's name.

[17] **Rashi** (Hebrew: רש״י) was an acronym for Rabbi Shlomo Itzhaki, an 11th century scholar. He was acclaimed for his ability to present the basic meaning of Talmudic text in a concise and lucid fashion. Rashi appeals to both learned scholars and beginning students, and his works remain a centerpiece of contemporary Jewish study.

[18] The **Haggadah** (Hebrew: , "telling," plural: Haggadot) is a Jewish text that sets forth the order of the Passover Seder. Reading the Haggadah at the Seder table is a fulfillment of the scriptural commandment to each Jew to "tell your son" of the Jewish liberation from slavery in Egypt as described in the Book of Exodus in the Torah.

[19] **Hasidic Judaism**, from the Hebrew: חסיד meaning "piety" (or "loving-kindness"), is a branch of Orthodox Judaism that promotes spirituality through the popularization and internalization of Jewish mysticism as the fundamental aspect of the faith.

[20] **Abraham Isaac Kook** (1865 to 1935) was the first Ashkenazi chief rabbi of British Mandatory Palestine, and the founder of the Religious Zionist Yeshiva Merkaz HaRav and the Religious Zionism denomination, as well as a Jewish thinker, Halachist, Kabbalist and renowned Torah scholar.

www.ingramcontent.com/pod-product-compliance
Lightning Source LLC
Chambersburg PA
CBHW021953160426
43197CB00007B/115